KB274239

스무 살의 독서 노트

세상과 맞선 이들의
책 이야기

스무 살의 독서 노트

노영민　정근식　김부겸　이준식　이정옥
천창수　장정수　강성구　하석태　강남식
이현숙　김거성　나영희　김병우　엄주웅
윤후덕　오상석　우윤근　이영기　성종대

윤춘판

일러두기

– 출판된 책의 제목이 달라진 경우에는 당시에 출판, 통용되던 제목을 우선해 표기했습니다.
– 기존에 출판된 책의 인용문은 참고 인용한 판본을 따랐습니다.
– 이 책은 국립국어원의 어문 규정을 따랐습니다. 다만, 일부 용어는 당시의 용례(예컨대,
  써클, 난장이 등)대로 썼습니다.
– 단행본이나 잡지, 전집 등의 책 제목은 『 』, 개별 작품은 「 」로 나타냈습니다.

젊었을 때 몸부림쳐 사는 놈들이
훗날 큰일을 합니다

목사 김상근

수많은 젊은이가 허기진 배를 움켜쥐고 서울로 서울로 먹을거리를 찾아 꾸역꾸역 밀려오던 때였습니다. 청계천 언덕배기에 가마니를 두르고 비를 피했습니다. 일자리를 찾아봅니다. 버스 차장 자리를 얻습니다. 다행이 아닐 수 없습니다. 출발하는 버스에 매달려 온몸으로 승객을 밀어 넣습니다. "오라-이!" 냅다 질러 댑니다. 힘이 모자라 떨어지기도 합니다. 제 탓입니다. 좁은 방을 재봉틀이 꽉 채웁니다. 일어나 허리 펴기에도 좁습니다. 천 보무라지가 먼지처럼 수북하게 내려앉습니다. 기침에 피가 묻어 나옵니다. 그것도, 제 탓입니다. 밤새 기계와 씨름합니다. 코피는 계속 터집니다. 살점이 찢겨 나가기도 합니다. 손가락이 잘리기도 합니다. 그것도 제 탓입니다. 정의, 인권이 없는 세상입니다. 아닙니다. 없지 않습니다. 박정희의 '정의'가 있습니다. 인권이 없지 않습니다. 박정희의 '인권', 있습니다. 자유? 너무 사치스럽습니다. 박정희의 '경제개발'이 '정의'고 '인권'이고 '자유'입니다.

박정희의 이른바 유신 시대, 민주주의가 박살 난 시대도 있었습니다. 자유, 인권, 정의 같은 고전적 가치는 흔적도 없던 캄캄한 시대였습니다. 온갖 철권으로 국민을 압도합니다. 정치도 없습니다. 박정희가 '유신헌법'을 선포했기 때문입니다. 비판의 자유, 없다. 개정 청원의 자유, 없다. 위반하면 10년, 20년, 무기, 사형이다.

일단의 대학생들이 이 현실을 직시하기 시작합니다. 이 불의, 이 반인권, 이 반자유, 이 반민주 현실을 직시하기 시작합니다. 길을 찾습니다. 정의의 길, 어디에 있는가? 인권의 길, 어디에 있는가? 자유의 길, 어디에 있는가? 민주의 길, 어디에 있는가? 책을 뒤집니다. 거기 길이 있는 것 아닌가. 공유하자. '세미나'라는 것이 공유의 수단이었습니다. 눈이 뜨입니다. 눈이 아픕니다. 귀가 열립니다. 귀가 아픕니다. 가슴이 터질 것 같습니다. 드디어 그 가슴이 폭발합니다. 외칩니다. 시위합니다. 전투경찰이 앞을 막습니다. 그러나 외칩니다. 자유! 정의! 인권! 민주!

박정희는 학교 당국에 압력을 가합니다. 학생들이 삼삼오오 모일 수 없도록 조치하라. 세미나며 뭐며 정규 수업 외 자율적 공부, 하지 못하게 하라. 몰래 빈 강의실에 모여도 당국의 체포망이 덮칩니다. 피할 수 없습니다. 이런 기막힌 때가 있었습니다.

눈을 밖으로 돌려보니 자기들을 보호해 줄 공간이 보였습니다. 교회가 그런 곳일 듯싶었습니다. 강의실에서 밀려나는 학생 중 상당수가 새문안교회, 연동교회, 창현교회 교인들이었습니다. 교회 당국과 티격태격하지만, 자기들 교회인 걸 어찌하겠습니까.

목사님의 이해가 있는 교회면 더 좋았습니다. 학생들에게는 서울제일교회의 박형규 목사님, 신촌교회의 박광재 목사님, 한빛교회의 이해동 목사님, 수도교회의 김상근 목사가 그런 목사로 보였습니다. 학생들은 그 목사님들의 보호막에 들게 되었습니다. 어느 교회는 대환영이었습니다.

반면에 김상근의 수도교회는 그렇지 않았습니다. "아직 교인이 된 것도 아니고, 술도 먹고 담배도 핀다. 주일 밤에 세미난가 뭔가를 하고는 동네 술집에서 술을 먹는다. 술값이 없으면 목사에게 달라 하고 목사는 술값을 준다는 말이 들린다. 그런데도 교회가 그들을 위해 예산까지 세울 것은 없지 않으냐?" 반대하는 교인도 있었습니다. 그들을 막아서며 했던 말이 있습니다.

"젊었을 때 저렇게 몸부림쳐 사는 놈들이 훗날 나라의 큰일을 합니다. 한 신자를 얻는 것도 중요합니다. 그러나 우리 수도교회가 20년 후 이 나라를 이끌 나라의 일꾼을 양성하고 있는 것입니다. 기쁜 맘으로 감당합시다."

내 방어논리가 엉터리가 아니었습니다. 여러분은 이미 대한민국을 이만큼 올려놓았습니다.

여러분이 학생 때, 그때 영향받은 책을 소개하는 글을 펴
낸다니, 아주 잘한 일입니다. 선배를 배우는 지름길이 될 겁니
다. 후학들이 바로 그 책, 아니면 또 다른 책에서 길을 찾게 될
것입니다. 부디 많은 후학이 이 책을 통해 인생의 길, 역사의
길, 인간의 길, 찾기 바랍니다. 정말 고맙습니다.

여러분 모두와 이 책의 독자들을 위해 기도합니다.

함께 읽은 친구들과 나눈
굳센 다짐을 떠올립니다

국회의장 우원식

내 젊음을 뒤흔든 한 권의 책, 지금의 나를 만든 한 권의 책을 꼽으라면 여러분은 어떤 책이 떠오르십니까? 『스무 살의 독서 노트』에서 소개하는 스무 권의 책은 대부분 50년 전 학생운동권의 필독 도서였습니다. 70~80년대 이른바 '의식화' 교재로 당시 대학생과 지식인들 사이에서 많이 읽히던 책들입니다. 대부분 사회과학과 역사, 철학, 문학 저술로, 지금까지도 널리 읽히며 고전 반열에 오른 책들입니다.

당시 유신 세력은 정권을 유지하기 위해 오로지 '반공'과 '경제개발' 이데올로기를 앞세웠고, 진실을 알 권리도, 독재에 대한 어떠한 비판도 허용하지 않았습니다. 그래서 상당수 책을 '금서'로 지정하고, 이를 소지하거나 읽다가 들키면 잡아가기도 했습니다.

『스무 살의 독서 노트』를 보면 우리가 왜 금지된 책을 읽었는지, 아니 독재 정권은 그 책들을 왜 금서로 지정했는지 알 수 있습니다. 우리는 복사한 종이 뭉치로, 또는 원서를 강독하거나 때로는 번역해서 돌려보고 함께 토론했습니다. 그처럼 어려운 상황에서 더 간절한 마음으로 읽다 보니, 당시 우리는 눈이나 머리가 아닌 가슴으로 책을 읽었던 것 같습니다.

독서는 그저 학습과 사유에 멈추지 않고 우리를 행동으로 나아가게 하는 힘이 되었습니다. '긴급조치 9호'로 상징되는 숨도 쉬기 어려운 억압 상황, 시위 한번 해보는 게 소원이었던 그 시기, 우리가 어떻게 저항하고 행동했는지를 여기 실린 여러 동기의 글을 통해 알 수 있습니다. 우리 인생의 경로를 바꾸는 데 영향을 준 많은 책과 사람들이 있지만, 단 한 사람을 꼽으라고 하면 저도 역시 전태일 열사를 말할 것입니다. 이 책에는 전태일 열사의 뜻을 좇아 일평생 고귀한 삶을 살아온 친구의 이야기도 나옵니다.

저에게 아주 익숙한 책도 여럿 있습니다. 『역사란 무엇인가』, 『광장』, 『나목』…, 독재 정권과 기득권 세력에 의해 강요당해 온 인식을 전환할 수 있게 해준 책들입니다. 역사와 철학, 교육과 경제에 대한 우리의 인식을 한발 더 나아가게 한 책도 있습니다. 우리는 그 책들을 보면서 사회 모든 영역에 걸쳐 있는 억압과 불평등의 본질을 찾으려 노력했습니다. 자유와 인권, 불평등의 해소, 사상의 자유…. 50년간 붙들고 씨름했지만, 아직 온전히 이루지 못한 남은 과제들은 촛불 세대, 응원봉 세대가 이루어줄 것이라 기대합니다.

저도 처음에는 『백범일지』를 읽고 느낀 소감을 적어 이 책에 넣기로 했습니다. 하지만 12·3 계엄 1주년을 맞아서 해야 할 일이 너무 많았습니다. 국회의장으로서 저와 제 주변이 했던 역할을 기록하고 정리해야 했습니다. 그래서 친구들의 양해를 구하고, 저는 이 책의 첫 번째 독자로 남기로 했습니다.

『스무 살의 독서 노트』를 읽으면서 대학 시절 독재와 폭정, 인권유린과 정의의 파괴에 맞설 궁리를 하던 친구, 선배, 후배들을 다시 생각합니다. 이 책을 쓴 동기들은 우리 시대의 동지들 가운데 지극히 일부에 불과합니다. 공장으로, 농촌으로, 빈민가로, 또 온갖 '현장'에 뛰어들어 일생을 이웃들과 함께한 이들, 사회 곳곳에서 기성 질서를 거스르며 거친 들판의 푸른 솔처럼 우뚝 서 헌신하며 살고 있는 많은 고마운 벗들이 있습니다. 내가 정치를 왜 하는가, 나는 무엇을 위해 살아가는가, 지금 나는 어떻게 해야 하는가를 고민할 때마다 대학 시절 읽은 책들, 그리고 함께 읽은 친구들과 나눴던 굳은 다짐을 떠올리겠습니다.

2025년 성탄절 아침에

1장

절망의 시대、 희망을 배웠다

역사에서 희망을 배우다

『역사란 무엇인가』

E. H. 카

노영민

1976년 연세대학교 경영학과에 입학했다.
17~19대 국회의원을 거쳐
주중국 대사, 대통령 비서실장을 지냈다.
두 권의 시집과 서너 권의 인문사회과학서를
펴낸 시인이자 저자이기도 하다.

　　현대미술에 가장 큰 영향을 끼친 한 사람을 꼽으라면 필자는 주저 없이 마르셀 뒤샹을 선택한다. 예술에서 작가 고유의 작품성, 즉 오리지널리티가 중요하던 1900년대 초반, 정확히는 1917년 4월, 재미있는 일이 벌어진다. 제1차 세계대전이 정점으로 치달을 때였다.

　　뉴욕에서 열린 '독립미술가전'에 뒤샹은 남성용 소변기 회사에서 나온 제품에 'R. Mutt'라는 이름으로 서명하고 제목을 「샘 Fountain」이라고 붙여서 출품했다. 이 작품을 받은 전시 담당자는 얼마나 황당했을까? 공장에서 만들어진 기성품 readymade에 작가 사인만 한 후 예술 작품이라고 출품한 비도덕적인 행위에 사람들은 분통을 터뜨렸다. 게다가 남성용 소변기라니, 관객을 모독하는 천박한 작품이라는 비난이 뒤따랐다. 이 작품은 엄청난 논쟁과 논란을 불러일으켰고, 당시에는 전시장에 놓이지 못하고 창고에 버려지는 신세가 되었다. 그러나 이제는 현대미술사에서 가장 중요한 작품으로 자리매김하고 있다.

뒤샹의 「샘」에서 김춘수의 「꽃」까지

마르셀 뒤샹의 「샘」은 그때까지의 가치와 인식과 개념을 무너뜨리고 예술의 영역을 상상할 수 없을 만큼 확장했다. 남성용 소변기가 화장실에 있지 않고 작가에 의해 새 이름이 붙어 전시장에 놓이는 순간, 이미 그것은 소변기로서의 용도가 폐기되고 예술의 오브제가 된다는 것이다. 뒤샹의 「샘」은 그때까지 제한됐던 사고가 확장되면서 미술계에 상상을 초월하는 변화를 불러오는 계기가 되었다.

예술가가 무언가를 선택하고 그것을 예술이라고 말함으로써 예술품 자체보다 그 이면에 있는 새로운 개념이 중요하다는 것을 그는 보여주었고, 이는 개념미술의 초석이 되었다. 더는 작가의 수공업적 기술이 아니라 만남과 선택이라는 정신적 행위가 예술의 본질이 된 것이다. 뒤샹은 이 작품을 통해 "예술에서 중요한 것은 대상을 만드는 것이 아니라 개념을 만드는 것"이라고 주장했다. 여기서 개념은 주관에서 출발한 창조적 아이디어다.

뒤샹의 개념미술은 2차대전을 거치면서 전 세계적으로 확대된다. 생텍쥐페리의 『어린 왕자』와 김춘수의 「꽃」을 살펴보자.

"'길들인다'는 게 뭐지?"
"그건 사람들이 너무나 잊고 있는 건데… 그건 '관계를 맺는다'는 뜻이야."

생텍쥐페리, 『어린 왕자』

내가 그의 이름을 불러주기 전에는

그는 다만

하나의 몸짓에 지나지 않았다.

내가 그의 이름을 불러주었을 때,

그는 나에게로 와서

꽃이 되었다.
　　　　　　　　　　　　　　　　　　　　김춘수, 「꽃」

　　모두 만남과 선택을 표현한 말이다. 어떤 만남은 역사이고 어떤 만남은 예술이다. 그리고 모두 꽃이다. 모두 특별한 관계다. 희망의 근거다. "관계를 맺는" 행위나 "이름을 불러주는" 행위는 그 존재를 인식함으로써 존재가 비로소 생명을 얻고, 본연의 아름다움과 가치를 발견함을 상징한다. 주관에서 시작한 새로운 개념이 창조된 것이다. 이렇듯 문학과 예술이 앞장서서 시대정신을 개척하면 철학이 뒤를 잇는다.

희망은 힘이 세다

두 번의 세계대전을 거치며 인류는 절망을 경험했다. 자연스럽게 희망이라는 개념을 정리하기 시작했다. 에른스트 블로흐Ernst Bloch의 『희망의 원리』와 이를 계승한 위르겐 몰트만Jür-gen Moltmann의 『희망의 신학』이 그것이다.

　　희망은 의지다. 희망은 결심이다. 살겠다는 확고한 의지였고, 살아야 한다는 확고한 결단이었다. 모든 것이 절망적일 때도 삶을 움켜쥐겠다는 의지가 바로 희망이다. 희망할 수 없는 것조차 희망하는 절대적인 힘이 바로 희망이다.

고통과 좌절, 분노와 회한으로 기억조차 하고 싶지 않아 기억의 저편으로 꽉꽉 눌러놓았던 것들도 다 갈아엎어 버리는 것이 희망이다. 초봄 깊은 골짜기 얼음장 밑에서 흐르는 물처럼 그 무엇도 거역하지 못하는 힘으로 우리에게 다가오는 것이 희망이다.

결국 희망은 선택이다. 누구나 절망을 선택할 수도, 희망을 선택할 수도 있다. 희망을 선택했을 때, 절망을 삼키고 찾아오는 것이 바로 희망이다. 그래서 "희망은 힘이 세다". 김근태 선배가 쓴 동명의 책도 있다.

경기고와 서울대 경제학과를 졸업한 김근태 선배는 60년대를 제적과 강제징집으로, 70년대는 수배와 피신으로, 80년대는 고문과 감옥 생활로 혹독한 시간을 견뎌야 했다. 그런 김근태 선배이기에 그가 말하는 희망은 남다르다. 70~80년대 민주화운동 시절 대학생이었던 사람들은 대개 그를 '김근태 선배'라고 부른다. 김 선배가 세상을 떠났을 때, 빈소를 취재했던 한 젊은 기자는 "빈소에 다녀간 사람들이 고인을 모두 선배로 부른다는 게 신기하다"는 기사를 쓴 적도 있다. 그게 우리다, 50년 전 대학에 입학한.

역사철학의 새로운 관점

E. H. 카Edward Hallett Ted Carr는 1961년 1월부터 3월까지 케임브리지 대학교에서 '역사란 무엇인가'를 주제로 연속 강연을 했으며, 그해 가을에 강연 내용을 엮어 책으로 출판했다. 흔히 역사철학이라고 하면 철학을 떠올리지만, 카는 평이하고 대중적인 언어로 역사이론을 풀어 나간다. 어떤 언어는 시적이기도 하다.

카의 생각은 근대 역사학의 기초를 확립한 독일의 역사가 랑케Leopold von Ranke와는 다르다. 랑케는 역사가는 과거가 어떠했는가를 밝히는 것을 과제로 삼아 오직 역사적 사실로 하여금 이야기하게 해야 한다고 말한다. 그러나 역사에서 주관을 철저히 배제해야 한다고 주장한 랑케와 달리, 카는 역사가 주관적일 수 있다는 사실을 설파한다. 역사가 희망일 수도 있는 것이다.

문: 고대古代, ancient period는 왜 있는가?
답: 교수들의 생계를 위해서~

서양에서 유행했던 농담이다. 카의 『역사란 무엇인가 What is History?』*에 의해 더는 성립하지 않는 농담이 되었다. 그리고 카의 이 책은 현대의 고전이 되어, 50년 전인 1976년에 대학에 입학한 우리에게는 필독서가 되었다. 우리는 희망이

* 다양한 번역본이 있지만, 이 글을 쓸 때는 박종국 번역으로 육문사(2025)에서 나온 책을 참고했다.

필요했고, 희망의 근거와 만나고 싶었다.

『역사란 무엇인가』는 크게 6가지 부분, 즉 '역사가와 그의 사실들', '사회와 개인', '역사와 과학과 도덕', '역사와 인과관계', '진보로서의 역사', '넓어지는 지평선'으로 이루어지는데 각각의 내용마다 저자의 역사관이 강하게 드러난다.

제1장 역사가와 그의 사실들

카는 이 주제를 통해 역사가의 역할을 중요하게 다룬다. 그는 역사와 사실의 관계를 논의하면서, '사실' 그 자체로는 역사적 의미를 가지지 않는다고 주장한다. 사실이란, 역사가가 그것들과 만났을 때 비로소 역사적 사실이 된다. 예술가가 무엇인가 선택하고 그것을 예술이라고 말하면 예술이 되듯이. 하나의 몸짓에 지나지 않는 것도 내가 이름을 불러주었을 때 꽃이 되듯이.

"역사란 현재와 과거와의 대화이다." 대화는 선택과 만남을 전제로 성립한다. 카는 이 말을 책 속에서 여러 차례 반복한다. 이것이 그의 역사철학의 정신이기 때문이다. 카의 역사철학은 우리를 먼 과거로 이끌고 가는 것이 아니라, 과거에 대해 말하고 현재가 미래에 잠식되어 가는 바로 그 지점에 우리를 세워놓는다.

과거는 과거 그 자체로 문제가 되는 것이 아니라, 우리가 사는 현재에서의 의미 때문에 문제가 된다. 그리고 현재라는 것의 의미도 고립, 단절된 현재가 아니라 과거와의 관계를 통해 분명해지는 현재이다. 시시각각 현재가 미래에 의해 잠식됨에 따라 과거는 그 모습을 새롭게 하고 그 의미를 바꾸어간다. 과거를 보는 눈이 새로워지지 않는 한 현재의 새로움은 당연히 파악할 수 없다.

역사는 과거와 미래의 일관된 연관성을 확립할 때만 의미와 객관성을 지니고, 역사가는 과거에 비춰 현재를 보고 현재에 비춰 미래를 내다보기에 사실과 해석, 사실과 가치의 양자 사이에서 균형을 잡아주는 사람이다. 카는 "역사란 단순한 사실의 나열이 아니다"라는 문제의식을 제시하며 "역사란, 역사가와 사실들 사이 상호작용의 부단한 과정이며, 현재와 과거와의 끊임없는 대화이다"라고 주장한다. 과거와 현재와 미래는 떼려야 뗄 수 없는 하나다. 한강 작가는 노벨문학상 수상 소감에서 "과거가 현재를 도울 수 있는가? 죽은 자가 산 자를 구할 수 있는가?"라고 물었다. 같은 의미의 말이다.

독재자가 가장 두려워하는 것이 희망이다. 위르겐 몰트만의 『희망의 신학』도 독재 정권하에서는 금서였다. 희망을 포기하지 않는 사람은 반체제인이었다. 우리가 대학에 입학했던 당시를 유신 체제라고 부른다. 우리는 유신 체제를 거부했다. 과거와의 대화를 통해, 소위 '한국적 민주주의'를 표방한 유신 체제는 민주주의를 사칭한 전체주의 독재에 지나지 않는다는 것을 알았다. 유신 체제는 긴급조치권과 경찰, 군, 정보기관의 공권력으로 유지된 '일인 전제정치 체제'였다. 나치 독일, 파시스트 이탈리아, 군국주의 일본에서 나타난 파시즘 체제와 유사했다. 삼권분립은 붕괴되었고 국민의 기본권이 본질적으로 침해된 사이비 민주주의였다.

박정희 정권의 뒤를 이은 전두환 정권 때도 『역사란 무엇인가』는 이적 표현물로 지정되었다가, 부림 사건 피고인들이 재심에서 무죄가 확정되면서 이적 표현물에서 벗어나게 되었다. 부림 사건을 배경으로 한 영화 「변호인」에서도 이 책이 언급된다. 야만의 시대, 폭력의 시대를 상징하는 대표적인 에피소드다.

제2장 사회와 개인

우리는 태어나자마자 사회의 구성원으로 존재한다. 사회와 개인의 발전은 병행하는 것이며 서로의 필요조건이 된다. 따라서 한 사회의 '인간성'이라는 것도 국가와 시대에 따라 차이가 매우 크기 때문에 지배적인 사회 조건이나 관습에 의해 형성된 하나의 역사적 현상이라고 할 수 있다. 즉 사회를 떠난 개인은 존재하지 않는다.

개인을 사회에서 구별하려는 개인주의는 역사적으로 이어져왔다. 이러한 개인주의는 자본주의와 프로테스탄티즘과 결부되어 산업혁명과 자유방임주의를 낳았고, 철학적으로는 공리주의라는 위대한 사조의 토대가 되기도 했다. 개인주의는 사회와는 독립된 개인의 불가침적인 권리를 만들어냈고, 사회의 행복보다 개인의 복지와 행복을 우선시하는 배경을 만들었다.

그러나 여기서 잊지 말아야 할 점은, 현대 세계의 발전에 수반된 개인화의 증대라는 것조차 문명의 정상적인 발전 과정에 불과하다는 것이다. 개인이 지닌 권리와 능력의 발전은 새로운 사회질서를 만들어냈고, 개인주의라는 사상도 사회 전반의 이데올로기에 지나지 않는다. 지금에 이르러서도 많은 문제에 관해 개인적 자유와 사회적 정의 사이의 대립이라는 관점으로 바라보는 사람들이 많다. 그러나 그것은 개인과 사회의 싸움이 아니라 사회 속에 있는 개인들의 집단과 집단 간의 투쟁인 것을 잊지 말아야 한다.

역사가도 한 명의 개인이지만 그 역시 다른 개인들처럼 사회의 구성원이며 자기가 속한 집단의 대변인이다. 역사가는 이런 자격을 가지고 과거의 모든 역사적 사실에 접근하는 것이다. 진보적인 정치의식을 가진 신흥 영국 중산계급의 열망을 아테네 민주주의의 모습 속에 구현한 영국의 위대한 고전 역사가 그로트George Grote가 쓴 『그리스사』는 물론이고, 영국 근대 최고의 역사가로 불리는 네이미어Lewis Namier의 연구도 그들의 보수주의적인 성향을 이해하고 바라볼 때, 그들이 말하려는 것을 이해할 수 있다.

이러한 사례를 통해 카가 말하고자 하는 것은 두 가지이다. 첫째, 역사가가 문제에 접근하는 처지부터 파악하지 않고서는 역사가의 연구를 충분히 이해할 수 없다는 것이다. 둘째로는 역사가의 관점 자체는 사회적, 역사적 배경에 뿌리를 박고 있다는 사실이다. 역사가는 역사를 기술하기 전부터 이미 역사의 산물이다. 사르트르의 유명한 말을 인용하면 "실존은 본질에 앞서는" 것이다.

결론적으로 2장에서 탐구한 질문, 역사가 혹은 역사적 사실들은 개인 혹은 사회적 산물로서 보아야 하는가, 라는 질문에 대해서 우리는 역사는 하나의 사회적 과정이며, 개인은 사회적 존재로서 이에 참여한다고 결론지을 수 있다. 역사는 고립된 개인 사이의 대화가 아닌 현재의 사회와 과거의 사회와의 대화이다.

대화는 투쟁을 잉태한다. 우리는 사회적 존재이다. 우리의 투쟁은 체제 투쟁이다. 투쟁 속에서 우리는 모두 동지였다. 미래와의 대화를 통해 우리는 승리를 선험적으로 체험했다.

제3장 역사와 과학과 도덕

본 장에서 궁극적으로 저자가 전달하고 싶은 것은 '역사는 과연 과학과 다른 것일까?'라는 질문에 대한 답이다.

카는 3장에서 결론적으로 과학과 역사가 연구의 근본적인 절차에 있어 다르지 않다고 주장한다. 이것을 설명하기 위해 우선 역사가들의 연구 방식을 원리와 사실 사이, 이론과 실천 사이의 상호작용이라고 설명한다. 우리는 실천하고 학습했고, 학습하고 또 실천했다.

제4장 역사와 인과관계

4장의 목적은 역사 연구에서 원인 선별의 중요성을 역설하고, 결정론과 우연론에 관한 논의를 통해 원인을 선별할 때는 우연을 배제하고 합리적인 원인을 찾아야 함을 주장하려는 것이다. 역사가는 동일한 사건에 대해 다양한 원인 제시 및 그들 사이의 일정한 위계질서 수립을 통한 일반적 원인 도출의 의무를 진다. 인간의 행동에는 원칙적으로 확인할 수 있는 원인이 있지만 그렇다고 해서 역사에서 필연적인 것은 없다. 우연은 존재하지만, 우연들이 보여주는 인과적 전후 관계는 일관되지 않는다. 따라서 역사가는 자신의 목적과 부합하지 않고 일반화할 수 없는 우연적 원인을 배제해 합리적 원인을 선별해야 한다.

저자에 따르면 역사 연구는 원인에 관한 연구다. 위대한 역사가는 '왜'라는 질문을 제기한다. 이러한 논의는 18세기부터 본격적으로 시작되었다. 이후 200여 년간 역사가와 역사철학자들은 역사적 사건의 원인과 그것을 지배하는 법칙을 발견함으로써 인류의 과거 경험을 체계화하기 위해 노력했다.

제5장 진보로서의 역사

역사에서의 진보 개념, 역사의 종말, 진보의 비연속성, 역사의 객관성, 과거와 미래와의 대화, 존재와 당위, 진리와 이중성 등 현란한 주제가 파노라마처럼 이어지는 장이다.

자연에서 진화의 근본은 생물학적 유전이며, 역사에서의 진보의 근원은 사회적 획득이다. 생물학적 진화에서 획득형질은 유전되지 않지만, 이성적 인간은 여러 세대를 거쳐 경험을 배우고 그것을 자기 경험화했기 때문에 역사는 획득된 기술이 세대에서 세대로 전달됨에 따라 진보한다. 진보를 믿는다는 것은 결코 자동적이고 불가피한 어떤 과정을 믿는 것이 아니라 인간의 가능성은 점진적으로 발전한다는 점에 주목하는 것이다.

액튼John Dalberg-Acton은 "사건의 과정으로서의 역사는 자유를 향한 진보이고, 사건의 기록으로서의 역사는 자유의 이해를 향한 진보"라고 보았다. 물론 이 두 과정은 함께 진행된다.

사건에 대한 우리 연구의 객관성은, 사실을 정확하게 입수하는 데 의존하는 게 아니라, 우리들이 관심을 갖는 진정한 의미가 있는 사실들과 우리가 무시할 수 있는 우연한 사실들을 구별하는 데 있다. 결국 역사의 객관성이란 만남과 선택의 객관성이다. 대화이되 긴장된 대화이다. 중요하고 올바른 기준에 따른 대화다. 그래서 역사는 진보하는 과학이다. 각종 사건에 대한 통찰이 계속해서 확대되고 심화하기 때문이다.

역사가들은 "승리를 거둔 세력을 앞으로 내세우고 이들에게 패배한 세력을 뒤로 밀어냄으로써 현존 질서에 '불가피성'이라는 외관을 부여하는 존재"이기도 하다. 역사가 진행하는 방향에 대한 통찰은 언제나 중요하다. 그러나 카는 역사에서의 판단 기준이란 '보편타당성을 요구하는 원리'가 아니라 '가장 유효한 것'이어야 한다고 주장한다. 그럴듯해 보이는 추상적 기준을 설정하고 그 기준에 따라 과거를 재단하고 평가하는 것은 오류를 피할 수 없기 때문이다. 카는 부당한 의미도 함축하는 '성공'이라는 말을 피하기에는 '가장 효과적인 것'이라는 표현이 중립적이라고 보았다. 역사의 객관성은 우리 눈앞에 놓인 어떤 고정불변의 기준에 의존하는 것이 아니라 미래 속에 잠들어 있는, 그리고 역사의 진행 과정과 더불어 발전하는 그러한 기준에 근거해야 한다는 것이다.

제6장 넓어지는 지평선

역사라는 것은, 인간이 시간의 흐름을 사계절의 순환이나 인간의 일생 같은 자연적인 과정이 아니라, 인간이 의식적으로 관여하고 의식적으로 영향을 미치는 그런 사건의 연속이라고 생각할 때부터 시작된다. 역사는 자신의 사고를 활용하여 자기 환경을 이해하고 환경에 영향을 끼치려고 하는 기나긴 투쟁이다.

현대인은 자기가 걸어 나온 과거의 희미한 어둠 속을 열심히 되돌아보고 있지만, 그것은 혹시나 과거에서 흘러나오는 희미한 빛이 그가 이제부터 들어서려고 하는 앞날의 어둠을 밝혀주지나 않을까 하는 희망 때문이다. 이와는 반대로 앞날에 대한 바람과 불안이 이제까지 거쳐온 과거를 통찰하도록 격려해 주기도 한다. 과거와 현재와 미래는 끝없는 역사의 고리로 연결되어 있다.

"그래도 그것은 움직인다."

'역사란 무엇인가'의 길었던 대장정을 마무리하며 E. H. 카는 이렇게 말했다. 이 말이 의미하는 바는 무엇일까? 저자는 6장에서 역사가 흘러감에 따라 인간이 이성을 발휘하는 과정을 설명한다. 인간은 주위 환경을 지배하고 바꾸며, 심지어 자기 자신마저 변화시켜 왔다. 그는 이를 진보라 일컫는다. 그리고 20세기에 와서 세계가 급격하게 변화함에 따라 역사가 계속 움직인다는 사실을 인지하는 것이 중요함을 역설한다. 여기서 말하는 움직임이 곧 진보다. 나는 이러한 카의 견해가 이성의 발휘라는 측면에서 역사의 발전 과정을 이해하고 사유하는 계기를 마련해 주기에 가치 있다고 생각한다.

이 책이 주는 교훈

이 책은 역사학이 단순히 과거의 사실을 기록하는 것이 아니라, 주관적인 선택과 만남에 따라 역사가의 해석과 가치 판단에 의해 끊임없이 변화하며 구성되는 복합적인 과정임을 강조한다. 이 책을 통해 우리는 단순히 과거의 사건을 넘어서서 현재와 미래를 바라보는 신선한 시각을 얻게 되었다. 그리고 희망을 배웠다. 승리를 선험적으로 체험했다. 역사란 궁극적으로 우리가 현재를 살아가는 방식과 미래를 만들어가는 과정에 대한 끊임없는 대화임을 다시금 느끼게 해주는 책이다.

나의 삶, 나의 운명을 쥐고 있는 수많은 고삐 중에 시간이 쥔 고삐와 공간이 쥔 고삐는 내가 쥔 고삐보다 더 칭칭 내 몸을 감고 있었다. 세상의 모든 사람도, 모든 사물도 고삐를 쥐고 나를 감고 있었다. 나의 삶, 나의 운명은 세상에 존재하는 모든

것과 연결되어 있었다. 존재의 흔적과도 존재의 희망과도 연
결되어 있었다.

　이 책을 통해 우리는 역사에 대한 새로운 통찰을 얻었다.
그리고 과거와 현재를 연결하며 더 나은 내일을 만들어가는
힘을 얻었다.

'광장'의 빛을 따라서

『광장』

최인훈

정근식

1976년에 서울대학교 사회학과에
입학했으며, 같은 대학교 대학원에서 석사와
박사 학위를 받았다. 서울대학교 사회학과
교수 등을 지냈으며, 현재 서울특별시
교육감으로 재직 중이다.

　　　　　　　　　　　　　　1975년 5월 13일부터 1979년 12월 8일까지 시행된 긴급조치 9호는 전 국민을 옥죄는 독재의 수단이었을 뿐 아니라, 특히 젊은이들이 구가해야 할 '청춘의 자유'를 송두리째 빼앗아 간 차꼬였다(헌법재판소와 대법원은 2013년에 긴급조치 제9호가 헌법에 위배되어 위헌·무효라고 선언하였다). 흔히 그 불행한 세대의 중심에 1970년대 중반에 대학에 입학한 이들이 있었다고 말하지만, 그 혹독한 겨울 공화국에도 이들을 위로하는 따뜻한 빛이 전혀 없었던 것은 아니다. 지금까지도 한국문학의 중요한 성과로 꼽히는 문학작품들, 예컨대 이청준의 『당신들의 천국』이나 최인훈의 『광장』, 조세희의 『뫼비우스의 띠』, 박완서의 『나목』 같은 작품들이 한꺼번에 예민한 감수성을 가지고 있던 청년들에게 다가왔고, '낭만' 대신 한국 사회의 차가운 현실, 즉 분단 상황이나 노동 현장, 또는 사회적 약자들을 바라보도록 안내했다.

　당시에는 별로 의식하지 못했지만, 돌이켜보면 대학 입학 후에 도서관에서 읽었던 『당신들의 천국』은 20년 후에 나의 한센병에 관한 사회사적 연구에 지속적인 영감을 주었으며, 친구들과 함께 읽었던 『광장』은 40년 후에 전쟁포로들을 실제로 찾아보도록 자극했던 것이 틀림없다. 특히 『광장』은 포로수용소라는 제도나 전쟁포로 및 한국의 분단체제에 관한 역사적 성찰을 넘어서서 세계적 냉전 체제에 대한 사회적 상상력을 끊임없이 자극했고, 나아가 인간의 원초적 자유나 존엄성에 관한 근본적 사유를 촉구했다. 여기에 더해 1977년 극장에서 보았던 영화 「뻐꾸기 둥지 위로 날아간 새」도 사회적 약자들의 수용소나 장애인에 대해 사회학적 관심을 갖게 했다.

『광장』이 다루고 있는 중립국행 포로는 1953년 정전 후, 남북한뿐만 아니라 분단된 두 개의 중국으로의 송환을 거부한 사람들로 총 88명이었다. 이들 중 한국인 포로는 76명, 중국인 포로는 12명이었는데, 이들은 중립국 감시단이 주둔하던 인도로 보내졌고, 약 2년 후에 다시 브라질이나 아르헨티나로 이주했다. 남미행은 이들의 원래 소망과는 다른 것이었다. 전후 냉전의 영향으로 중립국행 포로를 반공포로로 명명하기도 하는데, 실제로 이들의 일부는 미국으로의 이주를 원했으나 실현되지 않았다. 1956년 2월 한국인 포로 51명(또는 55명)과 중국군 포로 6명 등이 유엔의 주선으로 브라질 리우데자네이루에 정착하였다.* 1957년 5월에는 아르헨티나에 26명이 정착하였다. 이들은 고국이나 고향을 버리고 낯선 나라에서 새로운 삶을 시작했으나, 그 과정은 순탄치 않았다. 현지 정부나 교민 사회의 지원 없이 어려움 속에서도 상당수가 자동차 정비공, 재봉공, 선반 공장 직공 등으로 기술을 익혀 일하며 자립을 시도했다. 일부는 신학을 공부해 목사가 되기도 했다. 이들은 오랫동안 한국 사회에서 잊힌 존재였으며, 이념 갈등의 후유증과 고향에 대한 그리움 속에서 외로운 삶을 살았다.

* 정병준, 2018, 「중립을 향한 '반공포로'의 투쟁: 한국전쟁기 중립국행 포로 76인의 선택과 정체성」, 『이화사학연구』 제56집.

신세계 또는 별세계

내가 읽은 최인훈의 소설 『광장』은 아마도 1976년 문학과지성사에서 출판한 『최인훈전집』의 일부일 것이다. 당시에는 몰랐지만, 이 소설은 1960년 『새벽』 11월호에 처음 발표되었고, 이후 1961년 2월에 출판사 정향사에서 단행본으로 출간되었으며, 이후 여러 차례 개작되었다.* 『광장』은 이렇게 시작한다.

> 바다는, 크레파스보다 진한, 푸르고 육중한 비늘을 무겁게 뒤채면서, 숨을 쉰다.
> 중립국으로 가는 석방 포로를 실은 인도 배 타고르호는 흰 페인트로 말쑥하게 칠한 3,000톤의 몸을 떨면서, 물건처럼 빼곡히 들어찬 동중국 바다의 훈김을 헤치며 미끄러져 간다.

주인공 이명준은 철학과 대학생으로 분단 상황에서 어떤 이념이 간직할 만한 가치가 있는지 선택하기 위해 모험을 하는 인물이다. 그는 아버지가 남로당을 추종하여 혼자 월북한 이후 부유한 친지의 집에 얹혀살게 된다. 중산층의 여유와 안일을 누리며 살아가는 그 집 남매와 적당히 어울리지만, 아버지의 월북과 대남 활동으로 인해 경찰로부터 감시를 받게 되고 급기야 체포되어 취조를 받기도 한다. 연인 윤애와의 관계에서도 진정한 사랑의 의미를 찾지 못하면서, 결국 남한 사회에 환멸을 느낀 명준은 '광장'을 찾아 월북을 결심한다. 이명

<hr>

* 이 글의 인용문은 문학과지성사(2022)에서 나온 책을 따랐다.

준은 남한이 비록 자유가 보장된 민주주의를 표방하고 있지만, 정권의 부조리와 사회적 부패상을 목도하면서 회의했고, 참다운 삶의 '광장廣場'을 찾는 길을 택한다.

그는 북한에서 아버지를 만나 어렵지 않게 노동신문 기자가 되는 등 상류층에 편입하게 되지만 그곳 역시 공식적인 명령과 복종만 있을 뿐, 개인이 주체가 되어 꾸려 나가는 활기차고 창의적인 삶은 보이지 않는다. 북한에도 진정한 삶의 '광장'은 없었던 것이다. 그는 스스로 건설 현장 노동자의 삶을 택해 거친 세상에 맞서던 중 부상을 입고 입원한다. 그 병원에서 간호 봉사를 하러 방문한 발레리나 은혜를 만나 새로운 사랑에 빠지지만, 그녀는 해외 순회공연을 이유로 명준의 곁을 떠나고 만다.

한국전쟁이 발발하자 명준은 자원하여 북한군 장교로 참전하게 되는데, 낙동강 전선에서 자신을 만나기 위해 간호병으로 참전한 은혜와 재회한다. 그들은 동굴에서 사랑을 나누며 잠시나마 삶의 행복을 느낀다. 은혜는 명준의 아이를 가졌다고 말하지만 곧이어 폭격으로 비명횡사하고, 태아까지도 죽는 참혹함에 직면한다. 그는 낙동강 전선에서 포로가 되고, 거제도 포로수용소에 갇힌다. 휴전이 될 무렵 포로 송환 심사를 받는데, 명준은 자신이 경험한 남한과 북한, 어느 쪽도 진정한 삶의 가치를 줄 수 없다고 판단하고, 제3국(인도)행을 선택한다. 그는 마침내 인도로 향하는 '타고르호'에 몸을 싣고, 그 배에서 갈매기를 바라보며 비로소 광장의 가능성을 발견한다.

돌아서서 마스트를 올려다본다. 그들은 보이지 않는다. 바다를 본다. 큰 새와 꼬마 새는 바다를 향하여 미끄러지듯 내려오고 있다. 바다. 그녀들이 마음껏 날아다니는 광장을 명준은 처음 알아본다. 부채꼴 사북까지 뒷걸음질 친 그는 지금 핑그르 뒤로 돌아선다. 제정신이 든 눈에 비친 푸른 광장이 거기 있다.

그러나 그가 발견한 광장은 실재하는 세계가 아니었다. 생명을 던져야 하는 가상의 세계였다. 『광장』은 이렇게 끝난다.

이튿날.
타고르호는, 흰 페인트로 말쑥하게 칠한 3,000톤의 몸을 떨면서 한 사람의 손님을 잃어버린 채 물체처럼 빼곡히 들어찬 남중국 바다의 훈김을 헤치며 미끄러져 간다.
흰 바닷새들의 그림자는 보이지 않는다. 마스트에도, 그 언저리 바다에도.
아마, 마카오에서, 다른 데로 가버린 모양이다.

주인공 이명준은 분단 시대를 온몸으로 겪으며 사유하는 상징적 지식인으로, 남과 북 모두에서 체제에 절망하고 사랑에서도 환멸을 겪는다. 전쟁포로로서 남한도 북한도 아닌 제3국행을 선택하고 배에 오르지만, 결국 바다에 스스로 몸을 던짐으로써 '밀실만 있고 광장은 없는' 자본주의도, '광장만 있고 밀실은 없는' 사회주의도 정답이 아니라는 메시지를 남기며 사라져간다.

무엇이 책을 읽고 난 후 쉽게 잊히지 않는 긴 여운을 남겼을까?『광장』은 수많은 독자에게 여러 가지 충격을 주었겠지만, 필자와 같은 시골 출신 대학 신입생들에게는 이제까지 배워온 역사와는 차원이 다른 '중립국' 이야기를 해주었을 뿐 아니라, 현재 살고 있는 세계와는 전혀 다른 세계가 있을 수 있다는 것을 깨닫게 해주었다. 당시에 소설의 주인공 이명준의 실제 모델이 있을까, 있다면 누구일까에 관하여 두서없는 토론을 하였지만, 누구도 그 질문에 근사한 답을 하지 못했던 것으로 기억한다. 한 발짝 더 나아갔더라면 작가 최인훈이 도대체 누구인가를 질문할 수도 있었을 텐데, 그 정도 역량은 없었다. 이 소설은 남북 모두를 겨냥하고 있지만, 아무래도 독자인 우리들이 거주하는 사회에 대한 자성적 비판이 더 컸을 것이다.

『광장』을 읽은 충격은 최인훈의 다른 작품들에 대한 관심으로 이어졌는데, 그중에서도 뚜렷한 기억으로 남아 있는 것은『총독의 소리』다. 일본이 패전한 후에 본국으로 돌아가지 않고 지하로 들어간 조선총독부의 총독이 '유령 해적방송'을 한다는 설정인데, 충성스러운 일본 제국 신민과 지하 요원들에게 연설한다는 파격적인 형식이 인상적이었을 뿐 아니라 당시 대통령의 독재적 이미지가 총독의 이미지와 겹쳐 상상되었기 때문에 특별하게 각인된 것 같다.

시간이 지난 뒤 작가의 어떤 경험이 이런 충격적인 상상을 가능하게 했을까 생각하게 되었다. 2018년 최인훈 선생이 세상을 떠났을 때 여러 언론이 그의 부고를 전하면서 작가의 일대기를 다룬 추모 기사를 냈다. 이를 종합해 보면, 최인훈은 1934년에 함경북도 회령에서 목재상 집안의 4남 2녀 중 장남으로 태어났다. 해방과 함께 들어온 소련군과 북한 정권은 작가의 집안을 부르주아지로 몰아세웠고, 위협을 느낀 작가의 가족은 고향을 떠나 함경남도 원산으로 이주했다. 그래서 그는 원산고등학교 학생이 되었는데, 1학년 재학 당시 6·25전쟁이 터졌다. 그의 가족은 1950년 12월 원산항에서 해군함정 LST(전차상륙함)를 타고 부산에 내려 피란민 수용소에서 잠시 머물다가 인척이 있는 전라남도 목포에 정착한다. LST에 승선하기 위해 원산항에 모여든 사람들, 거대한 해군 수송선을 타고 월남하던 그날 밤의 동해 바다, 불안한 어둠을 뚫고 대면했던 부산항의 모습, 이런 기억들이 10대 어린 고등학생의 몸과 마음에 각인되어 위대한 소설적 상상력으로 승화되었을 것이다. 목포고등학교를 졸업한 최인훈은 1952년 서울대 법학과에 입학했는데, 4학년 마지막 학기 등록을 포기하고, 1957년 육군에 입대해 6년간 통역장교로 복무했다.

최인훈은 1959년 군 장교의 신분으로 『자유문학』에 단편 「그레이 GREY구락부 전말기顚末記」와 「라울전傳」이 실리면서 등단했다. 그는 1960년 4월혁명이 일어난 후 새로운 창작의 에너지를 얻었고, 월간지 『새벽』 11월호에 문제작 「광장」을 발표했다. 이 소설은 작가가 복무하고 있던 대전 병기창에서 백지에 쓴 것이라고 한다. 그는 『광장』 초판본 서문에서 "저 빛나는 4월이 가져온 새 공화국에 사는 작가의 보람을 느낍니다"라고 썼는가 하면, 오랜 후인 2010년 1월에 어느 신문과의 인터뷰에서는 "4·19의 충격이 내 지적인 타성에 지각변동을 일으키고 '광장'을 탄생시켰다"고 말했다. 그는 온몸으로 겪은 해방과 분단, 전쟁과 피난으로 이어지는 경험을 이 작품에 투사했다. 해방 후 5년간의 북한 경험은 북한 사회를 바라보는 원체험이었고, LST의 승선과 동해 경험은 인도양의 항해를 서술하는 기초가 되었다. 그는 '전쟁'의 화두를 평생 놓지 못한 이유에 대해 "평생 머릿속에서 전쟁과 피란을 계속해 온 것"이라며 "결국 인간이 살아간다는 것은 피란 다니는 것이 아닌가"라고 답했다.

　『광장』은 1960년 발표된 이래 작가 자신에 의해 여러 차례 개작되었다. 특히 1976년의 개작본(문학과지성사)에서는 문체의 변화가 두드러졌고, '밀실'과 '광장'의 이분법적 구조가 강화되었으며, 이명준의 내면 심리 묘사가 심화되었다. 그러나 이후 개작에서는 '밀실'과 '광장'의 대립이 약화되고 제3의 길에 대한 모색이 확대되었다. 이명준의 방황이 개인의 근원적인 고독과 실존적 문제로 심화되고, 북한 사회의 관료주의와 획일성에 대한 묘사가 강화되었다.* 이러한 개작을 통해 『광장』은 단순한 분단 문학을 넘어, 냉전 시대 지식인의 실존적 고뇌와 인간의 본질적인 자유 탐구를 다룬 한국 현대 문학의 기념비적인 작품으로 자리매김했다는 평가를 받는다.

* 최윤경, 「『광장』 개작의 의의: 폭력에 대한 인식의 변화」, 『현대문학이론연구』 59, 2014

탈냉전과 민주화가 가져온 변화들

1990년대 초, 세계적 냉전의 해체는 중립국행 포로들이 정신적·심리적 부담을 덜고 자신의 고향이나 고국을 방문할 수 있는 계기가 되었다. 1993년 10월 문화방송 초청으로 27명의 전쟁포로 출신 인사들이 '모국'을 방문했는데, 미국 거주 1인, 브라질 거주 22인, 아르헨티나 거주 4인이었다. 『광장』의 주인공이 실재한다는 것을 생생하게 보여주는 최초의 계기였다고 할 수 있다. 그러나 세계적 냉전의 해체는 단지 '중립국행 포로들'에게만 영향을 미친 것이 아니었다. 1994년 조창호 소위의 탈북 귀환은 여전히 돌아오지 못하고 있는 국군포로들의 존재를 부각시켰고, 전쟁포로의 문제가 문학적 상상력의 영역에 국한되지 않으며 정치적·사회적 문제로 남아 있다는 것을 상징적으로 보여주었다. 사실 조창호 소위의 탈북 귀환 직전에 이인모의 송환이 이루어졌다. 이인모는 북한의 종군기자 출신으로, 한국에서 34년간 비전향 장기수로 있다가 석방된 후 1993년 3월 19일 최초로 송환된 사람이다. 이인모가 북한으로 송환된 후 북한 정부로부터 받은 열렬한 환영은 한국 정부가 예상하지 못한 것이었기 때문에 조창호의 귀환을 환영하는 의전에도 영향을 미쳤을 것이다. 이후 대규모 탈북민 증가 때문에 국군포로 문제가 희석되었지만, 2001년 국군 반공포로 김성태의 귀환은 우리 사회에서 이들의 안정적 생활에 대한 정책을 가다듬게 했을 뿐 아니라 여전히 북한에 남아 있는 국군포로 문제와 북한의 일반적인 인권 문제를 상기시키는 계기가 되었다.

이후 한국전쟁이 남긴 포로 문제를 종합적으로 바라보려는 연구가 이루어졌고, 보다 체계적인 자료 수집과 함께 최근에는 포로들에 대한 심문과 최종적 선택 과정을 구체적으로 분석하는 연구도 축적되었다.

나는 2016년 거제시가 의뢰한 거제도 포로수용소에 관한 용역을 수행하기 위해 전갑생 선생과 함께 자료를 수집하면서, 본격적으로 한국전쟁 포로에 관한 기존의 문헌들을 검토하게 되었다. 중립국행 전쟁포로에 관해서도 이화여대 정병준 교수, 홍콩과기대학의 창청 교수 등과 함께 서울대에서 세미나를 개최하면서 구체적인 연구가 진척되었다. 창청 교수는 같은 해 10월 아르헨티나에 살고 있는 한국인과 중국인 포로들을 만나보자고 제안했다. 우리는 부에노스아이레스를 방문하여 한국인과 중국인 포로 출신 이민자들을 인터뷰했다. 이를 통해 나는 다시 『광장』의 자장 속으로 빨려 들어가게 되었다. 그곳에서 브라질에 살고 있는 중립국행 포로 출신 임관택과 연락이 닿았다. 그는 2017년 초에 브라질에 사는 중립국행 포로들의 모임이 상파울루에서 개최되니 거기로 오라고 신신당부했다.

중립국행을 선택한 전쟁포로 임관택

2017년 2월, 우리는 샌프란시스코에서 살고 있는 중립국행 포로 출신 강희동 목사를 인터뷰한 후, 상파울루로 가서 임관택, 문명철, 이응룡, 이준희 등 여러 인사를 만났다. 한국전쟁 휴전과 함께 남한과 북한, 또는 중국과 타이완을 모두 거부하고 제3국행을 선택한 포로 중에서 가장 많은 인원이 정착한 곳이 바로 브라질이다. 이들은 냉전 이데올로기의 피해자로서 고향을 떠나 새로운 삶을 개척해야 했던 비극적인 역사의 주인공들이었지만 세월이 흘러 많은 사람이 세상을 떠나고 소수만 생존한 상황이었다. 이들 중에서 임관택과의 만남이 특별히 인상적이었다. 그는 『광장』의 주인공 이명준처럼, 남한 출신으로 북한으로 간 후, 대학생 신분으로 북한군 장교로 참전하였기 때문에, 이명준이 인도양에서 자살하지 않았다면 임관택처럼 살았을지도 모른다는 느낌을 받았다. 그래서 나는 임관택의 삶과 경험에 관해 집중적으로 인터뷰를 진행했다. 또한 그 이듬해인 2018년 그가 정부 초청으로 광복절 행사에 참여했을 때, 나는 그와 함께 거제도를 방문해, 남아 있는 포로수용소 자취들을 살펴보면서 과거의 기억을 좀 더 정확하게 되살려보려고 노력했다. 그는 거제도에서의 2차 인터뷰에서 브라질에서는 말하지 않았던 기억을 끄집어내기도 했고, 무명 희생자들의 추모비 앞에서 오열하기도 했다. 맥락이 안 맞는 증언에 대해 다시 질문하자, 잘못 말했던 것을 수정하기도 했다. 그 과정에서 여전히 심연에 깔려 있는 그의 전쟁 트라우마가 느껴졌고, 그가 말하기를 꺼리는 민감한 경험들이 무엇인지 짐작할 수 있었다.

임관택은 1928년 충남 서천에서 출생했다. 그의 부친 임평은 1908년생으로 1925년 보성고보를 졸업한 후 보성전문에서 수학하다가 광주학생사건의 여파로 1930년 서울을 떠나 하얼빈으로 이주해 하얼빈 공대에서 수학했으며, 1935년 중국 남경南京(난징)으로 이동해 조선민족혁명당에 입당했다. 그 무렵 어린 아들 임관택은 모친과 함께 남경으로 가서 부친과 함께 살았으나, 1937년 중일전쟁이 발발하고 정세가 불안해지자 한국으로 돌아왔다. 부친은 남경에 있던 중앙육군군관학교에서 수학한 후, 1938년 조선의용대에 들어갔고 1941년 조선의용대 사령부 산하 정치공작대에 가담했다. 그는 1942년 한국광복군에 참여해 김원봉 휘하에서 제1지대 분대장 임무를 맡고 활동하다가 8월에 병사했다.

1945년 해방 후 임관택은 군산중학에 재학하고 있었는데, 1946년 초 북한에서 신민당을 조직했던 연안延安 출신 인사들이 서울에 들어와 '남조선신민당'을 조직할 때 그를 서울로 불렀고, 그해 가을 이들이 북한으로 철수할 때 임관택도 평양으로 데리고 갔다. 그는 북한에서 혁명유자녀로 특별 대우를 받았다. 그는 1948년 9월 김일성대학에 입학했고, 이듬해에는 모스크바의 군사학교에서 유학했다. 하지만 임관택은 북한 정권의 엄격한 통제와 자유의 부재에 비판적이었다. 그는 1949년 말 충남 서천의 고향에 다녀가기 위해 38선을 넘었는데, 그때 그와 동행하던 여자친구가 경찰에 희생되었다. 임관택이 평양으로 귀환한 후 대학교 3학년이 되기 직전에 전쟁이 발발했다. 그는 북한군에 소집되어 정치부 장교로 전쟁에 참전했지만, 낙동강 전선에서 미군에 크게 패퇴하여 그가 지휘하던 부대 병사의 절반인 1,500명을 잃었다고 한다. 그는 천신만고 끝에 후퇴했지만, 결국 포로가 되었다. 그는 포로수용소에서 자신의 신분을 노출하지 않으려고 끝까지 노력했고, 결국 중립국행을 선택했다. 그는 중립국행 선택의 동기를 뚜렷하게 말하진 않았지만, 남북한 사회에 대한 회의와 함께 작전 실패로 심리적 부담이 컸던 거로 보인다.

임관택은 인도에 도착한 뒤 생존을 위해 열심히 기술을 배웠다. 인도 정부가 제공한 기회를 이용해 자동차 기술을 배웠고, 1956년 2월 브라질로 향했다. 인도에는 소수 인원만 잔류했다.* 브라질에서의 초기 정착 과정에서는 소련 군사고문단 출신인 주영복이 리더십을 발휘했다. 주영복은 1975년 『포한사전』을 출판하기도 했으며 오늘날까지도 브라질 한인들이 현지에 적응하는 데 도움을 주었다. 임관택은 인도 시절 배운 기술을 바탕으로 상파울루에서 포드자동차회사 공구 설계기술자로 일했으며, 일본계 2세 여성과 결혼을 한 인연으로 일본 자동차공장에서 일하기도 하였다. 그는 브라질 도착 후 오랜 기간 '무국적자' 신분으로 생활했는데 20여 넌이 지난 1976년 브라질 국적을 취득했다.

브라질 한인 사회에서 별로 존재감이 없던 그가 변화를 맞이한 계기는 부친인 임평이 2001년 대한민국 정부로부터 건국훈장 애국장을 받고 독립유공자로 인정되었다는 사실을

---

* 김경학, 「인도 정착 한국전쟁 중립국 선택 포로의 이야기」,
『인도연구』 9(1), 2004

알고 난 뒤였다. 임관택은 몸집이 작은 데다 김일성대학 재학생이었다는 사실을 굳이 드러내지 않아서 포로 출신들 사이에서 별로 존재감이 없었지만, 부친의 서훈 이후 점차 브라질에 거주하는 포로들의 모임을 주도하기 시작했다. 한국 호적에는 그가 이미 사망한 것으로 기록되어 있었는데, 상파울루 한국 총영사관의 도움으로 2016년 호적을 정정하고 법무부에 국적 회복을 신청했다. 임관택은 2018년 제73주년 광복절에 해외 독립유공자 후손 초청 행사에 참여하면서 대한민국 국적을 취득했다.

작가는 가고 주인공은 남아

한국 사회에서 중립국행 포로들에 관한 이야기는 언제나 최인훈의 소설 『광장』으로 시작된다. 중립국행 포로 모두가 이 소설의 주인공 이명준이라고 불리지만, 구체적으로 살펴보면 그들이 모두 똑같은 배경을 지녔거나 동일한 삶의 경로를 걸었던 것은 아니다. 중립국행 포로라는 점에서는 모두 '이명준'이라고 할 수 있겠지만, 고향이나 신분 또는 사랑 이야기 같은 구체적인 기준을 적용한다면 이명준과 닮은 사람은 소수에 지나지 않는다. 그럼에도 65년 전에 최인훈이 창조한 주인공 이명준은 분단체제의 고통을 안고 살아야 했던 청년 지식인의 전형으로 남아 있다.

　우리가 냉전과 권위주의 독재를 거쳐 탈냉전 민주화를 경험했듯이, 이명준에게도 그런 시간적 변화를 적용한다면 그는 어떤 삶을 살았을까? 작가 최인훈은 2017년 2월 24일, 서울 대 졸업식에서 명예 졸업증서를 받았다. 그는 학위수여식에서 "전혀 기대하지 않았던 현실과 갑자기 만났다"며 "열악한 환 경에서 최상의 혜택을 줬는데도 누리지 못한 그때의 내가 밉 다"고 회한을 표하기도 했다. 그해 7월, 그러니까 그가 타계하 기 1년 전, 정병준 교수는 경기도 고양의 최인훈 선생 자택을 찾아가 두 시간 동안 나눈 대화를 글로 옮긴 대담록을 『역사비 평』에 발표했다.* 정 교수가 4·19라는 시대적 배경이 『광장』 집필에 어떤 영향을 주었는지 묻자 그는 "4·19 이후 남한에 존재했던 일체의 모순들이 폭발했는데, 이제는 뭔가 좀 말해 봐야 하지 않나 하는 분위기가 있었다"고 하면서 "큰 시대가 열렸다는 정신적 해방감 같은 것이 소설 『광장』의 집필에 작 용했다"고 말했다. "내가 한 것이 별 볼 일 없지만, 그냥 우연 의 소산이라고 말할 수는 없고, 시대라는 큰 모태가 있었기 때 문에 가능했다고 생각한다"며 『광장』은 4·19라는 특수한 시 대적 상황이 낳은 작품이라고 강조했다.

작가의 말처럼 『광장』은 4월혁명이 창출한 정치적 공간 에서 태어났을 뿐 아니라, 그 소설적 상상력은 명백히 그의 독 특한 개인사적 경험에 기초하고 있다. 최인훈은 함경도 회령 에서 태어난 뒤 한국전쟁이 터지면서 월남해 목포고교를 거 쳐 서울대 법대에 진학했다. 그는 "일본이 망하기 직전 마지 막 10년 동안의 체제를 그대로 찍어낸 듯한 북한 공산주의 아

<hr>

* 정병준 교수와 최인훈 작가의 대담 기록은 「대담: 최인훈 인 터뷰(최인훈의 광장과 중립국행 76인의 포로)」라는 제목으로 『역사비평』 2019년 봄호(통권 126호)에 실렸다.

래에서 1945년부터 5년간 생활했고, 남한 출신 작가들 특유의 완전히 비정치적인 의식이나 대단히 막연하고 비사회적인 전통에 푹 빠질 만큼 남한에 머물지도 않았다"면서, "『광장』을 쓴 것은 운명적인 일이었던 것 같다"고 털어놓았다. 그는 당시 자신이 현역 군인이었지만, 국가의 경계를 넘나드는 그런 작품을 쓴다는 것이 상당히 위험한 일이라는 것을 전혀 생각하지 못했고, 그냥 뭔가 쓰고 싶은 것을 써야겠다고 생각했을 뿐이라고 말했다.

최인훈은 2018년 7월, 84세를 일기로 타계했다. 그가 세상을 떠나기 불과 3개월 전인 4월 27일 판문점에서 남과 북의 정상이 파란 도보 다리를 산책했다. 유족은 "아버님이 병석에서 남북 정상회담 뉴스를 보면서 너무 집중해 탈진할 정도였어요"라고 말했다. 작가는 남북 관계를 삼단뛰기에 비유했다고 한다. 그는 "통일보다 재통일이 더 위대하다. 삼단뛰기라는 운동의 원칙처럼, 한 번, 두 번, 세 번, 같은 뜀박질이라도 세 번째 한 것이 더 위대하다."라고 말했다. 그러나 그는 끝내 분단체제의 종식을 보지 못하고 눈을 감았다.

최인훈이 창조한 『광장』은 단지 분단 현실에 대한 고발이 아니었다. '광장은 있고 밀실이 없는' 사회, 그 반대로 '밀실만 있고 광장이 없는' 사회, 이들 사이에서 어떻게 살아갈 수 있는가에 대한 질문은 분단 시대를 관통하는 질문이었다.

광장은 대중의 밀실이며 밀실은 개인의 광장이다. 인간을 이

두 가지 공간의 어느 한쪽에 가두어 버릴 때, 그는 살 수 없다. 그럴 때 광장에 폭동의 피가 흐르고 밀실에서 광란의 부르짖음이 새어 나온다.

최인훈은 이명준으로 하여금 분단의 바다에 몸을 던지도록 했지만, 동시에 좀비처럼 죽지 않고 살아 돌아오는 인물로 만들었다.

위대한 문학작품이 그것을 배태시킨 시공간의 한계를 뛰어넘는 것이라면, 그것은 작가의 문학적 상상력에 의존하는 것일 뿐 아니라, 그 작품을 읽었던 독자들의 사상적 실천적 고투를 매개로 한 것임이 틀림없다. 우리 모두가 기억하듯이 2018년과 2019년은 남북 관계뿐 아니라 미국과 북한의 관계가 크게 요동쳤지만, 모두의 실망으로 이어진 시간이었다. 그러나 커다란 실망 속에서도 어쩌면 최인훈의 세계가 극복될 수 있다는 희망의 그림자가 어른거리기도 했다. 우리 민주주의의 취약성과 동시에 그것을 극복할 수 있는 회복 탄력성이 확인된 2025년, 우리의 후속 세대들은 이 작품을 어떻게 읽을 것인가. 여전히 한반도의 분단이 지속되고 있지만, 세계적 탈냉전 시대에 태어났다는 사실이 이들에게 영향을 미칠 것은 분명하지만, 한동안 잃어버렸던 평화를 향한 꿈들이 소생하기를 소망한다.

눈을 뜨고 진실을 마주하자

『전환시대의 논리』

리영희

김부겸

1976년 서울대학교 정치학과에 입학했다.
16~18, 20대 국회의원을 지냈고,
행정안전부 장관, 국무총리를 역임했다.

후세 역사가들은 힘겹고도 끈질기게 살아온 우리 76학번들의 지난 50년을 어떻게 기록할까? 반공과 국민교육헌장과 유신헌법의 강고한 세례를 받고 엄혹했던 긴급조치의 서슬 아래, 잔뜩 겁먹은 얼굴로 대학에 입학했던 우리들의 파란만장한 청춘이 시작된 지 어느덧 50년. 질풍노도와 같던 그 긴 세월이 흘러갔다.

그럼에도 불구하고 우리가 꿈꾸고 외쳤던 민주주의, 더불어 사는 민주공화국은 아직도 미완성이다. 이 글은 이번 책을 기획한 친구들의 요청으로 시작되었다. 내게 주어진 과제는 리영희 선생의 평론집 『전환시대의 논리』를 되짚어보고, 그 책이 오늘 우리에게 주는 함의를 살펴달라는 것이었다.

이제는 줄거리도 까마득하고, 검경의 여러 차례 압수와 수색 과정에서 그 흔적조차 사라져버린 책. 그러나 당시에는 무슨 큰 지식이나 얻은 양 자부심을 가지고 허리춤에 끼고 다녔던 그 책을 다시 읽어보라니!

'전·논'(『전환시대의 논리』를 줄여서 부르는 말)이 나 자신의 인생이나 우리 또래들에게 운명처럼 나타나 사상의 지침서가 되어준 일은 또 다른 역사의 필연이었던가. 모든 학생운동 전과자의 공소장에 불손한 빨갱이들의 사상 세례서, 활동 지침서라고 적시된 책, 친구들이나 가족들이 숨기고 치워야 했던 압수물에서 빠지지 않던 그 책. 표지에 녹슨 철 기둥과 벽 이미지가 있던 손때 묻은 초판본은 도저히 찾을 수 없었고, 2000년대 들어와서 다시 출간된 개정판을 서가에서 찾을 수 있었다. 초판본에는 '아시아·중국·한국'이라는 부제가 붙어 있었는데, 개정판은 글 대신 지도 이미지로 표현되어 있다.

우상을 극복하는 이성

아직도 살아 있는 듯한 저자의 형형한 목소리, 역사에 부끄럽지 않은 지식인이 되기 위해서는 권위와 거짓으로 덧씌워진 우상과 편견을 벗어던지고 진실과 마주해야 한다는 죽비는 날카로웠다. 반공법과 국가보안법의 서슬이 시퍼렇게 살아 있던 시대에 이런 위험한(?) 글을 쓰다니. 그러면서도 아예 출판조차 불가능하면 소용없을 테니 가능한 한 표현 수위를 조절해가면서 지식인, 학생, 국민들에게 진실을 전하려고 몸부림쳤던 리영희 선생의 용기와 지혜에 새삼 고개가 숙어진다.

선생이 그렇게도 보고 싶어 하고 이루려고 했던, 진리가 왜곡되지 않게 기술되고, 전파되고, 토론이 이루어지는 살아 숨 쉬는 민주주의 국가에의 길은 얼마나 많은 희생과 시간과 인내를 요구하는지…. 지난한 이 땅의 민주화 과정을 생각하면 역사의 냉엄한 법칙에 다시 한번 숙연해진다.

진리에 접근하는 객관적 자료와 이성적 분석을 통하지 않고, 맹목적인 인식이나 편협한 국제 정세의 안목을 갖고는 21

52

세기를 살아갈 수 없다는 냉혹한 선생의 통찰은 오늘날에도 결코 철 지난 이야기가 아니다. 냉전 해체 이후 한동안 글로벌 시대와 평화의 시기가 도래할 것이라고 기대했지만, 불과 30년도 안 되어 강대국들의 이익과 야심, 패권 경쟁의 소용돌이로 빨려 들어가면서 혼란과 전쟁이 일상적인 지구촌이 되고 말았다.

그런 위태로운 시절임에도 지금 이 땅에는 진지한 공론장은 마련하지 못하고 자신들의 좁은 생각만 강요하는 풍토가 만연해 있다. 리영희 선생의 지적처럼 '우상을 극복하는 이성'이란 그렇게 실천하기가 어려운 것인가?

진실에 눈뜨게 해준 '전·논'

이 책은 평론집이어서 한 가지 주제를 가지고 논리를 전개한 논문이나 학술서와는 매우 다르다. 그럼에도 선생의 주장을 흐름대로 요약해 본다.

강요된 권위와 언론 자유

책의 앞부분에서 선생은 먼저 국가 기밀이나 국가 이익을 내세워 국민을 기만하고 민주적 권리를 억압하는 독재 정권의 행태를 통렬히 비판한다.

베트남전쟁의 확대와 관련해 미국 정부의 기밀 문서를 폭로한 『뉴욕타임스』와 미국 정부 간 소송을 통해서 진정한 애국은 어떤 것이며 지식인을 자처하는 사람들의 최고의 덕성은 무엇인지 생각해 본다.

반공과 한미동맹, 냉전의 세계사적 흐름 속에서 베트남 파병, 강권 통치를 이어가던 1970년대 대한민국의 현실에서 비굴하지 않은 지식인의 자세는 어떠해야 하는가. 아마 이 책이 당시의 젊은 학생들에게 가장 크게 자극을 준 것은 '눈을 뜨고 진실을 마주하자'는 저자의 절규에 가까운 외침 때문이리라.

국제 정세를 보는 관점

이 책에서 리영희 선생은 중국 문제(당시는 중공 문제中共問題)와 베트남전쟁을 보는 올바른 안목을 통해, 냉전적 허위의식을 깨고 우리를 둘러싼 국제 정세를 바로 보아야 한다고 강조한다.

선생은 특히 중화인민공화국中華人民共和國에 대한 편견과 잘못된 인식을 바로잡기 위해 심혈을 기울였다. 이 책 다음에 출판된 『우상과 이성』, 『8억인과의 대화』(편역서) 등에서도 선생은 한국의 지식인 사회, 한국 언론이 가진 아시아의 거인에 대한 왜곡된 인식을 바꾸고자 노력했다.

당시 우리나라는 몇십만 명에 이르는 병력을 베트남전쟁에 파병해 수만 명의 희생을 치렀다. 그러고도 1975년 4월 월남(남베트남)의 패망을 충격 속에서 지켜보던 상황이었다. 전국적으로 반공 궐기대회가 열리고, 각 대학은 장기 휴교 이후에 병영과 같은 분위기에서 다시 문을 열었다.

선생은 베트남전쟁을 단순한 공산주의의 침략 전쟁이 아니라 식민지 억압에서 벗어나려는 민족 해방 전쟁으로 재해석하고, 북베트남의 입장과 베트남전 확전을 둘러싼 미 국방성의 기밀 문서를 분석했다.

한미 관계와 일본의 재등장

한국은 미국의 동아시아 전략 속에서 반공 기지 역할을 하고 있다. 선생은 미국의 대對아시아 전략은 일본을 재무장시키고 경제적으로 부흥시켜 일본을 중심으로 대對공산 방어선을 완성하는 것이라고 분석하고, 이러한 국제 정세의 변화를 정확히 읽으라고 경고한다. 이후 전개된 50년의 역사는 선생의 혜안이 적확했음을 증명한다. 특히 최근 트럼프 행정부 등장 이후의 상황을 보면 미국의 동아시아 정책의 기조는 민주, 공화 어느 정권이 들어서든지 이러한 방향에서 크게 바뀌지 않는다는 사실을 확인시켜 준다.

리영희 선생

제대로 된 시대적 사명을 인식하고자 했던 지식인이라면 박정희 대통령이 반공과 체제 수호를 구실 삼아 유신을 선포하고 종신 집권을 꾀했을 때, 엄청난 분노와 함께 두터운 현실의 벽 앞에서 절망했을 것 같다. 이런 시대에 리영희 선생은 군사권위주의 정권의 강권 통치를 조금이라도 해체하려면, 당시 사회에서 일상적으로 받아들이던 잘못된 인식들을 바로잡아야 한다고 판단했다. 선생은 그 엄혹한 상황에서 여러 가지 압력과 탄압에도 굴하지 않고 '글쓰기'라는 자신만의 돌파구를 모색하며 끊임없이 목소리를 냈다.

6·25의 비극 속에서 통역장교로 복무했고, 이후에는 언론인으로 활동하면서 다양한 해외 정보와 문물들을 접해 본 얼리 버드early bird로서 책임감을 가지고 참된 지식인, 지성인의 고독한 길을 걸어간 것 같다. 그런 의지를 담은 글들을 꾸준히 발표하던 중 몇 년이 지나 출간된 한 권의 책이 당대의 지식인들을 일깨우고, 학생운동의 큰 물결을 만들어내고, 마침내는 역사의 변곡점을 만들 것이라 선생 스스로 생각이나 했을까.

나는 개인적으로는 리영희 선생과 같은 동네(경기도 군포시 산본동)에 살면서 가끔씩 찾아뵐 기회가 있었다. 어떤 부분에서는 칼칼한 강골 선비의 모습이었으나 후배, 후학들에게는 늘 따뜻하게 격려해 주시는 다정한 은사의 모습이었다고 기억한다. 마치 집안의 온갖 풍파를 홀로 다 겪어내고도 동생들한테는 어려움이 닥치지 않도록 보듬어주는 맏형 같았다. 선생은 냉전과 반공의 허위의식을 걷어내야만 진정한 민주공화국이 튼튼히 설 수 있다는 확신을 가졌기에, '글쓰기'라는 자신의 전략 무기를 가지고 그 무겁고 무서웠던 편견과 억압과 탄압의 깊은 강을 끝끝내 건너지 않았을까 생각한다.

그리고 절차적 민주화가 어느 정도 이루어지고 냉전이 해체된 90년대에 선생은 『새는 좌우의 날개로 난다』라는 책을 냈다. 이 책에서 리영희 선생은 분단체제를 극복하고 성숙한 민주 사회로 발전하기 위해서는 이념 대립을 넘어서는 균형 잡힌 민주주의가 필요하다는 강한 열망을 드러낸다. 분열과 대립의 시대를 넘어 화해와 통합의 시대를 준비하자고 하면서, 그런 토대를 갖추어야 포용력 있는 민주공화국과 자주적인 통일에 대한 비전을 가질 수 있다고 말한다.

문화혁명의 상처

아무리 뛰어난 사상가, 시대의 선각자라 하더라도 역사의 현실을 완벽에 가깝게 파악하고 예견하거나 통通시대적인 혜안을 가진다는 것은 가능하지 않다는 사실은 선생의 저서에서도 발견할 수 있다. 강고한 반공주의와 허위의식에 대한 안티테제antithesis(반정립)로서 제기한 '중화인민공화국 바로보기'에서도 그런 일면이 나타난다. 당시는 아직 중국에서 '문화대혁명'의 광풍이 정리되기 전이었다. 이미 실각하거나 몰락한 류사오치劉少奇(유소기), 린뱌오林彪(임표) 등은 제외하더라도 마오쩌둥毛澤東(모택동), 저우언라이周恩來(주은래), 주더朱德(주덕) 같은 혁명 1세대 지도자들이 역사의 무대에서 퇴장하기 전이었다.

리영희 선생은 『전환시대의 논리』나 『8억인과의 대화』

등에서 문화대혁명을 중국혁명의 정신인, 물질주의에서 인간 본성에로의 전환을 시도한 긍정적인 측면이 있다고 평가했다. 그러나 사태의 종결 이후 덩샤오핑 鄧小平(등소평) 집권 시대를 통해 드러난 바는 문화대혁명이야말로 대규모 숙청과 파괴, 살상의 광기가 동반된 잔인한 권력투쟁이었다는 사실이다.

오늘날 세계 패권을 다투는 'G2 국가'로서의 중국을 어떻게 볼 것인가 하는 문제와는 별도로, 이 시기에 대한 선생의 분석과 예측이 맹목적인 반공주의 시각으로 국제사회를 분석해서는 안 된다는 새로운 시각을 보여준 점은 높게 평가받아야 한다. 하지만 문화대혁명의 광기가 인류사에 남긴 깊은 상처를 제대로 살펴보지는 못한 것 같아 아쉽다.

당시에도 중국사를 전공한 몇몇 학자들은, 오랜 중국의 역사에 근거해서 볼 때 이데올로기를 둘러싼 갈등이 어느 정도 정리되고 나면 중국이 주변국들에게 자신들의 국익과 국가 의지를 강요하는 패권 국가의 본성을 드러내게 될 것이라고 경고했다. 뒤에 전개된 역사는 그 학자들의 우려와 예측이 크게 틀리지 않았음을 보여준다.

50년 만에 다시 읽어보는 '전·논'

어느 정도 절차적, 제도적 민주화는 이루어졌고 언론과 표현의 자유에 대한 원시적인 탄압은 지난 시점이지만, 『전환시대의 논리』를 다시 읽는 동안 글의 곳곳에서 스며 나오는 선생의 절규, 진리에 대한 용기는 나를 부끄럽게 했다.

냉전은 해체되었고 글로벌화한 국제 질서 속에서 국민 소득 수준으로는 선진국 진입 문턱에 이르렀다고 자부해 온 2025년 시점에 나와 우리를 되돌아보니 모든 것이 부족하다. 보편적인 인권, 타인에 대한 존중과 배려, 공동체적 협업과 덕성을 기초로 한 건강한 시민 사회와 그 시민들이 이루는 민주 공화국, 나아가 적대감을 넘어선 평화와 공존의 한반도라는 우리들의 비전은 아득하기만 하다.

이 글을 쓰고 있는 지금 이 순간에도 미 트럼프 행정부의 통상과 관련된 도를 넘는 압박은 계속되고 있고, 내수 경제 서민 경제는 여러 곳에서 신음을 내고 있지만, 한국 정치는 끊임없는 진영 대결과 패거리 정치의 함정에서 벗어나지 못하고 있다. 마치 구한말 망국의 역사를 공부할 때 우리가 느끼던 답답함과 허탈함을 그대로 되풀이하고 있는 양상이다. 얼마나 많은 희생을 치르고 여기까지 왔는데…, 우리 내부의 분열과 갈등이 이 공동체의 앞날을 어둡게 하는 이즈음의 사태를 어떻게 받아들여야 하는가. 세계화 시대에 잠깐 열렸던 전 지구적 평화와 번영의 큰 그림은 어느덧 사라지고 각국은 각자도생의 아수라장으로 끌려 들어가고 있다. 결국 민족이나 국가 공동체 스스로가 자신들의 운명을 깨닫고 앞길을 열어 나갈 수밖에 없다.

최근 우리 내부를 되돌아볼 때 우리들을 절망케 하는 것은 공동체의 앞날에 대해 책임을 나눠 지면서 자원과 기회는 적절히 나누어야 할 청년, 장년, 노년 세대 간에 감당할 수 없는 불신과 분열이 생생하게 드러나고 있다는 점이다. 나아가 상식이 통하는 민주주의, 함께 번영하는 민주공화국을 위협하는 완고한 지역주의 정치 구도, 감당할 수 없을 정도로 커지는 빈부 격차, 사회 유지를 위한 최소한의 합의라고 할 법치에 대한 강한 불신 등 어느 하나 쉽게 해결할 수 없는 무거운 걸림돌들이 우리 앞을 가로막고 있다.

지난 반세기에 걸친 우리 세대의 몸부림은 이런 현실 앞에서 어떤 의미가 있을까? 리영희 선생과 비판적 안목을 가진 지식인들이 목숨을 걸고 외쳐온 진리와 정의의 횃불은 언제 어디서 다시 타오를까? 최근 윤석열 전 대통령의 12·3 계엄·내란 사태를 제압하는 과정에서 깨어난 시민들의 목소리가 정치적으로 승리하는 자랑스러운 순간도 있었다. 그러나 자신들이 가진 조그마한 기득권도 양보하지 않겠다는 이기적인 풍토는 여전히 우려스럽다. 이를 극복하려는 담대한 흐름이 만들어지지 않는다면, 우리 앞에 닥친 어려운 과제들은 쉽사리 해결되지 않을 것이다. 그리되면 우리 공동체는 서서히 꿈을 잃고, 방향 또한 잃은 채 표류하지 않겠는가!

나는 지난 30여 년 동안 제도 정치를 통해 우리 세대가 함께 꾸었던 꿈을 현실화하려고 몸부림쳐 왔으나, 기대에는 한참 못 미쳤다. 변혁을 전면에 내걸고 활동했던 80년대, 90년대 학생운동 후배들과는 달리 우리 세대들은 대부분, 리영희 선생이 외친 것처럼, 그저 정직한 지식인의 소명을 가슴에 품고 우리의 길을 걸어왔다. 예나 지금이나 다를 바 없지만 화려한 조명도 박수도 없이, 얼마나 많은 청춘이 곳곳에서 두려움 없이 현실의 불의와 모순에 맞서왔던가!

80년 '서울의 봄'의 좌절, 광주 민주화운동에서의 엄청난 희생, 전두환 정권의 폭압 통치…, 한 개인이 감당하기에는 너무나 가혹한 시절이 우리들을 휘감아 쓸고 지나갔다. 하지만 그 속에서 전교조 출범을 비롯한 민주노동 운동을 발진시키고 평화통일 운동, 시민운동, 환경운동 등 새로운 분야를 개척해 나갔다. 다만 수많은 청년·학생, 활동가가 그 과정에서 우리 곁을 떠나거나 스러지는 아픔을 견뎌내야만 했다.

언젠가 어느 선배의 장례식장에서 추모사를 하던 한 선배가 "우리는 살아 있다는 이유 하나만으로도 먼저 간 분들을 대신해서 산 자의 의무를 다해야 한다"고 절절히 외치던 모습이 생각난다. 오늘 우리에게 남겨진 산 자의 책무를 생각하니, 그 책임의 무게가 새삼 무겁게 느껴진다.

아직도 가야 할 길

'전·논'이 세상에 나와 잠자는 우리들의 정신을 일깨웠던 시절도 벌써 반세기가 지났다. 선생의 혼을 담은 글조차 지금의 젊은이들에게는 철 지난 회고담쯤으로 치부될지도 모르겠다. 그럼에도 우리가 꿈꾸었던 그런 세상은 시간이 지난다고 그저 오는 것이 아니라는 것을 적어도 우리는 살아오면서 생생하게 배웠다. 리영희 선생이 보여준 진실과 함께하는 용기, 이성적 비판 정신을 잠시 잊었거나 혹은 그 실천을 때로는 주저했기에, 우리 사회 곳곳에 똬리를 틀고 있는 거짓과 허위의식, 기득권을 깨고서 민주 시민이 주체가 되는 건강한 공동체로 나가지 못한 건 아닐까.

　누군가의 말처럼, 날이 어두워지기 전에 아직도 가야 할 길이 있다. 실질적 민주주의와, 더불어 함께 사는 민주공화국, 한반도 평화를 향한 우리들의 발걸음을 여기서 멈출 수는 없다. 흰머리와 주름살이 내려앉은 세월의 흔적 위에서 두려움 없이 앞서 나가던 그 시절 청년의 모습을 찾아내야 한다. 그 작은 한 걸음, 한 걸음이 거대한 역사의 물줄기를 바꾸어놓는 것을 우리는 똑똑히 보았다.

　우리 시대의 위대한 스승이자 사상가였던 리영희 선생의 열정과 헌신에 다시 한번 깊이 감사드리며 이 글을 마친다.

나의 근·현대사 탐구 여정

『해방전후사의 인식』

송건호 외

이준식

1976년 연세대학교 사회학과에 입학해
같은 대학교 대학원에서 석사와 박사 학위를
받았다. 독립운동가의 후손이자 역사
연구자로 민족문제연구소 연구위원,
독립기념관장 등을 지냈다.

먼저 밝혀둘 것이 있다. 흔히 '해전사'로 불리는 『해방전후사의 인식』은 1979년 첫 권이 나온 이래 1989년까지 모두 여섯 권이 나왔지만 내가 다루려고 하는 책은 권 번호도 적혀 있지 않은 첫 권이다. 그 이유는 이 첫 권이야말로 언제 끝날지 모르는 유신 체제라는 암흑기를 견뎌낸 1970년대 말의 젊은이들에게, 새로운 역사 해석의 이정표를 보여준 '해전사'의 진정한 정수이기 때문이다. 실제로 첫 권의 판매 부수는 다른 다섯 권을 합한 부수의 세 배 이상이었다고 한다. 그렇다면 1970년대 학번인 나는 왜 이 책에 빠졌을까? 책장 한구석에 꽂혀 있던 낡은 책을 꺼내 다시 읽으면서 반세기 전의 기억을 더듬어본다.

나는 중학교에 들어가자마자 주위 사람들에게 역사학자가 되는 게 꿈이라고 공언하고는 했다. 그래서였을까? 중·고등학교 다닐 때 역사를 소재로 한 소설을 즐겨 읽었다. 유주현의 장편소설 『조선총독부』를 몇 번이고 읽었고, 박종화의 장편소설 『임진왜란』은 책이 너덜너덜해질 때까지 읽고 또 읽었다. 작가로는 역사소설가로서의 김동인을 좋아했다. 고등학생일 때는 성적 올리는 것을 조건으로 걸고 부모님에게 열 권짜리 『김동인전집』을 사달라고 몇 달을 조를 정도였다. 그런데 김동인의 작품 가운데서 가장 좋아한 것은 역사소설이 아니

라 「붉은 산」이었다. 지금 와서 생각해 보면, 일제강점기 만주
에 이주한 조선인 농민의 삶을 그린 이 작품이 어렸을 때부터
듣던 어머니의 만주 체험과 겹쳐서 그랬는지도 모를 일이지만,
그때는 그냥 「붉은 산」이 좋았다.

그렇다고 내가 역사소설이나 즐겨 읽는, 자유로운 영혼을
가진 청소년이었던 것은 전혀 아니다. 여기서 고백하자면 부
끄럽게도 나는 "우리는 민족중흥의 역사적 사명을 띠고 이 땅
에 태어났다"로 시작되는 국민교육헌장이나 "나는 자랑스러
운 태극기 앞에 조국과 민족의 무궁한 영광을 위하여 몸과 마
음을 바쳐 충성을 다할 것을 굳게 다짐합니다"라는 옛 국기에
대한 맹세를 지금도 줄줄 외운다. 체제가 학생들에게 요구하
는 것을 거부할 의지는 전혀 없이 시키면 시키는 대로 따르는
'모범 학생'이었다. 그러다 보니 머리에 깊이 각인된 유신 체
제의 악습이 반세기 가까이 흐른 뒤에도 조건반사적으로 되살
아나는 것이다.

유신 체제하의 '국사' 교육

박정희 정권은 1960년대 말부터 본격적으로 박정희 1인 지
배 체제를 확립해 나가기 시작했다. 1968년 4월 1일 향토예비
군 창설, 같은 해 12월 5일 국민교육헌장 선포 등으로 이어지
는 일련의 조치로 분위기를 잡은 뒤, 급기야 1969년 10월 17일
에는 3선 개헌안을 국민투표에 부쳐 장기 집권의 토대를 마련

하는 데 성공했다. 그리고 1971년 12월 27일 대통령에게 비상 대권을 부여하는 것을 골자로 하는 '국가보위에 관한 특별조치법'(통칭 국가보위법)이 제정됨으로써 사실상 박정희 1인 지배 체제를 수립하는 데 필요한 법적 기반이 마무리되었다.

1972년 10월 17일 전국에 비상계엄령이 선포되었다. 국회는 해산되었고 모든 정당의 정치활동이 중지되었다. 10월 유신이 시작된 것이다. 유신 체제에서 박정희는 긴급조치권과 국회해산권 같은 초헌법적 권한을 갖고 있었다. 사실상의 1인 독재와 영구 집권이 가능해졌다. 유신 체제의 절정은 긴급조치였다. 특히 대표적인 것이 1975년부터 박정희가 죽을 때까지 지속된 긴급조치 9호였다. 여기서 긴급의 핵심은 정권의 안전을 조금이라도 위협할 수 있는 모든 요소를 제거하는 것이었다. 유신 체제에 반대하는 행위는 물론이고 이를 보도하는 행위조차 금지하고, 이러한 행위를 한 경우에는 영장도 없이 체포하도록 한 긴급조치 9호에 의해 국민의 기본권은 완벽히 부정되었고 민주주의도 압살되었다. 의식이 조금이라도 깨어 있는 모든 국민은 잠재적인 죄수였고 온 국토가 감옥이었다.

이처럼 법과 제도로는 거의 완벽에 가까운 1인 지배 체제를 확립했지만, 문제는 남아 있었다. 바로 독재 정권에 대한 저항이었다. 박정희 정권은 저항을 막기 위해 국민의 의식 개조를 도모했다. 1968년 말 국민교육헌장을 만든 것이 그 시초였다. 국민교육헌장은 교육을 통해 1인 지배 체제를 정당화하는 이데올로기를 유포하겠다는 의지의 표현이었다.

국민교육헌장 선포 직후에는 국사(2000년대 이후 교과명이 한국사로 바뀌었다) 교육 강화를 들고나왔다. 해방 이후 중·고등학교 국사 교과서 발행은 검정제였다. 그러나 1974년 박정희 정권은 정권의 입맛에 맞는 역사 인식만을 담은 단 한 권의 교과서를 국정으로 만들었다. 그리고 교과서 국정화를 합리화하기 위해 대학 입학 예비고사(지금의 수학능력시험)에서 국사를 독립된 필수 과목으로 정했다. 1972년 5월 문교부(지금의 교육부)는 이런 내용을 담은 국사 교육 강화 방안을 발표했다. 대학 입시와 국사 교과서의 국정화를 연계시키려고 한 것이다. 한 마디로 대학에 진학하기 위해서는 정권이 요구하는 국사 교육을 받으라는 것이었다.

국정 국사 교과서에서는 곳곳에서 맥락과 무관하게 시도 때도 없이 우리 민족이니 우리나라니 하는 표현이 등장했다. 국정 교과서의 국가와 민족은 역사적 실재가 있는 것이 아니라 탈역사화된 초역사적 존재였다. 국가와 민족을 초역사화하는 이유는 간단했다. 국가와 민족의 신성성과 무오류성을 강조하기 위해서였다. 그래야만 국가와 민족에 대해 절대적이고도 조건 없는 충성과 복종이 정당화되기 때문이다. 그리고 국정 교과서의 끝에 제3공화국(유신 이전 박정희 시대)과 제4공화국(유신 체제)에 대해 길게 서술한 데서도 알 수 있듯이 충성과 복종의 대상은 결국 박정희 장군과 박정희 대통령으로 귀결되었다.

그런데 불행 중 다행이라고 할까? 고등학교에서는 박정희 정권의 요구대로만 가르치지는 않았다. 더 정확하게는 가르치려고 해도 대학에서 근·현대사를 제대로 배운 교사가 별로 없었다. 국사 선생님들은 국정 교과서에 실린 근·현대사를 아예 가르치지 않았다. 고등학교 3학년 국사 수업은 개항을 설명하는 것으로 끝났다. 대학 교수들도 국사 시험 문제를 출제할 때 근·현대사 관련 문항은 아예 넣지 않았다.

대학 교수 가운데는 근대사 전공자가 일부 있었지만 현대사 전공자는 아예 없었다. 보기를 들면, 주요 대학 가운데 고려대학교, 서울대학교, 연세대학교가 첫 근대사 전공 교수를 임용한 것이 각각 1979년, 1981년, 2000년의 일이었다. 현대사의 경우는 이보다 더 늦어 서울대학교, 연세대학교, 고려대학교가 각각 2003년, 2005년, 2008년에 첫 전공 교수를 임용했다.

세 학교만이 그런 것이 아니었다. 1970년대를 기준으로 대학의 사학과 또는 역사교육과 교수 가운데 근·현대사 전공자는 춘천교대의 조동걸 교수, 숙명여대의 이만열 교수, 건국대학의 박영석 교수 등을 제외하면 거의 없었다. 1970년대 들어 젊은 사람들의 근·현대사에 대한 관심은 계속 높아졌지만, 제도권에서는 이러한 관심을 충족시킬 만한 여건을 갖추지 못했다.

그러다 보니 박정희 정권의 구상과는 달리 근·현대사 교육을 받지 않고도 대학에 진학하는 데 아무 문제가 없었다. 결국 국사 교육의 핵심은 '태정태세문단세…'를 외우듯이 묻지도 따지지도 말고 근대 이전의 교과서 내용만을 달달 외우면 되었다. 웬만큼 용기 있는 선생님을 만나지 않고서는 교과서에 실리지 않은 역사를 배운다는 것은 생각도 할 수 없었던 시절을 거쳐 우리는 대학에 진학했다.

근·현대사에의 자각

고등학교를 졸업할 때까지 역사학자의 꿈은 바뀌지 않았다. 그렇지만 막상 대학에 진학할 때는 사학과가 아니라 사회학과를 선택했다. 입시 원서를 쓸 때 사학과에 가지 말라는 국사 선생님의 설득에 마음이 흔들렸다. 그 선생님은 사학과에 가면 당신 같은 선생, 국정 교과서에 실린 역사를 기계적으로 가르치는 선생이 되는 것 말고는 달리 할 것이 없다는 이유를 내세워 제자가 역사학도가 되는 것을 막으려고 했다.

그렇다고 역사학에의 꿈이 사라진 것은 아니었다. 교양과정부에 해당하는 대학 1학년 때는 필수 과목과 필수 과목 사이에 빈 시간이 많았다. 다행히 내가 다닌 대학에는 교양과정부 건물에도 작은 개가식 도서관이 있어서 시간이 날 때마다 들르고는 했다. 대학에 입학한 뒤 한 달쯤 지났을 때일까? 우연히 서가에서 얼마나 많은 학생이 보았는지 유난히 해질 대로 해진 책을 발견했다. 임종국이라는, 당시만 해도 낯선 저자가 1966년에 쓴 『친일문학론』이라는 책이었다. 책의 몇 장을 넘기다가 익숙한 이름을 보았다. 내가 좋아하던 작가 김동인이었다. 그런데 충격이었다. 하늘이 무너지는 것 같았다. 김동인이 친일 문인이었다는 것이다. 김동인만이 아니었다. 고등학교 국어 시간에 한국 근대문학의 초석을 놓았다고 배운 최남선, 이광수 등도 친일 문인이라고 적혀 있었다.

고등학교에서 친일파를 제대로 배운 적은 없었다. 그런데도 친일파가 나쁘다는 사실만은 어렴풋이라도 알고 있었다. 그런데 내가 좋아하던 김동인이 친일파였다니? 결국 『친일문학론』을 끝까지 다 읽고 난 뒤 며칠을 막막한 상태에 놓였다. 그런데 돌이켜보면 근·현대사에 대한 관심이 처음으로 생긴 순간이기도 했다. 고등학교 때까지 내가 공부하고 싶던 역사는 요즘 표현으로 하면 근대 이전 한중 관계사였다. 더 정확하게는 임진왜란이 중국에서 명나라가 망하고 청나라가 들어서는 데 결정적인 계기가 되었다는 사실에 관심이 많았다. 그런데 『친일문학론』을 통해 근·현대사에 본격적으로 눈을 뜨게 된 것이다.

사회학과 전공 수업을 소홀히 한 것은 아니었지만, 관심은 계속 역사 쪽으로 가고 있었다. 과 선배 몇몇이 만든 역사 공부 모임에 들어가 같이 글을 읽고 토론하는 시간을 가졌다. 선배의 손에 이끌려 역사 공부에 필요한 일본어로 된 책과 자료의 독해 능력을 기르기 위해 1교시 수업 전인 8시에 열리는 속성 일본어 강좌에 몇 달 동안 참가하기도 했다. 그런가 하면 박정희 정권 당시 이념 써클(동아리) 또는 언더 써클이라고 불리던 학생 써클에 들어가 다른 과 학생들과도 어울렸다.

　당시 이화여대 정치학과에 재직하면서 1년에 한 번씩 우리 학교 사회학과에 출강하던 진덕규 선생의 강의를 들으면서 근·현대사의 핵심 주제가 민족 또는 민족주의라는 것을 배웠다. 아울러 역사에 관심이 있는 학생이라면 반드시 들어야 한다는, 사학과 김용섭 선생의 강의를 열심히 청강하기도 했다. 그래도 근·현대사를 공부하겠다는 열망이 제대로 충족되지는 않았다. 그래서 틈만 나면 근·현대사 도서를 두루 섭렵했다.

나의 근·현대사 독서 편력

당시 사학과의 김용섭 선생은 조선 후기 농업사 연구의 대가라는 평가를 받고 있었는데, 조선 후기 농업사를 근·현대사를 아우르는 장기사長期史의 관점에서 보아야 한다고 주장했다. 선생의『조선후기농업사연구 1·2』는 반드시 읽어야 할 책 목록의 첫째 줄에 있었다. 이제 막 전문적인 역사 관련 글을 읽는 데 눈을 뜬 나로서는 양안量案(토지대장)이라는 자료는 물론이고 경영형 부농이니 지주전호제니 하는 개념은 결코 이해하기 쉬운 것이 아니었다. 그럼에도 "필자의 관심거리가 된 것은 우리나라의 중세사회의 해체과정을 농업·농촌·농민에 관해서 그 내적 발전과정의 입장에서 해명할 수는 없을까 하는 문제였다. … 필자가 생각한 대로 이 시기의 농촌사회에서 주체적인 입장에서의 중세사회의 해체과정이 밝혀진다면, 정체성이론이나 타율성이론은 극복될 수 있을 것이다."라는, 서문의 두 문장만 읽고도 가슴이 뜨거워졌다.

대학교 2학년이던 1977년에 지식산업사에서 『한국근대사론』이라는 세 권짜리 책을 펴냈다. 책 제목은 '근대사론'이었지만 2권과 3권은 모두 독립운동을 주제로 한 글을 모은 것이었다. 그때까지만 해도 독립운동의 역사를 제대로 알지 못하던 나로서는 눈이 휘둥그레질 만큼 다양한 주제를 다루었는데, 그 가운데서 지금도 잊히지 않는 것은 노동·농민운동에 관한 몇 편의 글이다. 그러다 보니 노동·농민운동 같은 대중운동에 관한 관심이 높아졌다. 그래서 조동걸 선생이 쓴 『일제하 한국농민운동사』와 김윤환 선생이 쓴 『한국노동운동사 1: 일제하 편』을 구입해 읽고 또 읽었다. 나중의 일이지만, 내가 대학원에서 일제강점기 농민운동을 주제로 석사 학위 논문과 박사 학위 논문을 쓴 출발점이 『한국근대사론』 2권에 실린 성대경 선생의 「3·1운동시기의 한국노동자의 활동」이었다.

『한국근대사론』이라는 세 권의 책은 사회과학자도 역사 연구자로서의 몫을 할 수 있다는 것을 나에게 알려주었다. 실제로 필자들 가운데 일부는 이른바 1세대 독립운동사 연구자였지만 다른 일부는 정치학, 경제학, 사회학, 교육학 전공자이거나 언론인이었다. 수적으로는 후자가 더 많았다. 사회학을 전공하면서도 역사 연구에의 꿈을 포기하지 않던 나로서는 꿈을 계속 가질 수 있다는 자신감을 느끼게 해준 것이 이 책이었다.

대학교 3학년 때는 고려대학교 사학과 강만길 선생이 쓴 『분단시대의 역사인식』을 읽고 큰 충격을 받았다. 분단 시대라니? 게다가 분단 시대의 사학이라니? 처음 듣는 말이었지만, "지금의 국사학은 분단현실을 전혀 외면한 국사학과 더욱 나쁘게도 분단체제를 긍정하고 그것을 정착 지속시키려는 데 이바지함으로써 오히려 빗나간 현재성을 찾는 국사학만이 있는 것이 아닌가 하는 우려"라는 문장은 깊은 울림을 남겼다. 내가 나중에 역사 연구자의 길을 걸으면서도 역사 운동을 소홀히 하지 않은 단초는, 강만길 선생이 강조한 역사학의 현재성과 대중성이라는 문제의식에서 비롯되었다.

또 하나 이 무렵 내가 역사 연구에 눈을 뜨는 데 큰 영향을 미친 책으로 김준엽·김창순의 『한국공산주의운동사 1~5』를 빠뜨릴 수 없다. 당시만 해도 서점에서는 구할 수 없는 책이었지만 다행히 학교 중앙도서관에 복본複本이 비치되어 있어서 읽을 수 있었다. 공동 저자의 한 사람인 김준엽 선생은 어머니의 지인이어서 내가 역사학에 관심이 있다는 이야기를 듣고 고려대학교 사학과 진학을 추천하기도 했었다. 그래서 이 책에 더 관심이 생겼는지도 모를 일이다. 이 책을 탐독하면서 전혀 몰랐던 새로운 사실을 알게 되었다는 지적 만족감도 컸지만, 우리 독립운동을 마치 외부의 지령에 의해 움직이는 꼭두각시인 것처럼 그리는 데 대해서는 막연한 불만감이 더 컸던 것 같다.

이 책은 사회주의운동에 대해 시종일관 분열과 대립을 거듭한 것으로 묘사한다. 그리고 한국의 사회주의운동이 코민테른과 소련의 지시에 따라 민족의 독립보다는 계급혁명을 추구했고 따라서 독립에 이바지한 것이 별로 없다는 식으로 서술한다. 한마디로 사회주의운동의 부정적 측면만이 극도로 부각되어 있었다. 반공주의 서슬이 시퍼렇던 박정희 정권 아래 중앙정보부의 후원을 받아 나온 책이니 반공주의 입장에서 사회주의운동을 서술하는 게 어쩌면 당연한 일이었을 것이다. 어렸을 때부터 '북한 괴뢰' 이야기를 듣고 자랐지만, 대학 입학 후 역사 관련 서적을 읽고 토론하는 과정에서 막연하게나마 사회주의 계열 독립운동의 실상에 눈을 떠가고 있던 나로서는 선뜻 동의하기 어려웠다. 반공주의로 독립운동사를 재단하는 외눈박이식 역사 인식을 극복해야 한다는 문제의식의 단초가 이때 마련되었던 것 같다.

'해전사'와의 만남

대학 4년 동안 나의 근·현대사 독서 편력의 마지막은 『해방전후사의 인식』이었다. 4학년으로, 대학을 졸업한 뒤 무엇을 할 것인가 고민이 깊던 1979년 10월 하순의 어느 날이었다. 마치 일과인 것처럼 찾던 일신서점이라는 책방을 들렀을 때 서점 아저씨가 학생이 좋아할 만한 책이 새로 나왔다고 책 한 권을 직접 손에 쥐여주었다. 한길사에서 펴낸 『해방전후사의 인식』이었다.

'해방 전후사'라는 용어 자체가 다소 낯설기는 했지만, 한길사는 이미 익숙한 출판사였다. 조동걸 선생의 『한국농민운동사』를 펴냈고, 나의 스승이기도 한 진덕규 선생이 번역한, 당시 비판적인 인식이 있는 사회학도에게는 필독서로 알려진 C. W. 밀즈의 『파워 엘리트』를 펴냈기 때문이다. 리영희 선생의 『우상과 이성』, 박현채 선생의 『민족경제론』을 펴낸 출판사이기도 했다. 한마디로 믿음이 가는 출판사였다.

그래서 책을 펴 내용을 훑어보았다. 먼저 필자 가운데 진덕규와 임종국이라는 두 이름이 눈에 들어왔다. 바로 구입했다. 그리고 집에 가자마자 읽기 시작했다. 그러나 미처 책을 다 읽기도 전에 한국 역사의 흐름을 바꾼 큰 사건이 일어났다. 1979년 10월 26일 박정희 정권이 김재규 장군의 총에 의해 무너진 것이다. 그다음 날인 27일 비상계엄이 선포되었고 대학에는 휴교령이 내려졌다. 그러자 당시 부산에 계시던 아버지에게서 전화가 왔다. 딴생각하지 말고 바로 부산으로 내려오라는 말씀이었다. 아버지로서는 아들이 걱정되었을 것이다. 나는 2학년이던 1977년 10월 12일에 일어난 연세대학교 학생들의 유신 반대 시위, 이른바 '무악대첩'과 관련해 학교에서 학사 징계를 받고 경찰에 의해 요주의 인물로 찍혀 있었는데, 그로 인해 아버지까지 부산의 담당 형사로부터 끊임없이 연락을 받고 있었다. 아버지의 강권으로 부산에 내려간 뒤 휴교가 해제된 11월 28일까지의 한 달여 시간은 오히려 차분하게 밀린 독서를 하는 시간이었다. 가장 먼저 읽은 것이 『해방전후사의 인식』이었다.

처음 책을 샀을 때는 들여다보지도 않았던, 일종의 서문에 해당하는 「'해방 전후사의 인식'을 내면서」부터 차근차근 읽었다. 그런데 놀라웠다. 편집실이 쓴 것으로 되어 있는, 나중에 알고 보니 한길사 사장이던 김언호 선생이 쓴 서문을 관통하는 하나의 단어는 민족이었다. 한 쪽짜리 짧은 서문에 무려 11번에 걸쳐 민족이라는 단어가 등장했다. 그리고 그 핵심은 '남북으로 갈라진 민족'이었다. 박정희 정권이 강요한 초역사화된, 그래서 이유도 알 수 없이 신성한 것으로 받아들이도록 강요당하는 민족이 아니라 분단으로 고통받는, 그러면서도 "민족사의 전진을 위해, 이 시대와 숙명적으로 대결하는 자세"를 가다듬어야만 하는 민족이었다.

서문에서 짧게 언급된 민족 담론을 길게 풀이한 것이 이 책의 도론導論 격으로 들어간 송건호 선생의 「해방의 민족사적 인식」이었다. 이 글의 첫 부분에 나오는, 처음 읽었을 때는 물론이고 지금 읽어도 가슴이 울렁이는 "제국주의 일본의 식민통치에서 해방된 것은 틀림없었으나 해방의 날이라고 하는 바로 8월 15일을 계기로 국토가 분단되어 남에는 미군이, 북에는 소련군이 진주하여 국토와 민족의 분열이 시작되었고… 이 통에 민주주의는 시련을 겪고 민족의 에너지는 그 대부분이 동족상잔을 위한 새로운 군사력을 위해 소모되고 있는 가운데 지루하고 암담한 하루하루를 보내고 있는 것이 이른바 '해방된' 이 민족의 현실이다."라는 문장이야말로 이 책의 핵심 문제의식을 압축한 것이다. 민족사의 관점에서 보았을 때 "미군정은 이 나라에 형식적으로 민주주의를 도입시켰을 뿐 일제 잔재를 보존함으로써 장차 이 나라의 민주주의를 짓밟는 무서운 독소들을 남겨놓았다"라는 문장은 지금 보아도 탁견이다.

또 하나 이 글은 단지 민족만을 강조하지 않았다는 사실이 중요하다. 이 글 1장의 제목은 '민중이 주체가 되는 역사'였다. 당시 유신 정권에 반대하는 대학생들이 구호로 즐겨 사용했고 일부 연구자들이 글에서 쓰기 시작한 '민중'이야말로 분단 현실을 타파하는 진정한 주체라는 것이 송건호 선생의 생각이었다. 1980년대 이후 민중사관이라는 용어로 정착된 새로운 역사 이해의 단초가 『해방전후사의 인식』 본문의 첫 쪽에 담겨 있었다.

이 책에 실린 다른 글, 「미군정의 정치사적 인식」(진덕규), 「분단의 배경과 고정화 과정」(김학준), 「반민특위의 활동과 와해」(오익환), 「일제 말 친일 군상의 실태」(임종국), 「8·15 직전의 독립운동과 그 시련」(조동걸), 「김구의 사상과 행동의 재조명」(백기완), 「이승만 노선의 재검토」(김도현), 「8·15를 전후한 여운형의 정치 활동」(이동화), 「해방 후 농지 개혁의 전개 과정과 성격」(유인호), 「해방 후 한국 문학의 양상」(임헌영), 「소설을 통해 본 해방 직후의 사회상」(염무웅)도 하나같이 소중한 가르침을 주었다. 12명의 필자 가운데 좁은 의미의 역사학자는 조동걸 선생뿐이고, 다른 필자는 모두 역사학 전공자가 아니었다. 출판사에서 밝혔듯이 이 책은 "우리 자신에 대한 사회과학"의 입장에서 "해방을 전후한 우리 민족사의 이해"를 위한 답을 찾기 위한 것이었다. 그리고 그러한 의미에서는 엄밀한 실증을 추구하는 역사학이 미처 다루지 못한 영역을 사회과학이 선도적으로 탐색한 것이었다고도 할 수 있다.

휴교령이 해제되고 학교에 돌아온 나는 바로 대학원 석사 과정에 진학했다. 대학원 전공을 선택할 때도 사학과에 갈 것인지 고민했지만, 계속 사회학과에서 공부하더라도 얼마든지 역사 연구를 할 수 있다는 자신감을 심어주었다는 점에서도 이 책은 내게 큰 영향을 주었다.

대학원 석사 1학기를 채 마치기도 전인 1980년 5월 17일 비상계엄이 확대된 가운데 짧았던 '서울의 봄'이 끝나자 바로 군대에 끌려갔다. 1982년 가을 학기에 대학원에 복학한 나는 일제강점기 농민운동, 그것도 사회주의의 영향이 강했던 함경남도의 농민운동을 석사 학위 논문 주제로 잡았다. 그 뒤 지금까지 한결같이 근·현대사 연구자이자 역사 운동가로서의 길을 걷고 있다.

'해전사'의 남은 이야기

이 책은 출판과 동시에 베스트셀러가 되었다. 며칠 만에 초판 5,000권 가운데 4,500권이 팔릴 정도였다. 그러나 10·26 직후 이 책은 사실상 금서로 지정되었다. 특히 10·26 직전 박정희 정권의 마지막 공안 사건이 된 남조선민족해방전선(이른바 남민전) 사건 관련자인 임헌영 선생의 글이 실렸다는 것이 문제가 되었다. 해를 넘긴 1980년 중반에 한길사는 문제가 된 글을 빼고 이종훈 교수의 「미군정 경제의 역사적 성격」을 대신 넣는 것으로 당국의 출판 허가를 받았다. 일종의 타협이었다. 그 결과 다시 나온 『해방전후사의 인식』은 수십만 권이 더 팔렸다. 그리고 1985년부터는 첫 권의 문제의식을 잇는 2권(1985년), 3권(1987년), 4권, 5권, 6권(이상 1989년)이 계속 나왔다.

이제 '해전사'는 1980년대 이후 운동권 학생들의 필독서가 되었다. 국가주의적, 보수적 관점의 주류 역사관을 벗어나, 민족과 민중 입장을 부각시킨 역사 해석으로 근·현대사 인식의 폭을 확장시켜 주었다. '해전사 세대'로 불러도 좋을 정도로 이전과는 다른 역사 인식을 가진 젊은이가 대거 등장해 우리 역사의 방향을 크게 바꾸었다. 밖으로부터의 시각이 아니라 우리 안의 시각으로, 다른 말로 하면 민족의 주체적인 시각으로 역사를 보아야 한다는 것은 이제 당연한 이야기가 되었다. 이 책이 거둔 가장 중요한 성과다.

친일 청산을 포함한 과거사 관련 역사 운동을 벌인 나로서는 1980년대 후반부터 우리 사회에서 친일 청산의 목소리가 다시 나오게 된 중요한 계기의 하나가 『해방전후사의 인식』 첫 권이었다고 생각한다. 이승만 정권 초기 반민특위의 친일 청산 작업이 실패로 끝난 이후 친일 문제는 우리 사회에서 금기의 영역이었다. 임종국 선생의 『친일문학론』에서 다시 불이 붙기 시작한 친일 청산 이야기는 『해방전후사의 인식』 첫 권 이후 더 널리 퍼져 나갔다. 1991년 친일 청산을 내건 반민족문제연구소가 출범했다. 2003년에는 한 인터넷 매체에서 이 연구소의 '친일인명사전' 편찬 비용 모금 캠페인을 시작하자 10여 일 만에 목표액 5억 원이 걷혔다. 2004년에는 국가기구인 친일반민족행위진상규명회가, 그리고 2006년에는 역시 국가기구인 친일반민족행위자재산조사위원회가 출범해 미완의 친일 청산 작업을 국가 차원에서 벌였다. 모두 '해전사' 세대 없이는 이룰 수 없는 성과였다.

'해전사'는 1980년대 이후 우리 사회에 영향을 미친 책을 선정할 때면 늘 첫째로 꼽혔다. 동시에 '해전사'의 한계를 지적하는 이야기도 끊이지 않았다. '해전사'의 필자 가운데는 사회과학자가 가장 많았고 사회과학자의 입장에서 선도적으로 문제를 제기하는 글도 많았다. 그러다 보니 구체적인 내용에서는 과연 엄밀한 실증을 거친 것인가 하는 문제가 불거진 것이다. 특히 1990년대 이후 새로운 자료가 많이 발굴되면서 '해전사'의 논의와 어긋나는 경우도 종종 드러났다. 지금 와서 다시 읽으면 첫 권을 포함해 '해전사'의 글에는 고쳐야 할 데가 여럿 있는 것이 사실이다.

'해전사'에 대한 가장 큰 도전은 2006년에 나온 『해방 전후사의 재인식』이라는 책이다. 이른바 뉴라이트가 기획한 이 책은 '해전사'를 좌파 이념에 충실한 친북 서적이라고 공격하기 위해 굳이 제목을 '재인식'이라고 붙였다. 『해방 전후사의 재인식』을 기획한 뉴라이트는 '해전사'를 정치 편향적인 선전물이라고 비난하고 싶었을 것이다. 그렇지만 첫 권을 포함해 '해전사' 필자 가운데 좌파라는 낙인이 찍힐 만한 사람은 거의 없다. 다만 민족의 입장에서 우리의 역사를 바라보고 분단의 아픔을 해결하기 위한 글쓰기를 시도했을 뿐이다. '해전사'의 첫 권이 나온 지 27년 뒤에 그 같은 기획물이 등장했다는 사실 자체가 '해전사'가 우리 사회에 얼마만큼의 영향을 끼쳤으며, 그 결과 우리의 역사 인식이 어느 정도 바뀌었는지를 반증할 뿐이다.

고목 아닌 나목의 성장기

『나목(裸木)』

박완서

이정옥

1976년 서울대학교 영어교육과에
입학했으며, 같은 대학에서 사회학 전공으로
석사와 박사 학위를 받았다.
대구가톨릭대학교 교수, 국방부·외교부·
통일부 자문위원, 데모크라시 인터내셔날
이사, 여성가족부 장관 등을 지냈다.

문화가 운명이라고 했듯이 태
어난 시대도 운명이다. 태어난 시기를 한국 현대사와 엮어보
면 그 사람의 생애가 짐작된다. 『나목裸木』*을 권하는 이유
는 그 시대를 살아낸 사람의 이야기를 생생하게 공유하고 싶
기 때문이다. 『나목』의 작가 박완서는 1931년생이다. 작가의
데뷔작인 『나목』의 주인공 이경은 1932년생이다. 이 소설은
1932년생인 주인공이 1951년과 1952년, '전쟁이 밀물처럼 밀
려오고 밀려가는 일'만이 반복되는 시절을 살아내는 내용이
다. 1970년대에 나목을 읽었고 근 50여 년이 지난 시점에 이
글을 쓰기 위해 다시 나목을 펼쳐 들었다. 1950년대 초반을 살
던 경아의 활기, 방황, 적응, 섬세한 거리두기는 20대의 나에
게뿐만 아니라, 50여 년의 간극이 무색하게 지금의 나에게도
공감과 공명을 일으킨다. 다시 읽은 『나목』은 소설 속 주인공
인 20대의 경아, 20대의 나, 그리고 지금의 나를 이어준다.

　이 글을 쓰는 이유도 새로운 세대와 그들이 처한 맥락에
서 이 이야기를 다시 읽어보고 싶기 때문이다. 새로운 세대에
게도 한국전쟁의 결과로 생겨난 정전 상태, 분단체제 그리고
미국의 존재감은 여전히 개인사와 시대사의 배경이 되고 있기
때문이다.

　미래세대와 함께 읽고 싶은 작품으로 『나목』을 선택한 또

---

* 『나목』은 여러 출판사에서 나왔지만, 이 글의 인용문은 세계
사(2025)판을 따랐다.

다른 이유는 훌륭한 작품이 그렇듯이 『나목』은 독자의 독해 능력의 성숙에 비례하여 그만큼 더 많은 것을 공감할 수 있는 작품이기 때문이다. 한국전쟁, 미군이나 미국 문화에 관한 생각뿐만 아니라, 페미니즘 또 최근 화두가 되는 생명 사상에 이르기까지 얼마든지 더 읽어낼 거리가 있는 이야기이기 때문이다. 게다가 소설 속에서 경아가 보여주었던, '고치가 껍질을 벗기 위한 몸부림'이 때로 위태롭고 아슬아슬하며 정답이 없는 것처럼 보이는 건 지금도 마찬가지라고 생각한다.

스무 살 무렵에 만난 『나목』

나의 20대는 유신 정권의 한복판이었다. 숨 막히는 국가 통제 시대였지만 정치가 모든 것을 규정할 수는 없는 법이라, 후방은 있었다. 마치 전방의 포성이 간간이 들리는 불안한 상황 속에서도 『나목』의 주인공 경아에게 허용된 후방 공간이 있었던 것처럼, 1970년대 후반의 분위기도 비슷했다. 치열한 정치적 긴장 속에도 커피와 팝 음악, 명동의 활기는 스며 있었다. 하지만 주로는 녹두집(서울대 근처 학사주점)의 막걸리와 탈춤, 농활(농촌 활동), 남아프리카의 정치적 억압을 모티브로 하는 「아일랜드」라는 연극에 더해, 우리가 서 있는 자리를 파악하고자 읽어내던 난해한 책들이 함께하였다.

　내가 친구들과 페미니즘 독서 모임을 시작한 것은 1970년대 후반이었다. 여학생 휴게실 구석에서 엘리 자레스키 Eli Za-

86

retsky의 책을 읽기도 하며 나침반 없는 독서를 통해 새로운 사상을 모색하였다. 『나목』을 읽었을 무렵은 페미니즘의 용어와 개념, 시각을 이제 막 학습하던 때였다. 새롭게 떠오른 페미니즘을 민족, 민주주의 그리고 전통의 문제와 교차시키며 읽어 내는 문제는 '아직'인 상태였다.

『나목』은 대학 입학 후에 우연히 접하고 단숨에 읽어 내려갔다. 책 속에서 경아는 자신만의 예리한 눈, 예리한 감각으로 한국전쟁을 읽어내고 있었다. '여성의 눈'으로 본다는 것이 사회과학적 개념으로 구성되기 전이었다. 언어로 규정될 수 없는 체험, 여성 체험의 언어화, 개념화, 여성의 눈, 여성의 시각, 여성만이 볼 수 있는 관점이 중요하다는 것은 전 세계적으로도 여전한 페미니즘의 화두이다.

1970년에야 발표된 1950년대 청춘들의 이야기

작가의 1951년과 1952년의 체험이 발화된 것은 1970년이다. 박완서 작가는 1953년에 결혼해 자녀를 낳고 전후 복구되는 대한민국을 살아냈다. 『나목』은 작가 자신이 20대에 전쟁 시기를 겪으면서 느꼈던 것을 묵히고 묵혔다가 20년이 지난 뒤 소설의 형식을 빌려 터트린 작품이라고 생각한다.

긴 침묵 속에 감춰 두었지만 스러지지 않았고 결국 토해 낼 수밖에 없던 이야기는 무엇이었을까? 『나목』은 흔히 실제 화가 박수근을 소재로 한 소설로 알려져 있다. 그렇지만 내가 읽은 『나목』은 온전히 경아가 겪은 전쟁을 다룬 이야기였다. 소설은 '털북숭이 미군의 손'으로 시작한다. 그 후 등장하는 에피소드는 그녀의 집인 계동의 고가古家를 배경으로 생명 넘치는 혁이, 욱이 오빠들의 이야기이다. 이어서 은근히 의지가 되어주는 화가 옥희도 씨, 미군 부대에서 전기공으로 일하는 청년 태수, 큰아버지, 팝콘과 콜라로 대표되는 크리스마스 파티, 다이아나 김, 침팬지가 위스키를 따라 마시는 명동의 장난감 가게, 옥희도 씨 가족, 큰집 진이 오빠, 미군 조의 순서로 인물들이 등장한다. '털북숭이 손'이 내미는 주문을 받아 생계를 유지하는 이야기의 자락을 들치면 갑작스러운 폭격기의 굉음과 함께 날아간 혁이와 욱이 오빠의 죽음이 드러난다. 소설 전반부의 명랑함과 당돌함이 상처를 덮어놓은 아슬아슬한 외피였다는 것을 후반부의 반전으로 알게 된다. 결국 혁이와 욱이 오빠의 죽음이 상처의 핵심이다. 폭격으로 한쪽이 날아간 고가, 고가로 피신해 목숨을 건진 큰아버지의 부채감, 아들들을 잃고 마지못해 연명하는 어머니, 직장인 미군 부대 PX(영내 매점)에서 만나는 옥희도 씨와 태수를 비롯한 다양한 사람들의 이야기가 상처의 핵심을 덮고 있다.

『나목』은 1970년 『여성동아』 장편소설 공모전 당선작으로, 그때만 해도 누군가의 추천이 있거나 필독서 목록에 있던 작품은 아니었다. 작가의 이름도 생소했다. 그런데 빨려들 듯이 읽어 나갔다. 전쟁 중이던 1951년과 1952년, 20대 여성이 보는 생활 세계의 세밀화였다. 경아의 시선은 남달랐다. 어머니를 향한 감정, 집을 향한 감정, 미군을 보는 시선, 미군 부대 근처에서 일하는 여성들을 보는 시선이 투명했다. 상처를 숨기고 자책을 피하려는 마음의 방황과 냉소적인 거리가 함께 느껴진다. 작가는 마흔이 될 때까지 어쩌면 상처를 정면으로 응시하기 어려웠을지도 모른다는 생각이 들었다. 1992년에야 작가는 『그 많던 싱아는 누가 다 먹었을까』라는 자전적 이야기를 통해 한국전쟁에서 잃은 오빠와 지인들의 이야기를 조금 더 상세하게 들춰냈다. 이 책에서 작가는 전쟁이 밀려오고 밀려가는 과정에서 보통 사람들의 생존을 위한 적응이 어떻게 정치적, 사회적 낙인을 불러오는지에 대해 조금 더 적극적으로 다가선다. 1970년과 1992년, 시대가 열어주는 한도 안에서 작가는 조심스럽게 말하고 있었다.

전쟁의 우울을 상징하는 고목古木, 그 속의 생명력

경아라는 20대 여성의 생명력은 전쟁의 우울과 상처를 뚫어낸다. 『나목』에 등장하는 인물들은 전쟁 중이지만 살기 위해 생명력을 발동한다. '갓댐 양구', '갓댐 철원, 문산'을 외치는 미군들도 전쟁터로 복귀하기 전에 사랑하는 사람의 초상화를 갖고 싶어 한다. 사진을 초상화로 바꾸는 것은 사진에 생명력을 불어넣는 작업이다. 전직을 알 수 없는 화가들은 때로 자기혐오를 내뱉으면서도 초상화를 그려 생계비를 벌고, 단합을 위해 설렁탕을 먹기도 하고, 담배도 피운다. 20대의 경아는 초상화를 그리러 오는 미군들의 주문을 받아 화가들에게 전달하는 일을 한다. 그녀는 화가들에게 일감을 준다는 작은 권력을 쥐고, 조금이라도 더 큰 사이즈의 초상화를 주문하게 하려는 설득을 탄력 있게 해치운다. 그녀는 가장의 무게를 자연스럽게 또한 당당하게 걸머지고 있다.

『나목』에서 원시적 생명력이 가장 실감 나게 그려진 인물은 다이아나 김과 주인공의 사돈댁이다. 다이아나 김은 미군을 상대로 이악스럽게 돈을 번다. 사랑을 다이아몬드로 바꾸는 수완도 발휘한다. 영어를 잘하면서도 글은 읽지 못해 미군이 보낸 연애편지를 경아에게 읽어달라고 부탁하면서도 글을 모른다는 사실에 주눅 들지 않는다. 이악스럽게 번 돈으로 자식을 번듯하게 키우고 있다는 소문으로, 그녀의 지나친 억척과 치밀한 후려치기는 양해를 얻는 것 같다. 훗날 경아의 남편이 되는 수줍음이 많지만 건실한 청년 태수. 그의 형수는 망설이며 어긋나는 두 젊은이를 현실 세계로 끌어내린다. 경아는 태수의 형수가 막무가내로 결혼을 밀어붙이는 데 당황하지만, 어머니의 임종을 앞두고 그녀에게 매달린다. 망연자실한 경아를 대신해 형수가 어머니의 장례를 진두지휘하여 치러내고, 그녀의 적극적인 매개로 경아는 결혼이라는 현실에 뿌리를 내린다.

90

경아의 눈에 비친 미군 부대의 속살

경아의 눈으로 미8군 PX를 들여다본다. 미8군 PX 아래층 서쪽 3분의 1쯤을 차지하는 한국 매장에서는 수예품, 유기그릇, 대그릇, 고무신, 피혁 제품, 귀금속을 판다. 중앙부에는 경아가 일하는 초상화부가 있다. 그녀는 건너편 미국 물품 파는 매장을 객석에서 무대를 바라보듯 황홀한 눈으로 바라본다.

언제 보아도 싫지 않은 '메이드 인 유에스에이'의 화사하고 매력적인 상품들, 그 풍요한 상품들을 후광처럼 등지고 서서 저녁 화장에 여념이 없는 세일즈걸들, 나는 이런 것들 바라보기를 즐겼다. (…) 다이아나 김, 린다 조, 수잔 정 따위 이그조틱한 이름을 가진 그 어여쁜 아가씨들이 쓰고 있는 립스틱의 조금씩 다른 빛깔까지 알고 있으면서도 나는 그녀들 중의 아무하고도 아직 친하지는 못했다.

미군 부대에서 전기공으로 일하는 청년 태수가 경아에게 설레는 마음으로 부대에서 열리는 크리스마스 파티에 가자고 조른다. 곧 팝콘 튀기는 소리와 콜라가 뒤범벅된 아수라장 파티의 현실에 무안해하는 태수와 달리 경아는 아수라장 속으로 휩쓸리겠다고 고집을 부린다. 미군 부대의 크리스마스가 주는 환상과 설렘으로 성장을 하고 참여했지만, 아우성치는 한국인들의 무리를 멀찍이 지켜보는 미군의 시선을 느끼며 태수는 서둘러 경아를 데리고 파티장을 빠져나온다. 청년 태수의 소박한 환상이 깨지는 순간이다.

미군은 경아에게 '털'이 많은 동물성으로 다가온다. 상대적으로 친근감을 느껴 밀회를 약속한 조에 대해, "털북숭이의 팔과 가슴을 드러낸 조는 마치 거대한 성성이나 고릴라 같았다"고 묘사한다. 『나목』의 작품 서두는 '갈색 털이 무성한 손'을 가진 미군이 초상화를 주문하는 장면으로 시작한다. 이는 미약한 은유로써 맹목적인 폭격과 간접적으로 연결 지은 것이 아닐까, 생각한다.

경아의 일터인 미8군 PX는 현재 명동 신세계백화점 자리이고, 그녀의 집은 계동의 터가 넓은 고옥이다. 경아는 퇴근 무렵에는 명동을 들르곤 한다. 계동의 폭격 맞은 고옥과 명동의 미군 PX를 축으로 1951년의 경아가 오간다.

깊은 상처로부터의 도피

상처를 들춰낸 계기는 조라는 미군과의 도피를 염두에 둔 은밀한 만남이었다. 태수와 옥희도 씨 사이를 배회하던 마음이 정처 없이 떠돌다가 경아는 갑자기 조를 통해 탈출하고 싶다는 엉뚱한 자기 기만적 계획을 실행한다. 생명력을 회복하지 못하는 어머니에게 일격을 가하고 싶은 충동도 숨어 있었다. 조를 통한 탈출, 그 밀회의 순간에 피로 덮인 오빠들 시신의 일부가 선명하게 떠오른다. 그간 상처에 다가가지 않으려고 했던 경아의 온갖 소심한 계획들이 물거품이 된다.

경아는 1951년에 생명의 활력과 에너지가 가득 찬 두 오빠를 한 번의 우연한 폭격으로 잃었다. 미처 피난길에 오르지 못하고 행랑채에 숨어 있던 오빠들이 폭격기의 굉음과 함께 핏빛으로 찢긴 현장을 보았다. 게다가 행랑채로 숨는 꾀를 낸 사람이 경아 자신이었다. "어쩌면 하늘도 무심하시지, 아들들은 몽땅 잡아가시고 계집애만 남겨놓으셨노"라는 주위의 수군거림까지 더해지면서 살아 있다는 것 자체를 주체할 수 없는 상황이었다. 두 아들을 잃은 어머니는 폭격 맞은 고가처럼 생의 활기와 의욕을 잃어버렸다. 어머니와 단둘이 살게 된 경아는 스무 살 젊음과 생이 자연스럽게 만들어주는 에너지가 때로 죄의식으로, 때로 심술로, 때로 자포자기적 연민으로 길을 잃으면서 위스키를 마시며 춤을 추는 장난감 침팬지 앞으로 도피한다.

전쟁 속에서나마 인간의 온기를 느끼고 싶어 하는 조를 통해 경아는 생명력 없는 어머니에 대한 복수, 고치를 뚫고 새로운 날개를 얻고 싶은 열망을 실현하고자 한다.

무서워하지 않고 떳떳하게 이지러진 지붕을 대낮에도 볼 수 있었으면 싶었다. 똑바로 용마루를 꿰뚫는 구멍을 보고, 부서진 기왓장을 보고 싶었다. (…) 나를 꼼짝 못 하게 가둔 고치로부터 자유로워질 수 있는 날개를 갖는 것이다. 날개를. (…) 나는 잊은 줄 알았던, 아니 교묘하게 피하던 어떤 기억과 정면으로 부딪쳤다. (…) 처참한 핏빛과 무참히 찢겨진 젊은 육체를. (…) 아직도 뜨거운 선홍의 핏빛을 나는 본 것이다.

경아는 폭격에 의한 오빠들의 죽음이 행랑채에 피신시킨 자신 때문이라는 자책에 휩싸여, 정작 폭격의 주체에 대해서도 정면으로 대응하지 못한다.

내가 전전긍긍하고 두려워한 건 실은 부서진 지붕이 아니라 바로 오빠들의 죽음이 꼭 나 때문일 것 같은 가책이었다. 오빠들을 행랑방 벽장에 감추자는 생각을 해낸 것은 바로 나였으니까.
나는 오빠들의 죽음이 나 때문이라는 생각이 미치도록 두려워 그 생각을 몰아낸 대신 헐린 고가라는 새로운 우상을 외경으로 섬겼던 것이다.

조를 계기로 오빠들의 폭격 현장을 떠올린 것은 우연인 것 같지만 미군에 의한 폭격이라는 것을 간접적으로 시사한 것으로 보인다. 작가는 1970년에는 상처를 거기까지만 대면할 수 있었다.
경아는 포성이 들리지 않는 남쪽으로 가고 싶다고 생각하면서도 계동의 고가를 떠나지 못하는 어머니와 함께한다. 후방인 부산에서 국군 아들을 두고 안정된 생활을 하는 큰아버지의 간곡한 피난 요청이 있지만 서울을, 아니 오빠들의 죽음의 터인 고가를 사수하고 있다.

경아가 폭격 맞은 괴기스러운 고가를 헐게 된 것은 어머니가 돌아가시고 난 이후다. 전쟁 전에 돌아가신 아버지, 폭격으로 벼락 맞듯 죽어버린 두 오빠, 시름시름 연명하다 폐렴으로 스러진 어머니와 함께 머물던 곳, 전쟁의 상흔과 기억을 담은 고가가 사라졌다.

고목古木에서 나목裸木으로

소설은 털북숭이 미군의 등장으로 시작해, 전쟁이 끝난 뒤 옥희도 씨의 유작전에서 '나목' 그림을 보는 거로 끝난다. 전쟁터로 가는 마지막 순간에 사랑하는 사람의 초상화를 안고 떠나고 싶어 하는 미군 병사와 그들을 통해 생계를 해결하는 나이 든 화가들 사이에서 주인공 이경은 주체할 수 없는 젊음의 생명력을 부여잡고 떠돈다. 모든 것과 거리를 두고 냉소적인 태도를 보이는 그녀는 화가로서의 정체성을 위태롭게 부여잡고 있는 옥희도 씨를 아버지 삼아, 오빠 삼아 버텨낸다.

전직 전업 화가였던 옥희도 씨가 생계를 위해 초상화부의 화가로 오면서 경아는 미군 부대 초상화부의 다른 화가들과는 다른, 진짜 화가가 당하는 굴욕과 그 속에서 화가라는 정체성을 찾으려는 그의 노력을 엿보게 된다. 미군 부대의 일을 쉬고 자기 그림에 몰두하고 있는 옥희도 씨를 방문한 경아는 그가 그린 고목 그림을 보고 섬뜩함을 느낀다. 옥희도 씨는 화가로서의 정체성을 찾기까지 경아의 생명력에 기댄다.

"내가 살아온, 미칠 듯이 암담한 몇 년을, 그 회색빛 절망을, 그 숱한 굴욕을, 가정적으로가 아닌 예술가로서 말일세. 나는 곧 질식할 것 같았네. 이 절망적인 회색빛 생활에서 문득 경아라는 풍성한 색채의 신기루에 황홀하게 정신을 팔았대서 나는 과연 파렴치한 치한일까? 이 신기루에 바친 소년 같은 동경이 그렇게도 부도덕한 것일까?"

경아와 옥희도 씨의 관계를 세속적인 눈으로 재단하는 태수에 대한 옥희도 씨의 항변이다. 옥희도 씨 그리고 경아의 탈출 시도는 현실의 벽을 넘지 못하지만, 좀 더 과감한 생명력을 지닌 경아는 조와의 탈출을 시도한다. 그러나 그 과정에서 오빠의 죽음과 정면으로 맞닥뜨리면서 경아는 옥희도 씨 집으로 피신하고 밤새 딸을 기다리던 고가의 어머니는 폐렴을 얻어 숨을 거둔다.

어머니의 사망은 고가의 해체 그리고 경아와 태수와의 결혼으로 이어진다. 정전 停戰이 되고 계동 골목은 대부분 양옥으로 개조되어 밝고 깨끗해졌다. 고가는 헐렸지만, 경아는 핏빛 호청과 처참하게 찢긴 젊은 육신의 잔해를 피해 낙엽 속에서 몸부림치던 자신을 포근히 감싸주었던 은행나무는 그대로 둔다.

훗날 경아는 옥희도 씨의 유작전에서 한 그루 커다란 '나목'을 본다. 아기를 업은 여인은 서성대고 짐을 인 여인은 총총히 지나가고 있다. 고목은 말라비틀어진다. 그렇지만 나목은 낙엽으로 상처를 감싸준다. 경아는 오빠들의 죽음을 은행나무의 낙엽을 덮어 이겨냈다. 낙엽을 다 떨어뜨린 나목은 또 새잎을 기다릴 수 있다. 나목이 되면서 떨어뜨린 낙엽은 누군가의 상처를 덮어줄 수 있다. 결혼 후의 밋밋한 일상의 공기를 바꿔주는 것은 늘 서 있는 은행나무였다. 옥희도 씨가 그려낸 그림은 고목이 아니라 나목이었다.

1950년대와 현재의 연속성

한국전쟁을 매듭지었던 정전협정 상태가 70여 년을 넘어 지속되고 있다. 1952년의 경아가 전쟁은 끝나지 않을 것이라고 분에 차서 악담같이 내뱉은 예언이 그대로 맞아떨어진 셈이다. 정전협정의 당사자는 미국과 중국, 북한이다. 이 3자가 불완전하게 봉합한 잠정적 상태가 지금의 현실로까지 이어진다. 물리적 충돌은 없는 물리적 평화 상태에서 산업화와 민주화의 2관왕 달성 축배를 들고 있다. 그렇지만 다른 한편에서는 전쟁 같은 경쟁, 전쟁의 공포, 트라우마, 준전시 상태의 군비 증강이라는 긴장이 그림자를 드리우고 있다. 안보 문제만 나오면 언제든 이데올로기 결전 태세에 돌입한다. 사회권이나 사회 개혁의 논의는 '사회주의'로 바로 오해되어 분단체제의 벽에 부딪힌다. 케이팝을 내세우며 문화 경쟁력을 자랑하지만,

한국적인 것도 미국을 통해서 명성을 얻어야만 재인정을 받는
상황도 부인하기 힘들다.

　박완서 작가는『나목』에서 내가 태어나기 얼마 전에 일어
난 6·25 전쟁을 다룬다. 날짜를 헤치고 한국전쟁이 품고 있는
의미의 차원까지 도달하면 냉전기의 열전熱戰, 세계사적으로
예외적인 전쟁, 미국과 소련의 냉전, 남북 대치, 동족상잔이라
는 단어가 맴돈다. 그러나 작가는 이런 단어들에 갇혀 있던 시
대를 20대 여성의 눈으로 되살려냈다. 아, 전쟁의 한가운데를
사람들은 나름대로 방식으로 굴욕도 견디고 도피도 하고 생업
도 이어가고 때로 골방에서 작품도 만들고, 그리고 은행나무
는 계절에 따라 낙엽을 떨어뜨리며 살아내고 있었다. 폭격 맞
은 계동 고가에서 명동의 장난감 가게를 거쳐 일터인 미군 부
대까지 발랄하게 오고 가기도 한다.

　근현대사의 맥락 위에서 한국전쟁을 몇 살에 겪었는지,
일제강점기를 몇 년이나 체험했는지, 권위주의 군사 정권 시
기에 몇 살이었는지가 개인의 인성 형성에 영향을 미친다고
생각한다. 프랑크푸르트학파는 독재자에게 맹종하는 권위주
의 인성의 특징과 형성 과정을 밝혀보려 했다. 국민의 권위주
의적 인성이 권위주의적 리더를 허용한다는 가설을 바탕으로,
히틀러와 같은 파시스트를 선거로 선출했던 과거에 대한 사회
과학적 성찰에서 나온 연구 주제다. 독일이 민주 시민의 육성
을 연방 정책 차원에서 지원하는 이유다. 일제강점기 시대에
형성된 '신민臣民'적 인성, 냉전기와 분단체제를 통해 형성된

적과 동지의 이분법 그리고 '타자 혐오'적 반응은 지금까지도 이민과 난민 문제에는 물론 현재 한국 정치동학political dynam-ics의 기저에 깔려 있다.

2024년 12월 3일 계엄 선포를 들었을 때 나의 일차적인 반응은 공포와 두려움이었다. 권위주의 시대의 잔여물이 내 안에 똬리를 틀고 있다가 불쑥 공포심을 작동시켰다. 응원봉 세대가 두려움 없이 광장에 모여 탄핵을 외치는 모습이 유달리 눈부셨던 이유이다. 응원봉 세대의 당당함에서 두 세대 전 전쟁기에 20대 여성의 생명력으로 고목을 나목으로 치환한 경아를 다시 만난다.

2장

어떻게 살 것인가

함께 사는 세상을 꿈꾸게 되었다

『인간과 재화』*

리오 휴버먼

천창수

1976년 서울대학교 사회교육과에 입학했다.
대학 졸업 후 현대중전기 노동자로 일했고,
전국민주노동조합총연맹 금속연맹
울산본부장 등을 지냈다. 그 뒤 중고등학교
교사로 학생들을 가르쳤고, 현재 울산광역시
교육감으로 일하고 있다.

철이 늦게 들었나 보다. 1976년에 입학해 아무 생각 없이 즐거운 1학년 시절을 보내고 이런저런 이유로 또 1년을 휴학한 뒤에 1978년 3월에 서울대 사범대 일반사회교육과에 복학했다. 복학한 지 얼마 되지 않은 어느 날 봉천동 하숙집 방에 누워 자려는데 잠이 오지 않았다. 아무 생각 없이 지내면서도 잠재의식 속에서는 어떻게 살 것인지 고민이 많았던 모양이다. 갑자기 내 미래의 삶이 머릿속에 펼쳐졌다.

대학을 졸업하고 괜찮은 대기업에 취업하겠지, 주어진 일에 최선을 다할 것이고 괜찮은 여자와 결혼도 하고 아이도 낳겠지, 생활도 그런대로 괜찮게 살겠지, 나이가 들면 죽음을 맞이하고 그때 내 삶을 되돌아보겠지, 과연 내가 무엇을 위해 살아왔다고 기쁘게 말할 수 있을까. 잠을 이루지 못했다. 이불을 덮고 누워 있었지만 정신은 말똥말똥했다. 그래, 죽을 때 뭔가 의미 있는 일을 했다는 만족감을 갖고 죽어야 하지 않겠는가 하는 생각이 머릿속을 맴돌았다. 곧 친구에게 학생운동 써클(동아리)을 소개받고 공부를 시작했다.

기도하는 사람들, 싸우는 사람들, 일하는 사람들

초창기 영화 감독들은 기묘한 장면을 자주 보여 주었다. 그런 장면 가운데 하나는 택시에 탄 사람들이 우르르 내리면서 요금은 내지 않고 떠나는 것이다. 차를 탄 사람들이 온 시내를 돌아다니고 즐겁게 놀거나 일터로 가는데, 그것으로 끝이다. 요금을 낼 필요가 없다. 이것은 중세를 다룬 대부분의 책과 매우 비슷한데, 거기에는 페이지를 넘길 때마다 마상 시합과 경기에 맞춰 번쩍이는 갑옷과 화려한 옷으로 장식한 기사와 귀부인이 나온다. 그들은 항상 먹고 마실 것이 풍부하며 호화로운 성에서 지낸다. 여러분은 누군가가 이 모든 것을 제공해야 한다는 것, 갑옷은 나무에 열리지 않는다는 것, 누군가가 곡식을 심고 돌보고 일해야 한다는 것을 떠올리지 못할 것이다. 그러나 이것은 사실이다. 택시를 타면 요금을 내야 하는 것처럼, 10~12세기에는 누군가가 기사와 귀부인이 즐기는 재미있고 좋은 것들에 대한 대가를 치러야 했다. 또, 기사들이 전투를 하는 동안 누군가가 기도하는 사람들인 수도사와 사제에게 식량과 옷을 제공해야 했다. 중세에는 성직자나 기사 외에 또 다른 집단이 있었다. 일하는 사람들이 그들이었다. 중세 사회는 기도하는 사람들과 싸우는 사람들, 그리고 이들 교회 계급과 군사 계급을 부양하기 위해 일하는 사람들로 이뤄졌다. 15~16쪽위 대목은 이 책의 본문이 시작되는 첫 페이지다. 내가 이 책을 읽으면서 놀랐던 점은 책이 엄청 쉽다는 것이었다. 이 책의 영어 제목은 'Man's Worldly Goods: The Story of the Wealth of Nations'인데, 1978년 당시에는 번역되어 있지 않았다. 정식으로 출판된 책도 아니었고 광화문 어느 복사집에 가면 복사본을 살 수 있었다. 이 복사집 주인이 누군지는 모르지만, 당시에는 경찰의 감시와 탄압을 많이 받지 않았을까 생각한다.

이 책을 한 해 또는 두 해 선배의 지도로 같은 학년이 모여서 공부했는데, 1주일에 한 번씩 모여 읽고 이야기를 나누었다. 한 번 만날 때마다 대략 50페이지 정도 읽고 갔는데, 술술 읽을 수 있어서 나 스스로 영어 실력에 감탄하기도 했다. 사실 내 영어 실력이 좋았다기보다는 책 자체가 엄청 쉬운 영어로 서술되어 있었다. 이 책을 읽고 나서 비슷한 내용을 다룬 폴 스위지Paul Sweezy나 모리스 돕Maurice Dobb의 책도 영어 원서로 읽었는데 내용도 어렵고 영어도 어려워 상당히 힘들어했던 기억이 난다.

저자가 이 책을 쉽게 쓴 이유가 있다. 이 책을 쓴 저자는 미국 사람 리오 휴버먼Leo Huberman이다. 그는 1903년에 태어났는데 노동의 가치가 존중받는 진보 세상을 꿈꾸었다. 노동운동이나 사회문제를 비판적으로 다루는 잡지의 편집자로 일했고, 마침내 1936년 노동자들이 이 세상의 진실을 쉽게 이해할 수 있는 책을 내야겠다고 마음먹고 쓴 책이 바로 이 책이다.

그래서 아주 쉬운 영어로 썼다. 이 책이 먼 이국땅 한국의 젊은 대학생들에게까지 알려진 것으로 봐서 저자의 의도대로 미국 노동자들이 참으로 많이 읽었을 것으로 짐작한다. 1936년은 어떤 시대였을까? 미국에서는 대공황으로 대량 실업과 빈곤이 발생해 루스벨트 대통령이 그 유명한 뉴딜 정책을 한창 펼치고 있던 때였다. 노동조합이 합법화되고 노동자의 권리를 요구하는 투쟁이 사회적으로 확산되고 인정받기 시작하던 시기였다. 이 시기, 휴버먼의 책은 활발한 노동운동에 새로운 전망과 달성해야 할 목표를 제시하려 했던 것으로 보인다.

1978년 무렵은 대학 학내에도 정보 경찰들이 사복을 입고 배회하던 시대였다. 유신 철폐를 외치는 교내 시위도 5분을 넘기기 어려웠다. 시위 주동자 한두 명이 유인물을 뿌리며 구호를 외치자마자 어디선가 나타난 사복경찰들에게 순식간에 제압당하곤 했다. 시위 주동자는 바로 구속되고 제적당하던 시대였다. 2월에는 동일방직의 민주노조를 와해시키기 위해 정부가 회사 측과 짜고 여성 노동자들에게 똥물을 뿌리는 만행을 저질렀으며 수많은 노동자를 해고시켰다. 이렇게 대학뿐만 아니라 사회 전반에서 민주화운동이나 노동운동에 대해 서슬 퍼런 탄압이 극성을 부리던 시기라 누구도 감히 이 책을 번역할 엄두를 내지 못했다. 그래서 대학생들이 원서 그대로 읽고는 자기들이 이해한 대로 노동 현장에서 노동자들에게 전하면서 노동운동의 성장을 지원했다.

찾아보니 한국어판은 1982년 11월에 새밭출판사에서

『인간과 재화』라는 이름으로 처음 출판되었다. 책의 원제목 'Man's Worldly Goods'를 그대로 번역하면 '인간의 세속적 재화'가 되니, 원제목을 잘 살린 번역이라고 볼 수 있겠다. 하지만 내가 이 글을 쓰기 위해 책장을 뒤져보니 젊은 대학생 시절에 봤던 영어 원서는 당연히 어디로 갔는지 보이지 않고 『인간과 재화』보다 뒤늦게 번역된 책을 찾을 수 있었다. 2000년 4월 출판된 책으로 당시 경상대학교 경제학과 교수였던 장상환 선생이 번역해 도서출판 책벌레에서 펴냈는데, 책 제목은 『자본주의 역사 바로 알기』다. 책 내용을 잘 반영한 제목이다. 제목만 보고도 책의 주제를 파악할 수 있어서 실용적이다. 20여 년이 지난 책을 꺼내 뒤적여 보니 아내가 읽고 표시한 흔적도 많고 내가 읽고 남긴 흔적도 많다. 이 책을 교재로 울산에서 노동자들과 함께 읽고 이야기를 나누었던 기억도 새롭다. 그만큼 읽기 쉽고 이해하기 쉬워 노동자들에게도 제격이었다. 저자인 리오 휴버먼이 책의 독자층을 제대로 잘 겨냥했다.

앞에서 말한 대로 1978년의 잠 못 이루던 어느 날 밤, 내 머릿속에서 맴돌았던 생각은 독재에 대한 저항이었다. 그때는 이미 '3선 개헌'(박정희가 대통령의 3선 연임이 가능하도록 헌법을 개정한 사건)이 되고 1972년 유신헌법이 선포된 뒤였다. (사실 유신헌법이 선포될 때 나는 중학생이었다. 학교에서 교육받은 대로 통일을 위해 유신헌법이 꼭 필요하다며 어머니에게 열심히 설명했었다.) 대학생이 되고 박정희 정권이 독재 정권이라는 사실을 깨닫기 시작하면서 민주화운동에 참여하는 것이 보람 있는 삶이라 생각했다. 그런데 휴버먼의 책을 읽으면서 사회구조의 중요성을 깨닫기 시작했다. 그리고 세상이 어떻게 변화하는지 확신을 갖게 되었다. 앞에서 인용한 구절에서 알 수 있듯이 사회가 여러 집단으로 나누어져, 어떤 집단은 지배계급으로 노동하지 않고 어떤 집단은 사회적으로 필요한 재화를 생산하기 위해 힘들게 노동하지만, 대부분의 생산물을 지배계급이 가져가는 불평등한 사회구조를 이 책을 통해 목격하게 된 것이다.

사실 지금은 아무렇지도 않게 말하고 배우지만, 그때만 해도 '계급'이라는 용어는 절대 써서는 안 되는 말이었다. '불온한' 이념을 가진 사람만이 쓰는 용어이고 북한이라든가 공산주의 국가에서 쓰는 말이라는 사회적 인식이 팽배했다. 그래서 대개 지식인들도 '계급' 대신 '계층'이라는 말로 에둘러 표현했다.

리오 휴버먼은 이 책에서 자본주의 사회도 계급이라는 관점에서 분석한다. 자본가 계급과 노동자 계급이 자본주의 사회를 구성한다. 생산과정, 노동과정에서 이해관계를 달리하는 두 계급이 대립하고 있는 것이다. 역시 자본가 계급은 생산수단을 소유하고 있다는 이유로 생산과정과 사회에서 지배적인 위치를 차지한다.

충격을 받은 나는 우리 사회의 현실을 둘러보았다. 저곡가 정책에 신음하는 농민들이 눈에 들어왔다. 농사지어서는 살 수 없어 도시로 밀려드는 달동네 사람들이 눈에 들어왔다.

한창 배워야 할 아이들이 부모를 따라 서울로 와서 조그만 공장에 견습공으로 들어간다. 힘든 일에 시달린 아이들의 지친 표정들이 눈에 들어왔다. 불평등은 그 자체로 문제이기도 하지만, 인간으로서의 의식주 해결이 어려워 품위를 유지하지 못할뿐더러 배우지 못해 또다시 좋은 일자리에서 밀려나는 악순환의 근본 원인이라 생각했다. 인간이 인간답게 살기 위해 불평등을 해소해야 한다는 생각이 내 속에 점차 자리를 잡기 시작했다. 일하는 사람들에 대한 연민과 애정이 생겨났다. 달동네에 살며 낮에는 공장에 다니고 밤늦은 시간에라도 공부하고자 하는 아이들이 있다는 걸 알게 되면서, 대학 근처 신림동에 있는 야학에 교사로 지원했다.

계급과 계층의 구별 문제는 현대에 와서 혼돈에 빠진 듯하다. 다른 사람이 아닌 나 자신이 혼란스럽다. 리오 휴버먼의 사회구조에 대한 설명은 간단명료해서 이해하기 쉬웠지만 지금은 꼭 그렇지만은 않은 듯하다. 자본주의가 극도로 발달하면서 사회의 모든 영역이 자본가냐 노동자냐로 갈라지고 있는 양상인데, 그러다 보니 자본가 계급 내에서도 지배와 피지배의 관계가 발생한다. 즉 기업 사이에 원청과 하청 관계가 생기고 하청 내에서도 1차 하청, 2차 하청, 3차 하청 등 서열 관계가 거미줄처럼 얽혀 있다. 하청 기업의 자본가는 사실 자본가라는 계급적 성격은 갖고 있지만 이미 사회적 지위는 지배계급에서 이탈한 지 오래다. 자본가 계급 내에서의 관계 변화에 조응해 노동자 계급 내에서도 마찬가지로 원청 노동자와 1차

하청 노동자의 사회적 지위나 경제적 형편이 다르다. 2차 하청 이하의 노동자는 자신을 원청의 노동자 계급보다는 오히려 자신이 다니는 하청 기업의 자본가와 더 동일시하지 않을까 생각한다. 리오 휴버먼은 사회의 구조를 쉽고 단순하게 설명함으로써 노동자들에게 자본주의 사회가 어떻게 작동하는지 명확하게 이해하도록 도왔지만, 오늘날 실제 현실 사회에서 벌어지고 있는 복잡다단한 현상에 대해서는 오히려 무감각하게 만들었는지도 모르겠다. 변명하자면 리오 휴버먼이 이 책을 쓴 시기는 1936년으로 지금으로부터 거의 90년 전의 일이다. 90년 동안 리오 휴버먼도 짐작하지 못할 정도로 자본주의가 엄청나게 변화했다고 볼 수도 있겠다.

사회구조라는 거대한 틀로써 과거와 현재의 사회를 이해한다는 것은 대단히 중요한 관점이다. 복잡한 문제도 쉽게 접근하고 이해할 수 있다. 그때는 잘 몰랐지만 사회구조가 모든 사회현상을 결정하는 것은 아니다. 사회 안에는 사람들이 있다. 사람들이 어떤 인식을 공유하고 어떻게 실천하는가에 따라 지역마다 나라마다 사람들의 생활은 달라지고 역사는 다르게 전개된다. 사회구조를 운영하는 것도 사람이고, 때로는 그것을 지키고 어떤 때는 부수는 것도 사람이다.

사회는 어떻게 변화하는가

이제 이런 질문을 던질 때가 되었다. '어쨌든 중세 봉건제 사회는 사라지고 자본주의 사회가 등장하지 않았는가. 그렇게 강고하다던 지배 질서나 사회구조가 어떻게 무너지고 새로운 질서나 사회구조가 생겨났을까?'

중요한 질문이다. 사회구조를 흔드는 요인은 무엇일까? 어떤 방향으로 사회는 발전해 가는가? 인간은 규칙이나 법칙을 찾고 싶어 한다. 휴버먼은 시원한 답을 내놓는다. 중세 봉건제 사회에서 상업의 발달이 새로운 중간계급의 성장을 가져왔다고 설명한다. 그렇다면 농경 경제가 주력이던 중세 봉건사회에서 어떻게 상업이 발달하고, 상업을 담당했던 중간계급이 어떻게 성장하게 되었을까? 휴버먼은 이슬람 세력에게 빼앗긴 성지를 되찾기 위한 십자군 전쟁이 커다란 계기였다고 주장한다. 휴버먼은 이렇게 서술한다.

> 십자군(11세기 말에 시작된-옮긴이)은 상업을 크게 촉진했다. 수만 명의 유럽인들이 이슬람 교도들에게서 성지를 탈환하기 위해 육로와 해로로 대륙을 건넜다. 그들은 원정 내내 물품이 필요했고, 상인들이 이 물품을 조달하기 위해 함께 동행했다. 동방 원정에서 돌아온 십자군 전사들은 그들이 보고 즐긴 진기하고 사치스러운 음식과 옷에 대한 욕구도 함께 가지고 돌아왔다. 그들의 수요가 이런 상품을 위한 시장을 탄생시켰다.
>
> 33~34쪽

결국 상업을 담당했던 농민 중 일부가 중간계급으로 성장했다는 것이 휴버먼의 설명이다. 그리고 시장이 번성하면서 시장을 중심으로 도시가 발전했다. 중간계급과 도시는 분명히 중세 봉건제 사회 내에서 성장해 나온 것이지만 봉건제를 파괴하는 데 앞장섰다. 중간계급과 도시는 중세 봉건제 사회에서 왕과 귀족의 이해관계와는 본질적으로 맞지 않았다. 이 점도 어린 대학생에게 참으로 깊은 통찰을 주었다. 중간계급의 어린싹이 나기 시작했을 때 봉건 영주들은 사치스러운 물품을 공급해 주고 더 많은 세금을 납부하는 중간계급에 호의적이었다. 그렇지만 중간계급이 점점 성장하자 봉건 영주계급과 중간계급의 이해관계가 충돌했다. 영주는 각각의 분리된 장원에서 지배자로서의 역할에 만족했지만, 상업에 종사하는 중간계급은 국내 시장의 자유로운 거래와 유통을 위해 영역의 분리보다는 통합과 통일을 요구했다. 분리하여 소규모 영역을 독자적으로 운영하는 방식은 상업의 확대를 가로막았다.

1980년대 울산 현대그룹에서 노동조합 건설을 위해 현장 노동자들과 소모임 공부를 할 때 고대 노예제 사회부터 시작해 자본주의 사회까지 사회구조의 특징이 무엇인지, 어떻게 한 사회가 붕괴하고 새로운 경제체제와 사회가 탄생하는지 간략하게 그리고 휴버먼만큼이나 쉽게 설명했을 때 감탄하던 노동자들의 모습이 아직도 생생하다. 내가 대학생일 때 휴버먼의 책을 접하고 느꼈던 깨달음, 그리고 감동의 표정과 너무나 흡사하였다.

의식과 문화도 따라 변한다

현대 대한민국에서 살아가는 사람들의 일상생활 문화와 관념이 조선시대 사람들과 같을 수는 없다. 신분제도는 아예 사라졌고 여성도 남성과 동등하며 사회에서 직업을 갖는 것을 당연시한다. 이러한 변화는 어떻게 일어나는가? 중고등학교에서 사회 교과를 가르칠 때 사회 변화에 관해 이 질문을 해보면 대다수 학생은 고개를 갸우뚱하면서 시간이 흐르니까 변화가 일어나는 게 아닐까요, 라고 대답한다. 물론 시간이 흐르면 변화가 일어나지만 시간의 흐름에 비례해서 변화의 정도가 정해지는 것은 아니다. 어떤 시기에는 변화가 급격하고 어떤 시기에는 변화의 속도가 눈에 띄지도 않을 정도다. 결국 사회의 하부구조인 경제 영역에서 일어나는 변화가 사회구조를 흔들고 새로운 사회구조를 만들어갈 때, 그에 맞는 일상생활 문화와 관념이 형성된다. 이에 관해 휴버먼은 돈을 빌려주고 받는 이자를 소재로 다음과 같이 설명한다.

> 우리는 돈을 빌리는 대가로 이자를 지급하는 데 익숙하기 때문에, 이자는 언제나 존재하는 '자연스러운' 것이라고 생각하기 쉽다.
>
> 55쪽

> 상업이 소규모였고 이윤을 위해 돈을 투자할 기회가 거의 없었던 봉건사회에서 어떤 사람이 돈을 빌리고자 했다면, 그는

틀림없이 부자가 되기 위해서가 아니라 그 돈이 없으면 살 수 없기 때문에 돈을 빌리고자 했을 것이다. (…) 그런 상황에서는 도와주는 사람이 그의 불행에서 이익을 얻어서는 안 된다는 것이 중세의 관념이었다.　57쪽

현대는 돈이 돈을 버는 자본주의 사회다. 남의 돈을 빌려가서 더 많은 돈을 벌었다면 그중 일부를 이자로 내는 게 당연하지 않겠는가. 이처럼 경제체제나 사회구조에 따라 그에 맞는 문화나 관념으로 변화한다는 것을 알게 되면, 당연히 뭔가 합리적이지 않은 문화나 관념을 바꾸고자 할 때는 문화나 관념에다 초점을 맞추는 것이 아니라 경제체제나 사회구조의 변화에 초점을 맞추어야 한다는 통찰력을 가질 수 있다. 휴버먼이 사회 변화를 꿈꾸는 노동자에게 하고자 한 말이다.

휴버먼은 중세 사회가 어떻게 자본주의 사회로 변화했는가를 노동자들에게 알리기 위해 이 책을 쓰지는 않았다. 그의 최종 목적은 노동자들이 살고 있는 자본주의 사회의 계급구조가 어떠한지, 어떻게 작동하는지, 또 노동자들이 왜 가난한지 노동자들 스스로 이해하게 되는 것이었다. 자본주의 사회에서 노동자 계급이 갖고 있는 힘이 얼마나 대단한지, 필연적으로 내부 모순에서 새로운 사회가 발생한다는 희망을 갖기를 바랐을 것이다. 휴버먼은 마르크스의 유명한 저작『자본』을 위시한 많은 저작을 요약하며 다음과 같이 노동자 계급의 분발을 촉구한다.

그렇지만 어떻게 이런 변화를 일으킬 것인가? 인간의 행동으로. 그러면 그 변화를 일으킬 사람들은 누구인가? 프롤레타리아. 왜? 그들은 자본주의의 모순들로 가장 고통받기 때문에. 그래서 그들은 자신들에게 정당한 몫을 주지 않는 사유재산에 기반한 제도를 유지하는 데 이해관계를 갖고 있지 않기 때문에.

283쪽

그러나 우리는 이미 알고 있다. 프롤레타리아 즉 노동자 계급이 그렇게 빈곤하지 않다는 것을. 90여 년 전의 자본주의 체제와 현재의 자본주의 체제는 많이 다르다는 것을. 자본가들이, 권력자들이 그렇게 어리석지 않다는 것도. 노동자 계급의 불만을 누그러뜨리기 위해 노동시간 단축에 동의하며, 임금도 적당히 높여가고 있다. 또 대중의 빈곤을 완화하기 위해 저소득층에 대한 사회보장제도가 상당한 수준으로 구축되어 있으며, 무상교육, 무상의료 등 인간으로서의 기본적인 인권도 인정하고 시행하고 있다. 물론 이 모든 성과와 진전이 자본가와 권력이 시혜를 베풀어준 덕분은 아니다. 노동조합과 노동자 정당을 중심으로 한 피어린 투쟁의 결과이기도 하다. 하지만 그러한 투쟁의 결과로 노동시간이 줄고 임금이 올라가고 사회복지가 강화되면서 자본주의 체제의 모순은 점차 약화되는 듯하다. 이것이 마르크스가 말하는 '모순'은 아닌지, 그야말로 아이러니하다.

90년 전에 출간한 휴버먼의 이 책이 수명을 다한 것은 아니다. 오늘날에도 이 책을 통해 세상을 바라보는 틀과 사회현상의 이면을 이해할 수 있는 기본적인 관점을 가질 수 있다. 이는 매우 유용하다. 또한 세상은 내부에 변화의 씨앗을 품고 있으며 한순간도 변화의 흐름을 멈추지 않는다는 진실을 마주하면, 현실에 안주하지 않고 새로운 세상을 향한 희망을 갖게 될 것이다.

사실 나는 휴버먼의 이 책을 읽으며 정말로 큰 배움을 얻었다. 노예, 농노, 노동자와 나 자신을 동일시했다. 이들에 깊은 연민을 느꼈고 이들이 속박이나 멸시, 경제적 빈곤에서 벗어나 존엄한 인격체로 행복하게 살길 바랐다. 누가 누구를 지배하는 세상이 아니라 함께 어울려 따뜻하게 살아가는 세상을 꿈꾸었다. 휴머니즘, 나는 이 책에서 휴머니즘을 느꼈고 배웠다. 이것이 대학을 졸업한 뒤 울산으로 가서 현대그룹에 노동자로 위장취업하게 된 이유다.

가난 때문에 학교에 가지 못하고, 잠재력을 살리지 못하고, 세상을 원망하는 사람이 없기를 바랐다. 노동자들에게 힘이 있다고 생각했다. 권력을 바꾸고 세상을 바꿀 수 있는 거대한 힘을 가지고 있다고 노동자들에게 전하고 싶었다. 단결하여 노동조합을 만들면 노동조건을 개선하는 것은 물론이고 그 힘으로 누구나 자신의 재능과 잠재력을 살려 인간답게 살 수 있을 것이라 믿었다.

대학을 졸업하고 1년 6개월 동안 기술을 배우고 자격증을 딴 뒤 1983년 9월에 울산에 있는 현대중전기(지금은 현대일렉트릭으로 이름이 바뀌었다)에 취업했다. 대기업은 많이 달랐다. 깨끗한 화장실, 제때 지급되는 월급. 그렇지만 모든 것이 일방통행이었다. 노동조합이 없으니 임금 인상도 회사에서 마음대로 정했다. 머리카락이 길다고 가위를 갖다 대고 마음대로 쥐 파먹은 듯이 잘라냈다. 특히 노동자들의 원성이 컸던 것은 성과급을 이용한 차별이었고 그것은 인간에 대한 모욕이었다. 한 푼도 받지 못하는 노동자도 있었다. 또 하나, 인격적인 모독이었다. 성질이 좋지 않은 중역은 일이 제대로 진행되지 않으면 현장 노동자에게 공개적인 자리에서 "너희들이 뭐 대단한 줄 알어. 아무나 데리고 와서 일주일만 교육시키면 다 할 수 있어."라면서 모멸감을 주기도 했다.

세상에는 정의를 바라는 사람들이 많다. 현장에서 분노가 생길 때마다 사람들이 조금씩 모이기 시작했다. 현장에서 당하는 부당한 대우에 공분했다. 그리고 민주화를 바라고 전두환 군사독재에 대항하는 민주화운동에 대해서도 회사 측 눈에 띄지 않게 소식을 주고받았다. 근로기준법을 공부하고 노동조합에 관한 책을 읽었다. 나는 리오 휴버먼의 이야기를 가끔 들려주었다. 예전에는 노예와 귀족이 대립했듯이, 지금은 노동자와 자본가가 대립하는 시대라고. 농노가 있었다고, 세상에 영원한 것은 없다고. 노동조합을 만들어 세상을 바꿀 수 있다고. 우리의 노동에 정당한 대우를 받을 수 있다고. 마침내 1987년 6월 민주항쟁에 이어 노동자 대투쟁이 일어나면서 현대그룹에 꿈에도 그리던 노동조합을 세울 수 있었다.

1987년은 환희의 나날이었다. 노동조합의 결성과 노동자들의 투쟁이 전국에서 들불처럼 일어났다. 노동자들의 단결과 투쟁으로 꿈꾸었던 새로운 세상이 곧 올 줄 알았다. 노동조합을 통해 저임금을 해소하고 누구나 자신의 재능과 잠재력을 살릴 수 있는 행복한 세상, 다른 사람을 지배하거나 무시하지 않고 서로 존중하며 함께 어울려 사는 대동세상이 올 줄 알았다. 그렇지 않았다. 저임금 해소만으로는 세상이 바뀌지 않았다. 따뜻한 세상도 오지 않았다.

하지만 아무도 모르는 사이에 노예제 사회가 무너졌듯이, 봉건제 사회가 자본주의 사회로 바뀌었듯이, 리오 휴버먼의 말대로 어쩌면 지금 새로운 사회를 향한 변화의 씨앗이 자라고 있을지 모른다. 나는 노동자들이 새로운 변화를 촉진하고 앞장서는 역할을 하길 희망한다. 국민의 대다수가 노동자로서의 성격을 조금씩이나마 갖고 있고, 단결할 수 있는 조직적 구조를 갖고 있기 때문이다. 나보다 더 힘들게 사는 다른 사람에 대한 사랑과 관심을 키워간다면, 누구도 소외되지 않고 자신이 가진 재능과 잠재력을 마음껏 펼치면서 이웃과 어울려 사는 따뜻한 세상이 올 것이라 믿는다. 나에게 세상을 바라보는 새로운 눈을 주었고, 노동 현장에 뛰어들어 실천하게 했던 리오 휴버먼의 『인간과 재화 Man's Worldly Goods』, 지금 생각해 보면 꽤 단순한 내용의 책이었고 복잡한 세상을 이해하기에는 다소 부족했던 책이지만, 내 평생을 동행한 책이라 아니 할 수 없다. 리오 휴버먼에게 진심으로 감사의 인사를 전한다.

억압 체제에 대한 날카로운 해부

『페다고지』

파울로 프레이리

장정수

1976년 서강대학교 사학과에 입학했다.
뉴욕타임스 서울통신원, 아시아위크
서울특파원을 거쳐 한겨레신문 정치부장,
편집인으로 일했고 현재 시민언론
민들레에서 편집위원으로 칼럼을 쓰고 있다.

대학 시절 수많은 책을 읽었지만 대부분 세월의 풍파 속에서 희미한 잔영만이 남았다. 하지만 그중 파울로 프레이리Paulo Freire의 『페다고지』만은 여전히 선명하게 내 마음에 살아 있다. 유신 독재의 암울한 그림자가 드리우던 그 시절 『페다고지』는 억눌린 현실을 꿰뚫어 보는 체계적인 안목과 투쟁에 필요한 이념적 무기를 건네주던 길잡이였다. 독재 정권의 억압으로 숨 막히던 캠퍼스에서 자유와 정의를 갈망하던 나는 『페다고지』를 통해 비로소 체제의 본질과 그 은밀한 지배의 메커니즘을 읽어낼 수 있었다. 한마디로 『페다고지』는 나에게 젊은 날의 지적 탐구이자, 자유를 향한 뜨거운 열정, 그리고 고뇌와 깨달음이 서려 있는 아련하면서도 생생한 추억이다.

이 글을 쓰기 위해 다시금 그 책을 펼쳐 들었다. 아마존 킨들로 원서를, 도서관에서 번역본을 빌려 되새기며 읽었다. 시대를 가로질러 여전히 유효한 그 통찰에 나는 놀라지 않을 수 없었다. 그리고 지루했던 재수 생활을 끝내고 1976년 3월 서강대 교문을 처음 밟던 그날의 설렘과 기대가 스치고 지나갔다. 그곳은 내가 꿈꾸던 상아탑의 낭만적 풍경이 아니었다. 유신 독재의 거대한 촉수가 캠퍼스 구석구석을 감시하고, 캠퍼스는 거대한 감옥처럼 무기력과 공포로 짙게 물들어 있었다.

암울한 현실에서 뜻을 같이하는 친구들과의 만남은 새로운 대학 생활의 시작이었다. 1학년 1학기가 끝나가던 어느 여름날이었다. 나는 평생의 동지이자 벗이 될 한승동(사학), 김용진(국문), 임영준(물리), 김영철(국문), 이창호(사학) 등과 비밀 모임을 만들었다. 혼자서는 거대한 폭압 체제의 벽을 무너뜨릴 수 없으니 힘을 모아서 조직적으로 활동해 나가자는 취지에서였다. 각 대학에 존재하는 지하 이념 써클이었다. 이름은 '황토黃土'로 정했다. 당시 대표적인 저항 시인으로, 두 번째로 감옥에 갇혀 있던 김지하 시인의 작품에서 따왔다.

황토 멤버들에게 가장 절실했던 것은 사회과학 공부였다. 대학 생활을 불과 한 학기 보낸 우리들은 부조리한 현실을 체계적으로 볼 수 있는 안목도 없었고 지적 역량도 부족했다. 당시 우리들에게는 『창작과 비평』이 억눌린 현실에 대한 비판적 지식을 제공하는 주요 통로였다. 『창작과 비평』이 새로 발간될 때마다 줄을 쳐가면서 읽었지만 문학의 렌즈를 통해 본 현실이라는 한계가 있었다. 그러나 모두 고만고만한 1학년이었던 황토 회원들은 어떤 책을 어떤 순서로 공부해야 할지 막연했다.

당시 학생운동의 맥이 뿌리 뽑히다시피 끊어진 서강대학교의 상황도 우리들에게는 극복하기 힘든 벽이었다. 당시 서강대는 민청학련(전국민주청년학생총연맹) 사건으로 십여 명의 선배들이 감옥으로 끌려간 데다 남은 학생회 간부들마저 그 뒤에 대부분 제적되어 맥이 완전히 끊기고 말았다. 스터디 교재 선정에 조언을 구할 선배조차 없던 우리는 자력으로 이 험난한 역경을 헤쳐 나갈 수밖에 없었다.

제일교회에 다니면서 외부와 네트워크가 있던 이창호와 서울대 경제학과 70학번 형을 둔 김영철이 필독서 목록을 들고 와서 교재 선정 문제가 해결되었다. 리영희 교수의 『전환시대의 논리』는 워낙 유명해서 나를 비롯해서 대부분 이미 개별적으로 읽은 상태였다. 그러나 우리는 워밍업 차원에서 『전환시대의 논리』를 첫번째 학습 교재로 정하고 한 달 정도 읽고 토론했다.

두 번째로 우리가 선택한 교재가 바로 프레이리의 『페다고지』였다. 그 시절 이 책은 한글 번역본이 존재하지 않았다. 이창호가 제일교회 쪽을 통해 복사된 『페다고지』를 손에 넣었지만, 영어 원문을 읽어야 한다는 사실 자체가 우리에게는 적지 않은 부담이었다. 그러던 중 황토의 누군가가 서울대 민청학련 선배들이 『페다고지』의 핵심을 발췌하여 번역한 비밀 교재가 있다는 얘기를 전했다. 이창호가 제일교회 쪽 선배들을 통해 그 교재를 구하려고 애를 썼지만 허사였다. 하는 수 없이 우리는 『페다고지』 원서 강독을 시작했다.

그러나 강독은 쉽지 않았다. 영어 문장도 난이도가 높은 편이었고 'conscientization의식화', 'praxis실천', 'dehumanization비인간화'과 같이 생소해서 이해하기 힘든 용어가 많았다. 그래서 진도가 쉽게 나아가지 않았다.

　스터디는 각자에게 할당된 분량을 한 문장씩 읽고 해석하는 방식으로 진행되었다. 독해가 막히는 지점에서는 '집단지성'의 힘을 모아 정확한 의미를 파헤치기 위해 머리를 맞대었다. 당시 나는 서강대 영자 신문 『서강헤럴드』 기자로도 활동하고 있었기에 난해한 구절을 풀어내는 데 어느 정도 도움을 줄 수 있었다. 그러나 내 능력에도 한계가 있었다. 『페다고지』의 언어는 영어 지식을 넘어선 것이었다. 그 문장들 속에는 헤겔의 변증법, 마르크스의 경제학, 사르트르의 실존주의 철학이 배어 있었다.

　스터디 모임은 비밀 결사처럼 극도로 조심스럽게 진행되었다. 토요일 오후 강의가 끝나면, 학교 근처 중국집의 구석진 방이나 김용진의 비좁은 자취방에 모여 함께 책을 읽고 토론하며, 현실을 보는 시야를 넓히고 동지애를 키웠다. 우리는 스터디가 끝나면 제일교회 근처 중부시장으로 가서 노상주점에서 소주잔을 기울이며 뒤풀이를 하곤 했다.

　약 석 달에 걸친 강독 끝에 우리는 마침내 『페다고지』를 완독하는 데 성공했다. 힘들었지만 뿌듯했다. 많은 것을 배웠고 현실을 사회과학적으로 볼 수 있는 안목도 갖게 되었다. 특히 억압 체제의 작동 메커니즘과 그 이데올로기를 이해할 수 있었던 점이 큰 성과였다. 저자인 프레이리가 한국과 비슷한 군사독재를 겪은 브라질 출신이라는 점에서 억압 체제에 관한 그의 예리한 통찰이 더욱 가슴 깊이 와닿았던 것 같다.

억눌린 자를 위한 교육

1921년 브라질에서 태어난 프레이리는 교육자이자 개혁가로서, 농촌의 외딴 마을에서 '문맹 퇴치' 운동을 펼쳤다. 그는 단순히 글자를 가르치는 데 그치지 않고, 사람들이 자신들의 현실을 비판적으로 읽고 쓰도록 돕는 데 온 힘을 기울였다. 그것이 바로 지배 권력이 가장 두려워하는 '의식화'였다.

1964년 쿠데타로 집권한 브라질 군사독재 정권은 프레이리를 '국가 반역자'로 낙인찍고 체포해 70일간 투옥했다. 군사 정권은 그의 문해 운동을 '체제 전복 활동'으로 규정했다. 프레이리는 석방된 후에도 브라질에서 활동할 수 없었고, 그로부터 16년간의 긴 망명 생활이 시작되었다. 처음에는 볼리비아로 이어서 칠레로 피신했는데, 망명 기간에도 전 세계를 돌며 해방 교육학을 전파하는 데 헌신했다.

프레이리는 『페다고지(피억압자의 교육학, Pedagogy of the Oppressed)』를 1968년 모국어인 포르투갈어로 썼으나, 브라질의 군사독재 상황으로 인해 자국에서는 출판할 수 없었다. 이 책은 같은 해 스페인어로 먼저 출간되었고, 2년 뒤인 1970년 영어판이 발간되면서 세계적으로 큰 반향을 일으켰다. 브라질에서는 군사 정권의 검열 때문에 1974년에야 출판될 수 있었다.

우리나라에는 영어판 『페다고지』가 진보적인 개신교 인사들을 통해 들어왔고, 대학가 학생운동권에서 은밀하게 보급되었던 것 같다. 이후 1979년 한국천주교평신도사도직협의회에 의해 비밀리에 번역 출판되어 학생운동과 노동운동의 의식화 교재로 은밀하게 활용되었다. 정식 번역본은 이보다 훨씬 늦은 1995년에 출간되었다.

브라질 군사 정권은 그의 책을 '혁명을 선동하는 위험한 사상'으로 규정하고 철저하게 탄압했다. 프레이리의 교육 방법론을 '좌익 선동 도구'로 왜곡 선전하고 공교육 시스템에서 완전히 배제했다. 그는 '기독교와 브라질 국민을 배반한 자', '국제적 파괴 분자'로 매도되었다.

『페다고지』는 우리 내면에 깊이 뿌리내린 무기력과 침묵을 깨우는 강렬한 자극제였다. 페이지를 한 장 한 장 넘기며 강독을 이어가는 동안, 마치 짙은 안갯속을 헤매던 나그네가 마침내 한 줄기 빛을 발견한 듯한 전율이 밀려왔다. 그동안 우리가 당연시하며 의심하지 않았던 일상적인 것들의 이면에 치밀하게 짜인 억압의 장치가 숨어 있음을 깨닫게 해주었다.

그 전까지 교련 수업은 그저 따분하고 귀찮은 일로만 여겼다. 그러나 『페다고지』를 읽으면서 그 군사훈련의 본질을 깨달았다. 교련은 단순한 군사훈련이 아니라 젊은 지성인들을 독재체제에 맹목적으로 복종하는 순응적 존재로 길들이기 위한 정치적 장치였다. 학생회가 폐지되고 그 빈자리를 채운 학도호국단의 실체도 이제 선명히 보였다. 학도호국단은 학생 자치라는 허울을 이용해 대학을 군사독재의 이념적 전초 기지로 바꾸기 위한 세뇌의 도구였다. 이 모든 것은 자유로운 사고와 비판적 지성을 억눌러 독재체제에 충성하는 인간을 양산하려는 계획의 일부였다.

『페다고지』는 단순한 의식화 교재 이상이었다. 그것은 우리 가슴에 저항의 불씨를 지피고, 억압에 당당히 맞설 용기를 불어넣었다. 책을 읽으며 우리는 점차 변해 갔다. 보이지 않던 억압적인 체제가 선명해졌고, 투쟁에 대한 결의를 다질 수 있었다. 다시 말해 『페다고지』는 우리에게 현실의 부조리를 직시할 렌즈를 제공했을 뿐 아니라, 그 부조리에 맞서 싸울 힘을 심어주었다. 우리는 더 이상 수동적 관찰자가 아니었다. 『페다고지』는 우리를 변혁의 주체로 거듭나게 했고, 억압의 사슬을 끊고자 하는 열망을 품게 했다.

의식화와 프락시스

『페다고지』의 빛나는 대목은 억압 체제에 대한 날카로운 해부에 있다. 프레이리는 "억압자와 피억압자 모두를 해방시키는 것은 피억압자의 과업"이라고 선언한다. 이 명제는 단순한 저항의 호소를 넘어, 인간 존엄성 회복을 향한 철학적 선언이다.

그의 주장은 억압 체제 아래에서는 피억압자뿐만 아니라 억압자 역시 비인간화된다는 통찰에서 출발한다. 폭압적 시스템 속에서는 누구도 진정한 자유를 누릴 수 없다. 따라서 해방은 단순한 권력 교체가 아니라, 억압자를 포함한 모든 구성원의 인간성 회복이라는 이중적 과제를 안게 된다. 진정한 해방은 억압자의 제거가 아니라 억압 구조 자체의 해체를 통해 모두가 인간다운 삶을 살 수 있는 새로운 질서를 창조하는 것이다.

프레이리는 이러한 변화가 단순한 체제 전복으로는 불가능하다고 진단한다. 억압받던 자가 새로운 억압자로 변모하는 역사의 악순환을 끊기 위해서는 억압을 가능하게 하는 사고방식과 사회구조를 근본적으로 바꾸어야 한다. 이를 위해 교육의 역할이 지대하다. 교육은 지식 전달의 도구를 넘어 비판적 의식을 일깨우는 실천이 되어야 하며, 모든 사람이 역사의 주체로서 자신의 운명을 결정할 수 있는 능력을 길러야 한다.

프레이리는 이러한 인식의 전환을 '의식화'라고 개념화했다. 의식화는 단순한 깨달음을 넘어서는, 억압 체제의 본질을 꿰뚫고 그것을 변혁하려는 집단적 각성을 의미한다. 이는 피억압자가 자신의 처지가 운명이 아니라 인간이 만든 사회적 구조의 결과임을 깨닫는 과정이다. 그렇게 수동적인 객체에서 능동적인 변혁의 주체로 거듭나는 것이며, 세계와의 관계 속에서 자신을 새롭게 인식하는 철학적 전환이다.

그러나 프레이리는 의식화만으로는 세상을 바꿀 수 없다고 말한다. 반드시 실천을 의미하는 '프락시스praxis'가 뒤따라야 한다는 것이다. 프락시스는 성찰(사고)과 행동의 변증법적 통합이다. 이는 단순한 성찰이나 무모한 행동이 아니라, 두 요소가 끊임없이 상호작용 하며 진정한 변화를 만들어내는 동력이다. 성찰은 행동으로 이어지고, 그 행동은 다시 새로운 깨달음을 낳는다. 이 순환 과정 속에서 인간은 비로소 현실을 온전히 인식하면서 동시에 그것을 변혁할 수 있게 된다. 프레이리에게 프락시스는 의식화와 분리될 수 없는 해방의 동력이다. 사고 없는 행동은 무모한 모험주의가 되고, 행동 없는 성찰은 공허한 언어유희에 불과하다. 오직 사고와 행동이 유기적으로 결합될 때, 비로소 진정한 해방으로 나아갈 수 있다.

'의식화'라는 어휘는 당시 대학가 운동권에서 흔히 사용되었으나, 프레이리는 이를 철학적이고 사회과학적인 개념으로 체계적으로 재정립했다. 프레이리가 지적했듯, 의식화의 길은 결코 단순하지 않다. 피억압자들은 인간다운 삶에 대한 본능적 열망을 품고 있지만, 오랜 억압 속에서 그들의 현실 인식과 심성 자체가 지배 이데올로기에 깊이 물들어 있다. 그들은 스스로를 '무능력하고 무가치한 존재'로 내면화하며, 열등감과 두려움이 그들 내부에 뿌리 깊게 자리 잡는다. 결국 그들은 비참한 현실을 운명으로 받아들이게 되는데, 이것이 바로 억압의 가장 교묘한 메커니즘이다. 억압자는 피억압자로 하여금 스스로를 억압하게 만드는 것이다.

억압은 여기서 끝나지 않는다. 억압자의 분할 통치 전략은 피억압자들의 연대를 효과적으로 저지한다. 지배계급은 피억압자들이 단결하여 집단적 힘을 발휘하는 것을 가장 두려워한다. 따라서 인종, 민족, 종교, 성별, 지역, 계층 내 신분(예컨대 정규직과 비정규직) 등 모든 차이를 이용해 '우리 대 그들'의 대립 구도를 만든다. 이렇게 함으로써 피억압자들이 공동의 억압자가 아닌 서로를 적대시하도록 조장하는 것이다.

이러한 분열 통치의 메커니즘은 유신 독재체제하의 한국 노동 현장에서도 일상적으로 작동되고 있었다. 노동자들을 분열시키고 노동자들끼리 대립하게 만든 그 분열 조작의 구조는 프레이리의 분석이 단지 이론이 아닌, 한국의 현실에도 정확히 적용되는 것임을 보여주었다. 시공을 넘어 보편성을 띠는 그의 통찰력에 경의를 표하지 않을 수 없다.

은행 예금식 교육

『페다고지』에서 가장 현실적으로 와닿았던 부분은 교육 방식에 대한 통렬한 비판이었다. 프레이리는 억압 체제가 피억압자의 비판적 사고 능력을 마비시키기 위해 일방적인 주입식 교육 방식을 사용한다고 지적한다. 그는 이를 '은행 예금식 교육banking education'이라고 명명했다.

프레이리에 따르면, 은행 예금식 교육은 지식의 일방적 주입에 그친다. 모든 권한이 교사에게 집중되고, 학생은 지식의 수동적 수취자로 전락한다. 교사만이 지식을 소유한 주체이며, 학생은 무지한 빈 그릇으로 취급된다. 이 과정에서 학생 개인의 선행 지식, 삶의 경험, 문화적 배경 등은 철저히 무시된다.

이러한 교육 방식에서는 교사만이 사고하는 주체이며, 학생은 그 사고의 대상에 불과하다. 학생은 사고 능력이 없는 수동적 존재로 전락한다. 교사는 일방적으로 말하고, 학생은 공손히 듣기만 한다. 대화와 토론은 배제되며, 수업은 강의와 암

130

기의 무한 반복으로 이루어진다. 학생에게는 질문이 금지되고, 침묵이 강요된다.

이 같은 교육은 단순히 지식 전달 수단에 그치는 것이 아니라, 피억압자로 하여금 스스로의 무지를 당연시하게 하고, 비판적 사고 능력을 상실하게 만드는 억압의 도구가 된다. 결국 학생들은 스스로 생각하지 않고, 체제에 순응하는 존재로 길러지는 것이다. 이것이 바로 은행 예금식 교육이 지닌 가장 위험한 본질이다.

일방적 주입식 교육은 내가 대학교에 들어온 뒤에도 내내 겪었던 강의 방식이었다. 아니 한국의 학생들은 예외 없이 이 같은 주입식 교육을 받아왔다. 그래서 구구절절 공감이 갔다. 서강대학교 사학과에 입학한 뒤 나는 수업에 큰 기대를 품었다. 사학과에는 '서강학파'라 불릴 만큼 한국의 역사학계에서 명망 높은 교수들이 대거 포진하고 있었기 때문이다. 그러나 입학 후 사학과 강의를 듣고는 실망했다. 교수들은 예외 없이 학원 강사처럼 칠판에 내용을 속사포로 적어 내려갔다. 질문이나 토론 시간은 전혀 없었다. 강의 방식은 고등학교 국사 수업과 다름없었다. 전형적인 주입식 교육, 즉 프레이리가 비판한 은행 예금식 교육의 표본이었다. 도대체 역사를 이렇게 배워도 되는가 하는 회의가 들 정도로 강의는 단편적인 지식 전달에 불과했다.

몇 년 전 하버드대 마이클 샌델 교수의 『정의란 무엇인가』가 한국에서 선풍을 일으킨 적이 있다. 이 책은 샌델 교수가 하버드에서 강의한 '정의'라는 수업을 바탕으로 한 것으로, 샌델 교수의 실제 강의 전편이 유튜브에 공개되었다. 샌델 교수와 학생들의 토론식 강의를 보며 나는 하버드가 왜 세계 최고의 대학으로 불리는지 알 수 있었다. 샌델 교수의 강의는 바로 프레이리가 말하는 '문제 제기식 교육problem-posing education'이었다. 교수와 학생이 함께 질문을 던지고 대화를 통해 진리를 탐구하는 과정. 이것이 진정한 교육이며, 현실에 대한 비판적 의식을 갖게 하는 교육인 것이다.

프레이리는 은행 예금식 교육의 본질적 목적이 교육 대상자의 '의식화'를 원천 차단하는 데 있음을 규명한다. 이 교육 방식은 학생들로 하여금 '왜Why'와 '어떻게How'라는 근본적인 질문을 배우지 못하게 함으로써 비판적 의식을 체계적으로 마비시킨다. 오직 '무엇What'이라는 사실 관계만을 기계적으로 암기하게 만드는 이러한 교육은, 세계를 변혁할 '변혁적 주체'가 아닌 억압적 체제에 순응하는 '순응적 인간'을 양산하는 도구로 작동한다.

1970년대 박정희 정권의 교육 정책은 프레이리가 비판한 은행 예금식 교육의 전형을 보여준다. 당시 교육 과정은 전체주의적 이데올로기에 기반하여 구성되었다. 교육의 목표는 전인적 성장이나 민주 시민 육성이 아니라, 독재체제에 복종하는 인간을 양성하는 데 있었다. 학생들은 "우리는 민족중흥의 역사적 사명을 띠고 이 땅에 태어났다…"로 시작하는 국민교육헌장을 의무적으로 암송해야 했다. 어떤 초등학교에서는 국민교육헌장을 암송하지 못하는 학생들에게 체벌을 가하기도 했다. 국민교육헌장은 '국가를 위한 인간'이라는 전체주의 이념을 주입함으로써 유신 체제에 대한 비판 의식을 차단하고 순종적인 인간을 양성하기 위한 이데올로기적 도구였다.

유신 체제 아래에서 노동자의 저임금, 장시간 노동, 열악한 작업 환경은 '조국 근대화'라는 대의명분으로 미화되었다. 착취는 '영광스러운 몫'으로 전유되었고, 체제 비판은 '반국가 행위'로 낙인찍혔다. 박정희 정권이 가장 두려워한 것은 바로 노동자와 농민의 '의식화'였다. 노동자들이 저임금 정책이 '국가 발전'이 아니라 재벌 이윤과 독재체제 유지를 위한 착취 구조임을 깨닫는다면, 농민들이 저곡가 정책이 노동자 착취를 유지하기 위한 수단임을 깨닫게 된다면 체제의 근간이 흔들릴 것임을 잘 알고 있었기 때문이다. 이는 프레이리의 이론이 단순한 교육 철학을 넘어, 억압적 통치 구조의 본질을 꿰뚫는 날카로운 분석 도구임을 입증한다.

1974년부터 발동된 '긴급조치'는 일차적으로 반유신 민주화 투쟁을 진압하기 위한 것이었지만 그 이면에는 의식화된 학생 및 지식인 집단과 노동자·농민의 연대를 차단하기 위한 목적도 깔려 있었다. 특히 1975년 5월의 '긴급조치 9호'는 모든 형태의 유신 체제 비판과 민주화운동을 금지하고, 위반 시 재판 없이 장기 구금이 가능하게 했다. 이는 학생운동과 노동자·농민의 연대 투쟁을 선제적으로 차단하기 위한 최후의 조치였다. 긴급조치 9호를 통해 유신 정권은 학생, 종교인, 지식인은 물론 노동·농민 운동까지 무자비하게 탄압했는데, 당시 민주화를 요구하다 구속된 인사는 약 1,000명에 달했다. 그러던 중 유신의 권력자들이 가장 두려워하던 사태가 바로 1979년 부마항쟁으로 터져 나왔다. 10월 17일 부산대에서 시작된 학생 시위대가 부산 시내로 진출하고 시민들이 이에 가세하면서 사태는 걷잡을 수 없이 커졌다. 부마항쟁의 진압 방식을 둘러싸고 유신의 심장부 내에서 갈등이 폭발했고, 10월 26일 김재규 중앙정보부장이 독재자 박정희를 사살하면서 유신 독재는 막을 내렸다.

프레이리가 "교육은 결코 중립적이지 않다"고 선언하며 체제 유지의 도구인 은행 예금식 교육을 통렬히 비판한 것도, 브라질 군사독재 체제 아래에서 교육이 어떻게 억압의 도구로 기능하는지를 온몸으로 체험했기 때문일 것이다. 그는 은행 예금식 교육의 대안으로 '문제 제기식 교육'을 제시했다. 문제 제기식 교육은 세계를 바라보는 비판적 시각을 키워준다. 은행 예금식 교육이 학생을 체제에 순응시키는 장치라면, 문제 제기식 교육은 인간을 변혁의 주체로 성장시키는 '해방의 실천'이다.

꿈꾸는 이의 등불

진정한 교육의 출발점은 학습자들의 삶 그 자체여야 한다. 공허한 추상적 지식이 아니라, 빈곤과 차별, 불평등 같은 구체적인 삶의 문제가 학습의 핵심 소재가 되어야 한다는 뜻이다. 교사는 "왜 이런 일이 벌어지는가", "이것이 우리 삶과 어떻게 연결되는가"라는 질문을 던지며 학생들의 비판적 사고를 자극해야 한다. 이 과정에서 학생들은 자신의 처지가 개인의 탓이나 운명이 아니라 사회적 구조에서 비롯되었음을 깨닫게 된다. 프레이리는 이 깨달음을 '의식화'라고 정의했다.

『페다고지』의 핵심 개념은 바로 이 '의식화'에 있다. 의식화는 개인이 세계 속에서 자신의 위치를 인식하고 그 관계를 변혁하려는 주체적 각성이다. 이것이 바로 프레이리가 우리에게 전하려 했던 교육의 본질이며, 그의 사상이 시대를 초월하여 여전히 유효한 이유다.

『페다고지』에서 또 인상적인 부분은 역사의 '신화화myth-icizing'에 대한 통찰이다. 역사의 신화화란 지배층이 피지배층에 대한 지배를 정당화하기 위해 역사를 의도적으로 미화하고 재구성하는 것을 말한다. 프레이리는 "지배자들은 역사를 자신의 관점에서 재구성하며, 억압을 자연스러운 것으로 만든다"고 지적한다. 이는 제국주의 국가들이 식민 지배를 '문명화의 사명'으로 포장하거나, 불평등한 사회구조를 '필연적인 자연 질서'로 둔갑시키는 방식에서 명확히 드러난다.

한국인은 이러한 역사 신화화의 폐해를 일제강점기 이후 뼈저리게 체감해 왔다. 일제가 조선을 식민지로 삼은 후 가장 조직적으로 자행한 만행 중 하나가 총독부 산하에 조선사편수회를 설치해 조선의 역사를 체계적으로 왜곡한 것이었다. 조선사편수회는 『조선사』, 『조선반도사』 등을 편찬하며 조선을 '끊임없이 외세에 지배받아 온 후진국'으로 묘사함으로써 식민 지배를 합리화하려 했다. 임나일본부설이나 한사군 한반도 설치설이 부각된 것도 같은 맥락에서였다.

　이처럼 일제가 심어놓은 왜곡된 역사관은 해방 이후에도 '식민사관'이라는 이름으로 한국 역사학계에 깊은 상처를 남겼다. 오늘날까지도 일제의 식민 지배가 한국 근대화에 기여했다는 주장이 근거 없이 제기되는 참담한 현실을 보면서 역사 신화화가 초래한 폐해의 심각성을 다시 한번 절감한다. 프레이리의 분석은 단순한 과거사 비판을 넘어, 권력이 역사를 어떻게 독점하고 조작하는지를 보여주는 경고라고 할 수 있다.

나는 『페다고지』가 세상에 나온 지 반세기가 지났어도 그 생명력을 잃지 않았다고 믿는다. 『페다고지』가 예리하게 해부한 억압 체제의 얼굴은 달라졌을지 모르나, 그 본질은 여전히 현실 속에서 건재하기 때문이다. 신자유주의라는 이름으로 포장된 끝없는 경쟁의 굴레, 심화된 불평등과 양극화, 공동체의 기반을 갉아먹는 혐오와 차별, 이 모든 것이 프레이리가 날카롭게 파헤친 억압 체제의 새로운 변형물이다.

　나는 한국의 미래를 짊어질 젊은 세대가 이 책을 읽으며, 억압의 본질을 꿰뚫어 보는 통찰력을 얻고 절망의 가장 깊은 곳에서도 희망의 끈을 놓지 않고 일어서 주기를 기대한다. 『페다고지』는 인간적이고 정의로운 세상을 꿈꾸는 모든 이에게

길을 밝혀주는 등불이자, 외로운 투쟁 속에서도 결코 흔들리
지 않는 용기를 주는 동반자이기 때문이다.

'긴급조치 9호' 시대의
자유와 도피

『자유로부터의 도피』

에리히 프롬

강성구

1976년 연세대학교 경영학과에 입학했다.
민주화운동기념사업회 상임부이사장 등을
지냈으며 현재 한국투명성기구 이사로
활동 중이다.

　　　　　내가 처음 에리히 프롬을 접한
것은 고등학교 2학년 때인 1974년이었다. 영어 공부에 한창 재
미를 붙여가던 차에 학교 선생님께서 원서를 읽어보라고 권하
셔서, 당시 광화문에 있는 범한서적이라는 서점에서 에리히
프롬Erich Fromm 의 『사랑의 기술The Art of Loving』을 접하게 되
었다. 제목에 혹해서(?) 골랐지만, 결과적으로는 탁월한 선택
이었다. 고등학생이던 나로서는 '사랑'이라는 하나의 주제를
이렇게 분석적이고 논리적으로, 이론과 실천을 포함하여 완결
적으로 서술한 인문·사회과학책을 접한 것은 처음이었다. 문
장도 쉽고 명확했고, 어휘와 문법 모두 큰 도움이 되었다. 나
아가 『사랑의 기술』은 한창 성장하고 있던 나에게 많은 질문
을 던졌고, 처음으로 '주체적 생각'과 '고민'이란 것을 하게
만들어 주었다. 『사랑의 기술』이 던진 질문은 이러했다. 사랑
은 기술art인가? 사랑은 인간 존재의 문제에 대한 해답인가?
'Love'와 'Loving'은 어떻게 다른가? 대입을 위한 교과과정
에만 몰입하고 있던 나에게, 영어 실력을 키우기 위해 우연히
선택한 단순한 수단이었는데, 주제와 내용 자체에 몰입하게
만든 첫 책이 『사랑의 기술』이었다.
　　그러나 『사랑의 기술』이 담고 있는 내용은 1970년대를 살
아가던 한국의 평범한 고등학생에게 간단한 것이 아니었다.

우선 한국의 교육 현실에서 『사랑의 기술』을 제대로 독해하는 데 필요한 '배경지식'이 있을 리 없었고, 더 중요하게는 내용의 단순 수용이라면 모를까 '비판적 이해'는 불가능했다. 이 점은 지금의 교육 현실에서도 늘 목마르다고 느끼는 부분이다. 바로 이 '풍부한 배경지식'과 '비판적 이해'의 부족 또는 부재는 이후 나의 삶에서 지속적으로 큰 어려움으로 작용했다. 그리고 이는 아마 많은 동시대 민주화운동가(물론 당시에는 '민주화운동'이라는 용어가 쓰이지 않았지만) 역시 마찬가지였을 거로 생각한다. '현실을 정확하게 과학적으로 인식하고, 그 토대 위에서 현재 할 일과 미래의 전망과 비전을 세우는 것'이 늘 우리의 과제였는데…. 여기에 필요한 바탕이 바로 '풍부한 배경지식'과 '비판적 이해' 아니었을까? 그리고 이는 예나 지금이나 청소년기에 무엇보다 필요한 배움이 아닐까? 이번 기회에 에리히 프롬의 대표작인 『자유로부터의 도피 Escape from Freedom』*와 거기에 담긴 프롬의 생각을 돌아보고자 한다.

『자유로부터의 도피』의 문제의식

에리히 프롬은 1900년 독일 프랑크푸르트에서 유대인 아버지와 핀란드계 어머니 사이 외아들로 태어났으며, 아버지 쪽은 대대로 유대교 랍비 집안이었다. 30대에 나치의 유대인 학살을 피해 미국으로 망명했고, 아내의 치료를 위해 멕시코로 갔다가 마지막으로 70년대에는 스위스로 가서 1980년 그곳에

* 이 글의 인용문은 김석희 번역으로 휴머니스트(2012)에서 나온 책을 따랐다.

서 임종을 맞이한다. 프롬은 철학자, 정신분석학자, 사회비평가, 작가, 반전·반핵 평화운동가 등으로 시대에 따라 그의 체류지만큼이나 폭넓은 활동을 펼쳤다. 나는 이러한 활동의 바탕이 되는 그의 학문적 본령이 사회학과 정신분석학이라고 본다. 인터넷에서는 프롬을 간단히 '독일계 미국인 사회심리학자이자 정신분석학자, 인문주의 철학자'로 소개한다. 『자유로부터의 도피』는 1941년에 출판된 프롬의 첫 책으로 엄청난 성공을 거두었는데, 그의 대표작 가운데 내가 읽은 것을 발간 순서대로 보면, 『자유로부터의 도피』(1941), 『건전한 사회The Sane Society』(1955), 『사랑의 기술』(1956), 그리고 말년의 저작인 『소유냐 존재냐To Have or To Be』(1976) 등이다.

　『자유로부터의 도피』는 출간 연도가 1941년이라는 점과 그가 가진 '유대적 배경'을 먼저 이해하는 것이 필요하다. 프롬은 나치 독일의 유대인 박해를 피해 1934년 미국으로 망명했는데, 1941년은 제2차 세계대전이 한창이던 때였다. 1939년 9월 1일 나치의 폴란드 침공으로 시작된 전쟁은, 독일이 영국을 제외한 유럽 전역을 제패한 데 이어 1941년 6월 소련 침공으로 정점에 달한다. 최근에 읽은 책에 이런 대목이 나온다.

스탈린 체제가 사회혁명을 밀어붙이기 위하여 대중 다수에게 전쟁을 벌였던 것과 달리, 히틀러 독재는 독일인 다수가 폭력을 느끼지 못하도록 폭력의 눈금을 지속적으로 조정했다. 나치 실용주의와 이데올로기 모두 그 방향으로 작동했다.

게슈타포의 인력은 많지 않았다. 게슈타포는 상당한 정도로 일반인의 밀고와 공적인 순응에 의존했다. 전쟁은 게슈타포의 인력을 더욱 감소시켰다.

니콜라스 스타가르트, 『독일인의 전쟁 1939－1945』, 126쪽[*]

프롬은 초판의 서문에서 "자유로부터 도피하려는 전체주의적 경향의 이유를 이해하는 것이 전체주의 세력을 극복하려는 모든 행위의 전제"라고 말한다. 위의 인용문에서 유추해 보면, 적은 수의 게슈타포로 나치 독재체제를 유지할 수 있었던 것은 '일반인의 밀고와 공적인 순응' 때문이었고, 이런 것이 프롬이 말한 '자유로부터 도피하려는 전체주의적 경향'이라고 할 수 있다.

『자유로부터의 도피』에서 프롬의 문제의식은 바로 이 지점에 있었다. 프롬에 따르면, 제1차 세계대전의 종전과 함께 '외적 지배의 폐지'를 통해, 인류는 '경제적 자유주의, 정치적 민주주의, 종교적 자율, 사생활에 있어서의 개인주의'라는 원칙에 따라 인간을 묶고 있던 속박의 끈들을 차례차례 끊고 '자유의 궁극적인 승리'로 나아가는 듯이 보였다. 그런데 불과 몇 년이 지나기도 전에 이 모든 인류의 성취를 부정하는 새로운 체제가 등장했다. 이 새로운 체제의 본질은 '한 줌밖에 안 되는 자들을 제외한 모든 사람이 자신은 전혀 통제할 수 없는 권위에 복종하는 것'이었다. 수백만의 독일인은 그들의 선조가 자유를 위해 싸운 것만큼 열정적으로 자유를 포기했고, 자유

<hr>

142

[*] 니콜라스 스타가르트, 『독일인의 전쟁 1939-1945』, 김학이 옮김, 교유서가(2024)

를 원하기는커녕 자유로부터 벗어날 길을 찾았다. 나머지 수백만의 독일인은 거기에 무관심했으며 자유를 지키는 일이 싸우다 죽을 만한 가치가 있다고 생각하지 않았다. 사람들은 왜 그렇게 힘들게 쟁취한 자유로부터 도피하려는 것일까? 본인이 피해 당사자이기도 했지만 당대의 지식인으로서 프롬은 스스로 제기한 이 질문에 대해 『자유로부터의 도피』를 통해 진지하게 답해 나간다.

독재국가 대한민국

내가 대학교에 입학한 1976년의 한국은 독재체제의 정점에 달해 있었다. 1975년 4월 베트남전쟁이 미국의 패배로 종결되었고, 이와 거의 동시에 캄보디아 역시 크메르루주에 의해 공산화되면서 국제 정세가 급변하였다. 1972년 친위 쿠데타로 수립된 유신 독재체제는 1974년 민청학련 사건*에 이어 1975년 4월 9일 인혁당 사건 관련자 8명에 대한 사법 살인**으로 학생운동을 포함한 민주화 세력에 대한 탄압의 강도를 높여 나갔다. 이런 가운데 박정희는 베트남과 캄보디아 '사태'를 명분으로 1975년 5월 13일 마침내 '긴급조치 9호'를 선포했고, 한국 사회 전체는 전대미문의 독재체제로 돌입했다.

* 민청학련(전국민주청년학생총연맹) 사건은 1974년 학생운동을 탄압하기 위해 중앙정보부가 조작한 사건으로, 180여 명을 구속 기소했다. 2009년 재심 재판부에서 무죄를 선고했다.
** 역시 정권에 의해 조작된 사건으로, 인민혁명당이 북한 지령을 받아 국가 변란을 기도했다는 혐의를 씌워 관련 인사들을 탄압한 사건이다. 선고 18시간 만에 8명의 사형이 집행되는 등 심각한 인권 침해를 낳았으며, 이후 32년 만에 재심을 통해 전원 무죄판결을 받았다.

긴급조치 9호의 주요 내용을 보면 다음과 같다.

1. 다음 각 호의 행위를 금한다.
   가. 유언비어를 날조, 유포하거나 사실을 왜곡하여 전파
       하는 행위
   나. 집회·시위 또는 신문, 방송, 통신 등 공중전파 수단이
       나 문서, 도화, 음반 등 표현물에 의하여 대한민국 헌
       법을 부정·반대·왜곡 또는 비방하거나 그 개정 또는
       폐지를 주장·청원·선동 또는 선전하는 행위
   다. 학교 당국의 지도, 감독 하에 행하는 수업, 연구 또는
       학교장의 사전 허가를 받았거나 기타 예외적 비정치적
       활동을 제외한 학생의 집회·시위 또는 정치 관여 행위
   라. 이 조치를 공연히 비방하는 행위
2. 제1에 위반한 내용을 방송·보도 기타의 방법으로 공연히
   전파하거나, 그 내용의 표현물을 제작·배포·판매·소지
   또는 전시하는 행위를 금한다.
(…)
5. 주무부 장관은 이 조치 위반자·범행 당시의 그 소속 학교·
   단체나 사업체 또는 그 대표자나 장에 대하여 다음 각 호
   의 명령이나 조치를 할 수 있다.
   가. 대표자나 장에 대한, 소속 임직원·교직원 또는 학생
       의 해임이나 제적의 명령
   나. 대표자나 장·소속 임직원·교직원이나 학생의 해임

또는 제적의 조치

다. 방송·보도·제작·판매 또는 배포의 금지 조치

라. 휴업·휴교·정간·폐간·해산 또는 폐쇄의 조치

마. 승인·등록·인가·허가 또는 면허의 취소 조치

문자 그대로 '전대미문'의 법이었다. 그래서 긴급조치 9호 발동 직후인 1975년 5월 22일 서울대에서의 이른바 '오둘둘(5·22) 데모' 이후 1976년 12월 8일의 이른바 '서울법대 삼총사 사건'에 이르는 세 학기 동안 전국 대학에서 반정부 시위가 벌어지지 않은 '전무후무'한 일이 벌어졌다. 그렇다면 한국의 민주주의 역사에서 유구했던 학생운동의 전통이 '긴급조치 9호의 공포' 때문에 위축된 것인가? 프롬은 그렇게 간단한 문제가 아니라고 말한다. 그에 따르면 '공포'와 동시에 '자유로부터의 도피'가 심연에 깔려 있다는 것이다.

프롬을 따라 읽다

『자유로부터의 도피』의 주제이자 잠정적 결론은 이렇다.

인간이 타인이나 자연과의 원초적 일체감에서 벗어난다는 의미에서 자유를 얻으면 얻을수록, 인간이 '개인'이 되면 될수록 자발적인 사랑과 생산적인 일을 통해 자신과 세계를 결합시키거나, 아니면 자신의 자유와 개체적 자아의 본래 모습을 파괴하는 끈으로 세계와 자신을 묶어서 일종의 안전보장을 추구할 수밖에 없다.

개인의 출현과 자유의 다의성[*]

인간은 본능, 자연에 대한 적응, 유전적 메커니즘에 따라 행동하지만, 이런 것들이 더 이상 행동 방식을 결정하지 않을 때 '인간 존재'는 시작된다. 다시 말하면 '인간 존재와 자유는 처음부터 뗄 수 없는 관계'에 있다. 여기에서 자유는 '무엇으로부터의 자유'라는 소극적인 자유이다. 그런데 인간의 자유가 성장하는 과정은 변증법적 성격을 띤다. 즉 '힘의 증대와 개체화의 진전'의 이면에서는 '고독과 불안, 세계에서 자신의 역할과 자기 삶의 의미에 대한 의심, 무기력감'이 늘어난다. 개체화된 인간은 어떻게든 세계와 관계를 맺지 않고서는 살아갈 수 없다. 모든 속박으로부터 해방되는 것과 자유와 개성을 적극적으로 실현할 가능성의 부족 사이에 존재하는 불균형, 즉 '무엇으로부터의 자유'와 '무엇을 위한 자유' 사이의 불균형 때문에 유럽에서는 공황 상태에 빠진 사람들이 자유에서 벗어나 새로운 속박으로 뛰어들거나 적어도 완전한 무관심으로 도피했다. 프롬은 이를 종교개혁에서부터 역사적 과정으로 살펴본다. 아래에서 『자유로부터의 도피』의 핵심 내용을 장^章에 따라 요약해 본다.

종교개혁 시대의 자유

프롬은 종교개혁의 시대인 15~16세기 유럽의 대다수 인

　　　[*] 이하 작은 제목은 『자유로부터의 도피』의 장 제목이다.

구가 경제 사회 구조의 혁명적 변화 때문에 전통적 생활방식을 위협받고 있었다고 보았다. 이로 인해 개인은 경제적·정치적 관계의 속박에서는 해방되지만, 동시에 그에게 안전감과 소속감을 주었던 관계에서도 해방된다는 '자유의 다의성'이 발현된다. 여기에서 도시의 중산층 및 하층계급과 농민의 종교로 '루터주의'와 '칼뱅주의'가 등장한다.

루터는 사람들을 교회의 권위에서 해방시켰지만, 그보다 훨씬 압제적인 권위, 즉 신의 권위에 복종시켰다. 루터의 신은 인간을 구원해 주는 본질적 조건으로 인간의 완전한 복종과 개인적 자아의 절멸을 강조한다. 루터의 '믿음'은 자신을 버리면 사랑을 받게 된다는 확신이었다. 이것은 국가와 '지도자(퓌러, Führer)'에게 개인은 완전히 복종해야 한다는 주의와 공통점이 많은 해결책이었다. 세속적 권위에 대한 루터의 태도가 그의 종교적 가르침과 밀접하게 관련되어 있다는 것을 이해하는 것이 중요하다.

앵글로색슨 국가에서는 칼뱅주의가 중요해졌다. 자기 비하와 인간적 자존심의 파괴가 칼뱅 사상 전체의 중심을 이룬다. 현세를 경멸하는 사람만이 내세를 준비하는 데 헌신할 수 있다는 것이다. 칼뱅은 루터와 두 가지 점에서 중요한 차이를 보인다. 하나는 예정설로, 이는 한편으로는 개인이 보잘것없고 무기력하다는 느낌을 표현하고 강화하며, 다른 한편으로는 비합리적 회의懷疑를 광신적 믿음으로 침묵시키는 기능을 한다. 특히 칼뱅의 예정설은 '인간은 구원받을 인간과 영원히 저

주받을 운명을 타고난 인간'으로 나뉘며, 따라서 인간은 기본적으로 불평등하다고 믿는다. 이는 나치의 이데올로기 속에 가장 활기차게 되살아났기 때문에 중요하다. 두 번째 차이점은 칼뱅이 도덕적 노력과 고결한 생활의 중요성을 더 강조한다는 점과 그러한 노력의 결과로 속세에서 성공하는 것은 구원의 증거라는 생각이 점점 중요해진다는 점이다. 이를 통해 참을 수 없는 불안 상태와 괴로운 무력감에서 벗어나고자 하는 '열광적인 활동과 무언가를 하려는 충동'이 발달했다. 이는 강박신경증compulsive neurotics의 잘 알려진 특징이다.

루터주의와 칼뱅주의에서 나타나는, 인간에게 무제한의 권력을 휘두르고 인간의 복종과 굴욕을 요구하는 신의 모습은 중산층의 적개심과 부러움이 투영된 것이었다. 이 적개심이 발현하는 형태는 '도덕적 분노'와 '적개심을 자기 자신에게로 돌리는 것'이었다. 프롬이 보기에 근대인의 생활 전반에 구석구석 스며들어 있는 '의무감'은 자아에 대한 적개심에 강한 영향을 받고 있었다. '양심'이란 인간이 스스로 자기 마음속에 앉혀놓은 노에 감독에 불과하다. '양심'은 가혹하고 잔인하게 인간을 몰아붙이고, 쾌락과 행복을 금지하고, 이해할 수 없는 죄를 속죄하는 데 평생을 바치게 한다. '양심'은 초기 칼뱅주의와 후기 청교도주의의 특징인 '내면세계의 금욕주의'의 토대이기도 하다.

근대인의 관점에서 본 자유의 두 측면

프로테스탄티즘의 교리를 통해 인간은 근대 산업사회 체제에서 자신이 맡아야 할 역할에 대한 심리적 준비를 갖추었다. 즉 "신에 대한 개인주의적 관계는 인간의 세속 활동이 지닌 개인주의적 성격에 대한 심리적인 준비였다."(119쪽) 자본주의에서 경제 활동과 성공과 물질적 획득은 그 자체가 목적이 되는데, 이러한 '인간을 초월한 목적'에 자신을 이토록 기꺼이 바치도록 마음의 준비를 시킨 것이 프로테스탄티즘이었다는 것이다. 그리고 자본주의가 개인에게 가져다준 새로운 자유는 프로테스탄티즘의 종교적 자유가 이미 개인에게 미친 영향을 더욱 강화시켰다.

그 결과의 반대 측면에서 개인은 더 외로워지고 고립되고, 자기 외부에 있는 압도적 힘에 조종되는 하나의 도구가 되었다. 이 근본적인 불안을 드러내지 않도록 도와주는 요소들이 재산의 소유, 명성과 권력, 가족, 때로는 민족적·계급적 자부심 등이다. 그러나 고독감, 두려움, 당혹감은 그대로 남는다. 사람들은 '무엇으로부터의 자유'라는 무거운 짐을 계속 짊어질 수는 없다. 소극적인 자유에서 적극적인 자유로 나아가지 못하면, 아예 자유로부터 도피하려고 애쓸 수밖에 없다.

도피의 메커니즘

고립된 개인의 불안에서 비롯된 도피의 메커니즘으로 프롬은 권위주의, 파괴성, 자동인형적 순응을 든다. 권위주의는 인간이 개체적 자아에 결여된 힘을 얻기 위해 자신의 개체적 자아의 독립성을 포기하고 자기 이외의 어떤 사람이나 사물과 자신의 자아를 융합시키는 경향과 관련되어 있다. 보통 피학적 충동과 가학적 충동으로 표현된다. 권위란 어떤 사람이 재산이나 신체적 자질처럼 '가지고 있는' 것이 아니라, 어떤 사람이 다른 사람을 자기보다 우월한 존재로 우러러보는 인간관계를 가리킨다. 외적 권위뿐만 아니라 근대사회에서는 의무, 양심 등과 같은 내면화한 권위의 통치가 특징적이다.

다음으로 파괴성은 '실현되지 않은 삶의 소산'이다. 삶을 억압하는 개인적·사회적 조건은 파괴에 대한 열정을 만들어내고, 그것이 축적되어 특별한 적대적 경향을 키우는 원천을 이룬다. 종교개혁 시대에는 중산층의 적개심이 널리 퍼져 있었다면, 프롬 당시는 '하류 중산층의 파괴성'이 나치즘 대두에 중요한 요인이 되었다. 나치즘은 바로 그 파괴적 충동에 호소했고, 적에 대한 싸움에 그 충동을 이용했다. 하류 중산층이 가진 파괴성의 뿌리는 개인의 고독과 확장성의 억압이다.

마지막으로 자동인형적 순응automation conformity은 사회적으로 가장 중요한 의미를 지닌다. 개인은 자기 자신이기를 그만둔다. 그리고 문화적 유형이 그에게 제시한 성격을 그대로 수용한다. 따라서 그는 모든 타인과 똑같아지고, 타인들이 그에게 기대하는 모습과 똑같아진다. '나'와 외부 세계의 차이는 사라지고, 더불어 외로움과 무력함을 두려워하는 의식도 사라진다. 근대사회에서 개인이 자동인형화한 것은 보통 사람의 무력감과 불안감을 증대시켰다. 그래서 사람들은 안전을 보장해 주고 회의懷疑에서 자신들을 구해 주겠다고 나서는 '새로운 권위'에 기꺼이 복종할 준비가 되어 있었다.

나치즘의 심리

프롬에 따르면, 나치즘은 심리적인 문제지만 심리적 요인 자체는 사회경제적 요인에 의해 형성된다고 한다. 그리고 나치즘은 경제적이고 정치적인 문제지만 그것이 전체 국민에게 행사하는 지배력은 심리적 근거에서 이해되어야 한다고 보았다. 수백만 국민에게 히틀러 정부는 '독일'과 동의어가 되었다. 나치 이념, 즉 지도자에 대한 맹목적 복종, 인종적·정치적 소수파에 대한 증오, 정복과 지배에 대한 열망, 게르만족과 북유럽 인종에 대한 예찬 등은 엄청난 감정적 호소력을 가지고 있었다. 나치 이념은 특히 그들의 삶이 경제적·심리적으로 결핍의 원리 principle of scarcity에 바탕을 두고 있는 하류 중산층에게 매력적이었다. 독일 내의 인종적·정치적 소수파, 그리고 결국에는 몰락해 갈 게 뻔하다며 다른 나라들을 가학의 대상으로 삼아 대중을 만족시킨다. 히틀러와 그의 관료들은 독일 대중에 대한 지배력을 누리고, 대중 자신은 타민족에 대한 지배력을 누리며 세계 지배의 야망을 불태우도록 교육받는다. 이념이 약속한 것을 정치적 실행이 실현해 주었다.

나치의 이념과 실천은 일부 국민의 성격 구조에서 생겨나는 욕망을 만족시키고, 지배와 복종을 즐기지는 않지만 인생과 자신의 결단과 그 밖의 모든 일에 대한 믿음을 포기하고 체념한 사람들에게는 방향과 위치를 알려준다. 이러한 문제는 '한 가지의 근본적인 진리', 즉 "윤리적 원칙이 국가의 존재보다 위에 있으며, 개인은 이 원칙을 지킴으로써 과거·현재·미래를 통하여 이 신념을 공유하는 사람들의 공동체에 속할 수 있다"는 진리가 승리를 거두었을 때 근본적으로 해결될 수 있는 것이다.

자유와 민주주의

프롬은 근대 민주주의가 모든 외적 제약으로부터 개인을 해방시켜 진정한 개인주의를 달성했다는 통념은 틀렸다고 말한다. 사상을 표현할 권리는 우리가 사상을 가질 수 있을 경우에만 의미가 있다는 것이다. 외적 권위로부터 부여받은 자유는 우리의 내적 심리가 자신의 개성을 확립할 수 있는 상태일 때만 지속적인 성과가 된다.

근대인은 자기가 무엇을 원하는지 알고 있다는 환상 속에서 살고 있지만, 프롬이 보기에 사실 그들은 '의당 원할 것 supposed to want'을 원할 뿐이다. 근대 역사의 진행 과정에서 교회의 권위는 국가의 권위로 교체되었고, 국가의 권위는 다시 양심의 권위로 교체되었으며, 오늘날에는 양심의 권위가 다시 순응의 도구인 '상식과 여론'이라는 익명의 권위로 교체되었다. 우리는 자기 의지를 가진 개인이라는 환상 속에 살고 있는 자동인형이 되어버렸다. 자기가 살고 있는 세계와의 진정한 관계를 잃어버렸다. 자아와 정체성의 상실은 오히려 남들과 '다르기'를 바라며 개성이라는 개념에 필사적으로 매달리게 한다.

> 지도자가 흥분을 약속하고 개인의 삶에 의미와 질서를 준다는 정치적 기구와 상징을 제시하기만 하면, 어떤 이념이나 지도자도 기꺼이 받아들이는 것, 그것이 바로 우리 문화를 토대로부터 위협하는 위험이다. 자동인형 같은 인간의 절망은 파시즘의 정치적 목적을 키우기 좋은 비옥한 토양이다.
>
> 263~264쪽

인간이 사회를 제어하고 경제 기구를 인간의 행복이라는 목적에 종속시킬 때만, 또한 인간이 사회 과정에 적극적으로 참여할 때만 인간은 지금 자신을 절망에 빠뜨리고 있는 고독의 무력감을 극복할 수 있다. 인간은 오늘날 가난에 시달리기보다는 오히려 큰 기계의 톱니나 자동인형이 되어버렸다는 사실, 삶이 공허해지고 무의미해졌다는 사실 때문에 괴로워한다. 민주주의가 후퇴하지 않고 공세를 취하여 지난 수백 년 동안 자유를 위해 싸운 사람들이 목표로 삼았던 것을 실현해야만 권위주의 체제를 이길 수 있을 것이다. 민주주의는 인간 정신이 가질 수 있는 가장 강한 하나의 신념, 생명과 진리에 대한 신념, 그리고 개체적 자아의 적극적이고 자발적인 실현으로서의 자유에 대한 신념을 사람들에게 심어줄 수 있어야 갓 스무 살의 청년이 『자유로부터의 도피』를 비판적으로 수용하기에는 배경지식도 비판적 인식 능력도 부족했다. 이 책을 제대로 이해하기 위해서는 프로이트와 마르크스라는 배경지식은 물론이고, '근대'의 역사적 전개, '근대인'에 대한 이해, 정신분석학의 기본 용어와 지식 등이 필요했지만, 많이 부족했다. 당대의 우리는 그러나 이 책을 통해서 크게는 한국의 유신 독재체제를 유지해 주는 동력과 근대사회가 안고 있는 근본적인 문제점, 작게는 독재의 선전·선동에 담긴 동학dynamics 등을 이해할 토대를 얻을 수 있었다. 그리고 개인적으로는 당시 기독교 정체성을 강하게 갖고 있던 사람으로서 기독교 신앙에 대한 고민과 비판적 지평을 갖게 된 것도 큰 성과였다.

　『자유로부터의 도피』는 이제 고전이 되었고, 고전은 현재에도 의미가 있고, 또한 질문을 던진다. 이 글을 위해 한글과 영문으로 다시 한번 정독하는 과정에서 얻은 것이 많았다. 과연 고전이었다.

154

내 영혼을 깨운 책들

『서양사 총론』

차하순

하석태

1976년 경희대학교 영문학과에 입학했다.
경희대학교 경영학과에서 경영영어를
가르쳤고, 코레일네트웍스에서
교통사업본부장과 대표이사를 역임했다.

1970년대 한국은 박정희 유신 독재하의 엄혹한 시대였다. 76학번인 나는 입학과 동시에 선배들 권유로 의식화 독서 모임에 가입했다. 그때 처음으로 큰 충격을 받고 의식 전환을 하게 된 책이 E. H. 카의 『역사란 무엇인가』와 리영희 교수의 『전환시대의 논리』였다. 다른 민주화운동 인사들과 비슷했을 것이다.

경희대학교 민주화운동의 역동성과 조직과의 운명적 인연을 숙명으로 수용한 결과 나 역시 1978년 9월에 유신 반대 및 긴급조치 9호 위반으로 영어의 몸이 되었고 감방에서 만난 훌륭한 감방 동지들의 영향으로 의식화는 더욱 심화되었다. 또한 성동구치소 입감 후 동지들의 도움으로 차하순의 『서양사 총론』을 접했다.

당시는 박정희 정권의 국가주의적 근대화 논리가 절정에 이르렀을 때로, 이미 1975년에 박정희는 긴급조치 9호를 발동해 헌법을 정지시켰으며 모든 사상적 비판이 금지되었다. '자유'라는 단어 자체가 검열 대상이 되었던 그 시기, 감방에서 맞이한 『서양사 총론』*의 서문은 신선한 청량제였다. "근대의 진보는 인간의 해방이 아니라 인간의 자기 소외를 낳았다."(서문) 차하순은 자유주의를 서양사 전체를 관통하는 핵심 개념으로 보았다. 그는 자유주의를 "인간이 역사 속에서 스스

---

* 차하순, 『서양사 총론』, 일조각, 1973. 이후 이 책은 『새로 쓴 서양사 총론 1·2』(탐구당)로 개정판이 나왔으나, 이 글의 인용문은 원래 책을 따랐다.

로 주체로 세운 사상적 성취"라고 했다.

> 근대의 자유는 개인의 해방을 의미했으나, 그것은 타인의 자
> 유를 억압하는 제도로 진화하였다. 『서양사 총론』, 310쪽
> 이성은 신을 몰아냈으나, 인간 자신을 신의 자리에 앉히지 않
> 았는가? 위의 책, 260쪽

차하순은 칸트의 'Sapere aude(감히 알려고 하라)'를 인용하면서 계몽주의를 근대 자유주의의 기초로 보았다. 이러한 진술은 70년대 당시 산업 근대화와 냉전주의, 군부 독재로 압축된 한국 사회의 고뇌하는 지식인들에게 큰 희망을 제시했다고 본다. 차하순이 강조했던 부분은 '이성의 해방'이었다. 계몽주의는 인간을 교회와 전통의 속박으로부터 해방시켰지만 새로운 합리적 독재를 낳았다. 자유는 이성을 통해서 확장되었지만 이성은 곧 체제의 독재로 바뀌었다.

> 자유란 무질서한 방종이 아니라 스스로의 한계를 인식하고
> 그것을 넘어서는 인간적 결단이다. 위의 책, 472쪽

이 말은 바로 박정희 정권이 국민들에게 계속해서 강조했던 '유신은 한국적 민주주의'라는 신파시즘 독재와 상반된 논리였다고 본다. 따라서 차하순은 당시에 나를 포함한 민주화 운동권에게, 우리에게 자유는 '스스로 받는 것'이 아니라 '스

스로 깨닫고 행하는 것'이라는 철학을 갖게 했다. 차하순이 "인간은 자유를 통해 자기 자신을 만든다"(478쪽)라고 한 말은 감옥에서 지쳐 잠들어 있는 나의 영혼을 깨우는 언어였다.

차하순의 『서양사 총론』은 단순히 유럽 중심의 역사 흐름을 나열하는 데 그치지 않고, 서양의 사상, 제도, 문화의 발전이 동아시아, 특히 한국 근대 및 현대사의 전개와 어떻게 상호작용했는가를 암묵적으로 또는 명시적으로 연계하려고 시도한다. 예를 들면 서양 근대사상(계몽주의, 자유주의, 민족주의 등)이 한국 근대화 과정에서 수입되고 재해석된 방식을 염두에 두고 '모델로서의 유럽'과 그 한계, 즉 유럽 중심주의나 보편화의 위험을 경계하는 관점을 보인다. 특히 식민주의와 제국주의 확장 과정은 한국에 직접적인 영향을 미쳤다. 20세기 중반 이후 형성된 세계자본주의 체제, 냉전 구조, 탈식민 국가들의 현대화 문제 등은 유럽 중심으로 설명될 수 없으며, 차하순은 유럽사를 현대 세계사 속 맥락에서 다시 조망하려고 시도한 것으로 보인다.

차하순은 1970~80년대 한국의 민주화운동 시기, 지식인으로서 일정한 영향력을 행사했고 그의 『서양사 총론』도 민주화운동에 간접적으로 영향을 주었다고 생각한다. 그는 역사학자로서 과거를 단순히 기술하는 데 머무르지 않았고 지식인으로서 현실 참여와 비판적 성찰을 강조했다. 그 일환으로 『역사와 지성』 같은 저술을 통해 사회문제를 다루었고, 1980년대에는 '지식인 105인 선언' 등에 참여하기도 했다. 이러한 태도는 학자들과 학생들에게 "역사는 단순한 과거의 기술이 아니다. 현재와 미래를 반성하고 비판적으로 성찰하는 도구가 될 수 있다."는 메시지를 주었다고 생각한다.

『자유부터의 도피』를 통해 본 『서양사 총론』

수감 전 독서 모임에서 일독한 에리히 프롬 Erich Fromm의 『자유로부터의 도피』가 차하순의 『서양사 총론』과 심층적인 맥락이 동일해서 놀라웠다.

> 자유는 고독과 불안을 낳는다. 인간은 그 불안을 견디지 못해 다시 권위와 체제 속으로 숨어든다.
>
> Erich Fromm, 『Escape from Freedom』 p.28 *

나중에 에리히 프롬의 『자유로부터의 도피』가 근대 인간이 경험하는 실존적 불안과 자유의 역설을 분석한 고전이라는 것을 배웠다. 프롬에 따르면, 근대인은 종교적 권위와 신분 질서로부터 해방되었지만, 동시에 '고립'과 '불안'이라는 자유를 감당하지 못해 다시 권위와 체제에 복속되려는 경향을 보인다는 것이다. 차하순은 이 현상을 역사적인 차원에서 설명한다.

근대의 시민들은 절대왕정에서 자유를 쟁취했지만 자본과

* Erich Fromm, 『Escape from Freedom』, Farrah & Rinehart, 1941

새로운 권위에 종속되었다. 민초들은 자유를 획득한 순간, 스스로 만든 체제의 노예가 되었다.　　　　　『서양사 총론』, 34쪽

차하순이 제시하는 자유의 개념은 프롬의 심리학적 분석을 역사철학적 차원으로 확장시킨다. 그는 "자유는 역사적 존재로서의 인간이 자기 실존을 자각하고, 시대의 구조를 새롭게 해석하려는 의지의 표현"(『서양사 총론』, 219쪽)이라고 말한다. 차하순의 자유에 대한 역사적 변증법이다. 프롬은 내면적 도피를 심리적 관점에서 접근했지만, 차하순은 그 도피가 "사회적 구조 속에서 재생산되고 있다"고 규명한다. "역사란 자유의 확장과 수축의 반복"(『서양사 총론』, 487쪽)이라는 것이다. 이 점에서 차하순의 역사관은 프롬의 실존적 자유론을 넘어, 역사를 재구성하는 인간 의식의 창조성을 강조한다고 본다.

프롬은 『자유로부터의 도피』에서 파시즘의 등장을 '자유의 공포에 대한 집단적 반응'으로 분석한다. 자유를 감당하지 못하는 대중은 강력한 지도자에게 자신을 위탁함으로써 심리적 안정을 얻는다는 것이다. 이 분석은 놀랍게도 1970년대 한국의 유신 체제에 그대로 들어맞는다. 박정희 정권 아래에서 산업화와 근대화는 진행되었지만, 시민들은 권력에 대한 비판적 자유보다는 체제 순응을 선택했다. 차하순은 이를 직접 언급하지는 않았지만 "근대의 이성은 종종 권력의 도구가 된다"(『서양사 총론』, 118쪽)라고 비판한다.

그러나 차하순은 자유를 단순히 체제 비판의 수단으로 보

지는 않았다. 그는 인간의 자유가 내적 성숙을 전제로 하지 않으면, 다시 억압을 재생산할 수 있다고 경고한다.

> 자유는 자기 자신에 대한 통찰에서 출발한다. 자기의 한계를 모르는 자는 타인의 억압을 재현한다. 『서양사 총론』, 228쪽

이 구절은 나를 포함한 70, 80년대 민주화운동 세대에게 깊은 울림을 주었다고 생각한다. 운동이 체제 비판을 넘어서 자기비판의 윤리를 내면화해야 한다는 인식이 바로 여기서 비롯되었다. 즉 차하순의 『서양사 총론』은 프롬의 '심리학적 해방'에서 '역사적 실천'으로 확장된 저작이었다.

『역사란 무엇인가』를 통해 본 『서양사 총론』

E. H. 카의 『역사란 무엇인가』*를 읽으면서 가장 감명받은 구절은 아마도 대다수 독자가 비슷할 것이다.

> 수많은 사람이 시저보다 먼저 루비콘강을 건넜고 그 이후에도 수많은 사람이 그 강을 건넜다. 그러나 시저가 한 일은 역사를 만들었다.
> Millions of people had crossed the Rubicon before Caesar did, and millions have crossed it since, but what Caesar did made history. E. H. Carr, 『What is History?』, p.13

* E. H. Carr, 『What is History?』, Macmillan, 1961

카는 '역사적 사실 historical fact'과 '사건으로서의 사실 fact as event'을 구분한다. 즉 수많은 사람이 루비콘강을 건넜지만, 시저가 건넌 일이 역사로 남은 이유는 해석과 의미 부여 때문이라는 뜻이다. 그는 다음과 같이 설명한다.

> 역사가가 사실을 불러낼 때만 사실들은 비로소 입을 연다. 어떤 사실에 발언권을 줄지, 어떤 순서나 맥락으로 제시할지는 역사가가 결정한다.
> The facts speak only when the historian calls on them. It is he who decides to which facts to give the floor, and in what order or context. E. H. Carr, 『What is History?』, p.12

역사가가 역사적 가치를 인정하는 것만이 역사적 사실로 등재된다는 것이다. 차하순도 『서양사 총론』에서 역사적 사건이 단순한 '사실의 축적'이 아니라, 그 사실에 인간의 의식이 의미를 부여하는 행위임을 강조한다. 이는 카의 루비콘강 비유와 매우 유사한 문제의식이다.

> 사건 자체는 역사가 아니다. 인간이 그 사건 속에서 어떤 의미를 발견하고, 그것을 통해 새로운 방향을 설정할 때 비로소 역사가 된다. 『서양사 총론』, 22쪽
> 역사는 일어난 일의 나열이 아니라, 인간 스스로의 존재를 인식하고 미래를 향해 남기려는 정신의 기록이다. 위의 책, 23쪽

카가 '역사란 해석의 산물이다'라는 논지를 제시한 것이라면, 차하순은 한 걸음 더 나아가 '그 해석의 주체는 자유를 지향하는 인간'이라는 윤리적 의미로 확장한다.

『서양경제사론』을 통해 본 『서양사 총론』

옥중에서 『서양사 총론』에 이어서 감방 동료의 도움으로 바로 최종식 교수의 『아세아적 생산양식』과 『서양경제사론』*을 읽을 수 있었다. 『서양경제사론』은 특히 경제구조, 생산양식, 자본주의 발전 등을 중심으로 유럽 및 세계 경제사를 기술해 많은 도움이 되었는데, 앞서 읽은 『서양사 총론』이 중요한 기초 양식이 되었다.

『서양경제사론』은 경제 중심 접근법이기 때문에 정치, 사회, 문화, 사상을 다룬 『서양사 총론』과 방법론적 차이가 뚜렷했다. 차하순은 인간을 '환경에 적응하는 존재'가 아니라 '자유와 이성으로 세계를 재구성하는 존재'로 파악했다. 이와 달리 최종식은 "경제구조가 인간의 사상과 제도를 규정한다"라며 구조적인 역사 해석을 견지한다.

차하순은 중세를 '암흑기'로 보지 않고 오히려 신 중심의 질서 속에서 이성적 탐구의 씨앗이 자랐다고 평가한다. 최종식은 이와 다르게 봉건제의 생산양식과 잉여노동의 배분 구조를 자본주의 이행의 준비 과정으로 분석한다. 르네상스에 대해서도 차하순은 르네상스와 종교개혁을 인간이 신의 영역을

     * 최종식, 『서양경제사론』, 법문사, 1976

차지한 새로운 시대적 변혁으로 보지만, 최종식은 상업자본의
윤리적 합리화와 부르주아 계층의 형성 과정으로 해석한다.

르네상스는 중세적 신 중심이 인간 중심의 세계로 전환된 시
기였다. 『서양사 총론』, 120쪽

르네상스는 단순한 문화부흥이 아니라 화폐 경제의 발달과
도시 중심의 회복의 결과이며 생산양식의 변동을 가져왔다.
최종식, 『서양경제사론』, 141쪽

또한 차하순은 프랑스혁명을 근대 시민사회 형성의 결정
적 계기, 이념의 현실화로 파악했고, 최종식은 경제구조의 정
치적 표현으로 서술하였다.

프랑스혁명은 근대 자유주의가 정치적 실체로 구현된 사건
이다. 자유, 평등, 박애의 구호는 구체제 질서를 무너뜨리고
근대 시민사회의 이념을 제도화하였다. 『서양사 총론』, 320쪽

프랑스혁명은 봉건적 생산양식과 특권적 조세제도의 해체를
통해 시민사회와 시장경제의 제도화를 가속화시켰다.
최종식, 『서양경제사론』, 330쪽

최종식의 『서양경제사론』은 차하순의 역사철학을 경제구

조 분석으로 확장한다. 차하순이 '자유의 실천'을 강조했다면 최종식은 경제체제, 특히 자본주의가 인간의 자유를 어떻게 제약하는지 분석한다. 그는 자유를 '경제체제와 사회질서가 개인에게 허용하는 활동의 범위'로 정의하면서, 자유의 물질적 조건에 주목한다. 즉 인간의 자유는 정신적 의지 이전에 경제적 토대의 변동에 따라 규정된다는 것이다. 이와 달리 차하순은 자유를 물질적 조건의 산물로 한정하지 않는다. 그는 "경제가 인간의 조건이라면, 자유는 그 조건을 초월하려는 인간의 정신"(『서양사 총론』, 247쪽)이라고 말한다. 차하순에게 자유는 구조의 결과가 아니라 구조를 변화시키는 힘이었다.

최종식은 산업혁명 이후의 경제사에서 '자유의 제도화'를 강조한다. 그는 "시장경제의 자유는 인간의 자유를 확대했지만 동시에 물화materialization시켰다"(『서양경제사론』, 31쪽)라고 썼다. 이 대목은 차하순이 지적한 "근대의 자유가 인간을 사물로 만든다"(『서양사 총론』, 112쪽)라는 진단과 정확히 호응한다. 그러나 두 사람의 결론은 다르다. 최종식은 구조의 개혁, 즉 경제체제의 민주화를 통해 자유를 회복해야 한다고 주장하는 반면, 차하순은 인간의 도덕적 자각을 통해 자유를 갱신해야 한다고 말한다.

『전환시대의 논리』를 통해 본 『서양사 총론』

리영희는 서양 근대를 '문명의 이름을 쓴 폭력의 체제'로 보았다. 『전환시대의 논리』*에서 그는 베트남전쟁과 냉전 질서를 '근대 문명의 자가당착'이라 분석한다. 서양의 이성은 인류 보편의 가치를 약속했지만, 그 실체는 타자에 대한 지배, 즉 식민주의와 제국주의의 합리화 장치로 기능했다고 본 것이다. 그는 이를 '이성의 제국화'라고 부른다.

> 서양 문명의 중심은 기술이 아니라 폭력이다. 폭력은 합리성의 가면을 쓰고 인류를 지배한다.
>
> 리영희, 『전환시대의 논리』, 85쪽

리영희는 '근대를 넘는 새로운 문명'의 가능성을 아시아적, 비서구적 인간주의에서 찾는다. 그는 마오쩌둥의 인민사상, 프란츠 파농의 탈식민주의 이론, 간디의 비폭력 철학 등에서 '인간 중심 문명'의 대안을 모색한다. 리영희의 근대 비판은 단순한 이념 대립이 아니라 문명사적 전환의 요구였다. 그는 "한국이 서구적 근대 담론을 해체하고 서구적 근대의 종속국이 아닌 독자적 문명 주체로서 서야 한다"고 주장한다. 이 사상은 1970년대 학생운동과 '의식화 담론'에 결정적 영향을 주었다. 특히 그의 글은 '지식인의 참여와 저항'이라는 지성의 새로운 윤리를 정리했다고 본다.

차하순은 '인간의 내면적 성숙을 통한 인간의 회복'을, 리영희는 '문명 질서의 전환을 통한 인간의 회복'을 주장한다. 특히 내가 리영희 교수의 『전환시대의 논리』에서 가장 감

---

*리영희, 『전환시대의 논리』, 창작과비평, 1974

명 받았던 것은 1965년과 1977년에 발생한 뉴욕 대정전 사태와 1970년대 초 중국 대지진 사건을 비교한 두 나라의 사회상이었다. 대정전은 고도로 발전된 자본주의 문명사회가 얼마나 불안정한 도덕적 기반 위에 서 있는가를 보여준 사건이었다. 전기가 끊기자 인간의 양심마저 소등되었다. 리영희는 서구 문명이 만들어낸 번영의 이면에 깔린 도덕적 공백과 개인주의의 광기를 날카롭게 지적하는 한편, 같은 시기 사회주의 체제 하에서 인간관계의 연대와 도덕성을 대조했다.

> 불과 몇 시간의 정전 속에서 뉴욕이라는 거대 도시가 순식간에 약탈과 폭력의 장으로 변했다. 평소의 질서와 법의식은 전기의 공급이 끊어지자 함께 사라졌다.
>
> 리영희, 『전환시대의 논리』, 272쪽

> 중국의 어느 지역에 큰 지진이 닥쳤을 때, 사람들은 거리로 뛰어나오면서 먼저 이웃의 안부를 살피고, 공공건물을 보호하며, 질서 있게 구호활동에 나섰다. 위의 책, 275쪽

리영희는 "중국민들이 앞으로 코카콜라의 맛을 알게 되는 시기가 온다면 미국 뉴욕의 대정전 사태 시의 혼돈과 무질서의 시대가 도래할 것이다"라고 예언했다. 그가 언급한 모습이 중국에서 현재 많이 목도됨은 역사의 아이러니다. '문명의 진보란 기술의 진보가 아니라 인간관계의 도덕적 성숙'이라는 결론은 차하순의 『서양사 총론』이 이야기하는 바와 같다.

168

『숨막히는 기업 경영 이야기』를 통해 본 『서양사 총론』

일생 가장 자랑스러운 나의 경력은 학사 학위로, 그것도 학생 운동으로 정상적인 4년 수학 기간의 50퍼센트 정도만 영문학과에 재학했던 경력으로, 경희대학교 경영학과에서 10여 년간 경영영어 겸임교수를 지낸 경험이다. 당시 경영대학장께서 학생들의 토익 점수를 높이고자 실무 경험이 많은 경영영어 교수를 모집한 덕분이었다.

그 당시 수업에서 로버트 하틀리 교수의 세계 유수 기업의 경영 사례를 주교재로 다뤘다. 훗날 『숨막히는 기업 경영 이야기』*로 번역되어 나온 책인데, 학생들과 함께 원서 강독 방식으로 읽어 나갔다. 그 당시 우리가 공부했던 로버트 하틀리의 책을 『서양사 총론』과 비교해 본다.

하틀리는 경영 조직의 성공과 실패 사례를 다루면서 리더의 조직에 대한 잘못된 판단, 과도한 중앙 집중, 책임 회피 같은 주제를 다룬다. 그 책 서문에 나온 구절을 소개한다.

> 실수와 성공 사례에 집중함으로써 이 책은 비즈니스 실무자들이 훌륭한 비즈니스 리더가 되는 법을 배우도록 돕는다.
> by focusing on the mistakes and successes, this book helps business professionals learn how to become great business leaders.
>
> Hartley, 『Management Mistakes and Successes』, 'preface'

* Robert F. Hartley, 『Management Mistakes and Successes』, Willy, 2008

하틀리는 리더가 과오를 숨기지 말고 학습해야 한다고 강
조한다. 차하순의 자유론에서 인간이 자기 내면의 잘못을 직
면하고 반성하는 태도를 자유의 본질로 보고 있는 것과 일맥
상통한다. 차하순은 "과거의 오류를 부정하거나 회피하려는
인간은 자유를 상실한다"는 관점을 견지한다. 그에게 자유는
단순한 권리 행사가 아니라, 자기 오류에 대한 인식과 반성을
통한 성장 과정이다.

하틀리의 접근이 외부 조직 현상의 패턴을 찾는 것이라면,
차하순의 접근은 내부 인간 존재의 조건을 찾는 것이다. 따라
서 하틀리의 문구는 조직적 학습론의 맥락에서 나온 것이지만,
차하순의 자유론에 견주면 "인간은 자신의 삶에서 실수와 성
공 사례를 통해 자유를 성찰해야 한다"는 논리로 이어진다.

훌륭한 비즈니스 리더는 실수를 하지 않으려고 노력하는 것
이 아니라, 실수로부터 배우기 위해 노력한다.
Great business leaders don't manage to avoid mistakes.
They manage to learn from them.

Hartley, 『Management Mistakes and Successes』, 'preface'

자유를 단순한 선택 권리로 보지 않고, 자기 오류에 대한 성찰
과 책임의 실천으로 본다. 자유는 주어진 상태가 아니라, 실패
를 통해 성숙해 가는 인간의 역사적 자기 인식 과정이었다.

『서양사 총론』, 472쪽

170

　60, 70, 80년대 한국은 서양의 300여 년 경제, 정치, 문화, 사회의 변화를 30여 년으로 압축한 시기였다. 거기에 군사 독재 정권의 억압이 동시에 작용했기에 『서양사 총론』과 『역사란 무엇인가』, 『서양경제사론』, 『자유로부터의 도피』, 『전환시대의 논리』와 같은 책들이 한국의 지성인들에게 미친 영향력은 지대했다고 본다. 물론 나에게도 절대적인 영향을 끼쳤다. 특히 차하순의 『서양사 총론』은 단순한 역사 개설서가 아니었다. 1970년대의 대학가에서 이 책은 '자유를 철학적으로 이해하는 교양의 교본'으로 읽혔다.

　긴급조치 9호와 유신 체제하에서 '자유는 외부로부터 주어지는 것이 아니라, 내면적 각성과 실천을 통해 획득되는 것'이라는 차하순의 주장은 당시 학생과 지식인에게 깊은 감동을 주었다. 프롬의 『자유로부터의 도피』가 심리적 저항의 언어를 제공했다면, 차하순의 책은 역사적, 사회적 저항의 언어를 제공했다. 하틀리가 말한 '실패에서 배우는 조직'이 기업의 생존 원리였다면, 한국 민주화운동에서 '실패 속에서도 배우는 민중'은 역사적 생명력의 원리였다.

　이런 사유는 1980년 광주항쟁 이후 6월항쟁과 박근혜, 윤석열 탄핵 촛불집회의 지성적 기반으로 이어졌다. 결국 차하순, E. H. 카, 에리히 프롬, 최종식, 리영희, 하틀리는 각기 다른 영역에서 같은 문제를 다루었다. 그 핵심은 실패와 자유의 변증법이다.

여성운동가의 길을 걷다

『여성론』

아우구스트 베벨

강남식

1976년 성균관대학교 가정관리학과에
입학했다. 성균관대학교 대학원에서 사학
전공으로 박사 학위를 받았다.
(사)한국여성연구소 소장 및 이사,
한국양성평등교육진흥원 교수, 해양경찰청
양성평등위원회 위원장을 지냈다.

대학 입학식도 하기 전에 새문안교회 대학부에 먼저 들어가게 되었다. 1년 재수한 뒤 대학 입학을 앞두고 있던 1976년 2월경 고등학교 때 친구가 "너한테 딱 맞는 곳이 있다"며 데리고 간 곳이었다. 난 그 친구가 고등학교 시절 입시 공부는 하지 않고 도서관에서 문학과 우주 관련 책에 파묻혀 지냈던 것을 알았기에 독서 모임을 하는 곳에 데려간 거로 생각했다. 어두컴컴한 지하 계단을 내려간 곳에 있던 새문안교회 대학부 세미나실에는 30여 명 가까운 대학생들이 옹기종기 모여 토론하고 있었는데 알 수 없는 열기로 가득 차 있었다.

유신 치하에서 대학은 숨죽이고 있었고, 물리나 우주에 관한 공부를 하고 싶었으나 삼수는 할 수 없어서 택한 가정관리학은 내 관심 밖이었다. 대학은 정말 재미가 없었다. 나는 빠른 속도로 새문안교회 대학부의 심각하고 열정적인 분위기에 빠져들었다. 3월 말이 되었을 때 선배들이 연희동 빈민 야학을 권해 야학 교사가 되었다. 연희동은 지금은 부촌이나 1970년대만 하더라도 연희동 서북쪽에서 홍제천 방향으로 내려가는 지역과 홍제동이나 북가좌동에 맞닿은 언덕은 달동네로 유명했다. 그곳에서 가난 때문에 배움의 기회를 빼앗긴 아동·청소년들 대상으로 야학이 운영되고 있었다.

당시 야학은 운동권 신입생들의 오리엔테이션 과정이기도 했다. 내가 합류한 지 얼마 되지 않아 야학을 주도한 선배들이 학내 문제로 잠수를 타게 되면서, 나는 일주일에 서너 번씩 야학에 가서 살다시피 했다. 그때는 연희동 빈민촌이 철거되기 시작한 무렵이었지만 한편에서는 여전히 사람들이 살고 있었다. 야학생 중에는 야학 교사인 대학부 여학생의 국민학교(초등학교) 동창도 있었다. 내가 부모님께 응석이나 부리고 있었을 나이에 이미 가족의 생계를 책임지느라 공장에 다니는 아이들은 이제 살고 있던 무허가 판잣집에서도 쫓겨날 처지였다.

우리 집은 아버지가 지방 국립대 교수로 4남매를 서울을 비롯한 대도시로 대학 이상까지 보내느라 근검절약이 몸에 밴 생활을 했으나, 빈곤하지는 않았다. 연희동 빈민촌 주민들은 문짝도 맞지 않고 벽이 허물어진 집에서 제대로 씻지도 먹지도 못하며 살았다. 그래서 야학에 갈 때마다 과자나 뭐든 먹을 것을 가져가곤 했는데, 이를 본 선배가 공부하는 야학인데 다른 이유로 오게 하면 안 된다며 주의를 주었다. 그다음부터는 빈손으로 갔다. 그러나 배고픈 아이들의 얼굴을 보는 것은 괴로운 일이었다. 더구나 같은 국민학교에 다녔으나 한 사람은 대학생이 되어 야학 교사로, 다른 한 사람은 중학교도 못 가고 공장과 남의집살이를 다니다 야학생으로 만나는 현실은 기가 막혔다.

새문안 대학부에서는 1학년 신입생 대상 학습 세미나에서 카E. H. Carr의 『역사란 무엇인가』, 리영희 선생의 『전환시대의 논리』 등의 책과 『창작과 비평』에 실린 글을 읽고 토론하게 했다. 먼저 올바른 역사의식을 기르고 한국 정치와 경제 현실을 파악하게 하려는 것이었다. 학습 세미나를 하면서 개인의 빈곤도 개인의 잘못이라기보다 불평등한 사회구조에 기인한다는 인식을 하게 되었다. 한번 빈곤의 덫에 빠지면 그 굴레에서 벗어나기 힘들다는 것도 알게 되었다.

점차 학교는 뒷전이고 야학과 새문안 대학부 생활이 내 삶의 중심이 되었다. 그 흔한 미팅도 과대표가 펑크 났다고 사정해 한 번 나간 것이 다였다. 2학기가 되면서부터는 수업도 점점 빠지고 학교는 시험 칠 때나 가는 정도였다. 그러나 '앞으로 어떻게 살아야 하나'라는 실존적 고민은 점점 커졌다. 1학년 말쯤으로 기억하는데 우리 학교의 누군가로부터 기독 학생 모임을 한다고 나오라는 연락을 받았다. 당시 각 교회에 소속되어 활동하던 운동권 학생들은 서로 이런저런 행사나 모임에서 만나 안면을 익히고 연대를 만들어가고 있었다. 연희동 빈민촌은 대부분 철거되어 야학도 문을 닫을 상황이었다.

학교에서의 기독학생회 활동

2학년부터는 학교에서 기독학생회 모임을 본격적으로 시작했다. 보수적인 기독학생회를 진보적인 방향으로 이끌기 위한 전초 모임이었다. 모임은 학교 운동권 선배가 지도하는 사회과학 세미나로 시작되었다. 일주일에 한 번씩 후미진 교정에서 선배가 정해 준 책을 읽고 선배, 동료와 토론하며 '정치의식'을 높여 나갔다. 교회에서 읽던 것보다 정치적 수위가 높은 책들을 읽기 시작했다. 유물론과 사회주의, 그리고 북한에 대한 인식 등 당시로는 사회정치적 금기어이던 것들에도 접근해 갔다. 그러던 어느 날 토론 중에 내가 "그렇다면 북한이 쳐들어오면 우린 나가서 싸워야 합니까, 아닙니까?"라고 질문했다. 선배는 한참 말없이 가만있더니 "일단은 싸워야겠지"라고 답했다. 난 선배가 다른 말을 하고 싶었다는 것을 직감으로 알았다. 나의 실존적 고민은 더욱 깊어졌다.

박정희 독재는 타도해야 하지만, 북한과 사회주의를 인정한다는 것은 전혀 다른 문제였다. 반공을 국시로 알고 자란 때문이기도 했지만, 내가 어린 시절을 보낸 곳은 좌우익 갈등이 심해 피비린내가 진동하는 이야기를 전해 주는 현장도 그대로 남아 있었다. 좌익 활동을 하다 죽거나 가문이 풍비박산된 집안 사람들, 더구나 지주 딸이었던 어머니로부터 귀가 아프게 들은 토지개혁의 부당성, 6·25 전쟁 때 북한군 치하에서 완장 찬 머슴들이 벌인 무지막지한 행패 등에 대한 이야기로 내 반공의식은 잘 무장되어 있었다. 북한은 타도되어야 할 적일 뿐 같은 민족으로서의 동포애는 없었다. 머리는 복잡해졌고 이념적 갈등과 고민을 하기 시작했다.

교회 대학부 활동도 점차 흥미가 떨어졌다. 무엇보다 학내 모임에서 배우고 토론하는 내용보다 체계적이지도 지적 긴장을 불러일으키지도 않았다. 아울러 실망스러운 일들이 일어났다. 2학년 초에 교회 대학부의 임원진 교체가 있었는데, 선배들 중 열심히 활동하던 비주류 대학 출신은 제외되고 잘 나타나지도 않던 주류 대학 출신들로 자리가 채워졌다. 비주류 대학 출신 선배는 그 결정을 듣고 자리를 박차고 나갔다. 그래도 뭔가 사정이 있겠지 했는데 3학년이 되니 유사한 일이 또 발생했다. 그동안 열심히 활동한 여학생을 제치고 활동 경력도 별로 없는 1, 2학년 남자 후배들이 중요 직책을 맡게 된 것이었다.

독재 타도와 민주화를 외치는 사람들이 전혀 민주적이지도 않았고 평등의식도 없었다. 학교 차별, 성차별 등이 별다른 문제의식 없이 일어나고 있었다. 그런 상황이 불편해 함께 활동하던 여학생 친구에게 "좀 이상하지 않니?" 하고 물었더니 "그게 뭐가 중요해. 누가 하든 열심히 활동하면 되지."라는 답이 돌아왔다. 나는 자리에 관심을 두는 사람으로 오해받을까 봐 입을 다물었다. 사실 이 시기에는 민주화를 향한 열망도 높고 민주화를 위한 희생과 헌신의 각오도 대단했지만, 여성운동이나 여성학이 등장하기 전이라는 시대적 한계로 인해 대학생뿐 아니라 진보적인 지식인들조차 대부분 성평등 의식이 낮고 전통적인 여성상이 지배적이었다.

학교에서는 선배들이 추천한 경제학 강의에 들어갔다가 쫓겨 나오기도 했다. 강의 첫날 교수가 수강신청서를 보며 호명을 시작했다. 그리고 호명된 학생들에게는 "일어서라우야"
라고 했다. 나 역시 호명되어 일어나 보니 모두 여학생이었다.
당시 수강신청서는 사진을 붙여서 제출했기에 성별을 바로 파
악할 수 있었다. 교수는 뒷문을 가리키며 "당장 나가라우야"
라고 소리쳤다. 여학생들은 우물쭈물하다 쫓겨났는데 그런 우
릴 보고 남학생들은 책상을 치며 폭소를 터트렸다. 그 교수는
여학생들한테 대학 졸업장은 혼수품에 불과하다는 편견을 갖
고 있었던 것이었다. 이런 식으로 쫓아내지는 않았으나 유사
한 일들이 다른 강의실에서도 일어났다. 지금이야 시대착오적
인 성차별 교수로 신문에 날 일이겠지만 당시에 교수는 감히
문제 제기 따위는 할 수 없는 '스승'이었다. 쫓겨난 여학생들
은 명륜당 은행나무 아래 모여 분을 삭일 수밖에 없었다. 나 역
시 씩씩대며 "아니! 여자들이 결혼하는 것과 남자들이 취직하
는 것이 질적으로 다른 게 뭐야"라며 분개했고, 친구들도 "맞
다, 맞어"라며 맞장구를 쳤으나 할 수 있는 건 없었다. 나는 졸
업 후 여성이 좋은 조건의 남자를 만나 결혼하는 것이나 남성
이 좋은 직업을 갖고 안정적으로 살아가는 것이나 소시민적
삶으로서는 똑같다고 생각하고 있었다. 당시 운동권들은 독재
타도와 민주화운동의 대의에 동참하지 않고 자신의 성공과 가
족의 안위만을 위해서 살아가는 사람을 소시민으로 폄하하고
있었다.

　나는 앞으로 어떻게 살 것인지에 관해 생각을 굳혀가고
있었다. 당시 운동권 대학생들은 졸업 전에 독재 타도와 민주

화를 주장하며 데모를 주동하거나 유인물을 뿌리고 감옥에 갔다 온 다음, '존재 이전'해 노동 현장에 들어가 노동운동을 하는 것을 하나의 코스처럼 여겼다. 나 역시 그렇게 살게 될 거로 생각하고 있었기에 연애라든가 결혼은 꿈에도 생각하지 않았다.

여학생 모임

3학년 초인 1978년 봄에 성대 역사상 처음으로 운동권 여학생 모임이 만들어졌다. 당시 성대 운동권 여학생은 소수이긴 하나 학년별로 몇 명씩은 있었다. 일단 여학생 모임은 3, 4학년 중심으로 만들어졌고, 1, 2학년은 조금 더 지켜보기로 했다. 3학년은 네 명이었으나 한 명은 문화 관련 활동을 하고 있어 제외하고 4학년 한 명 해서 총 네 명으로 시작했는데, 곧바로 4학년 선배는 바쁘다며 빠지고 3학년 세 명만 남았다. 다음 해 유신 시대 최대 공안 사건으로 알려진 조직 사건이 터지며 알게 되었지만, 4학년 선배는 그 조직에 가담해 활동하게 되어 여학생 모임과는 거리를 둔 것이었다. 같은 학년끼리만 남은 우리 셋은 지난 2년간 기회 있을 때마다 만났기에 꽤 친숙한 상태였고, 모임 결성 이후부터는 거의 매일 보다시피 했다. 학교 옆에 있던 내 자취방은 우리 모임의 아지트가 되었다.

　당시 운동권 조직은 비공식적인 비밀 조직으로 언더under 모임이라 불렀는데, 여학생들끼리의 별도 모임은 언더의 언더 모임인 셈이라 매우 조심스러웠다. 정부 비판적인 말 한마디에도 잡혀가는 살얼음판 같은 정치 상황인 데다, 여학생들만의 별도 조직은 운동권 전체 조직을 약화시키고 분열시키는 분파주의자 행태로 비난받는 실정이기 때문이었다. 우린 주기적으로 만나 여성문제를 비롯한 정치경제 관련 책들을 읽고 토론했다. 여성 관련 책으로 지금도 기억나는 것은 번역 출판된 시몬 드 보부아르Simone de Beauvoir의 『위기의 여자』(1971, 정음사), 이효재 선생이 엮어 낸 『여성해방의 이론과 현실』(창작과비평사, 1979) 등이다. 그 무렵 아우구스트 페르디난트 베벨August Ferdinand Bebel의 『여성론』을 만났다.

당시 대학내 운동권들은 한국어로 된 유물론이나 변증법 그리고 사회주의 관련 서적이 없었기에 속성으로 일본어를 배운 후 일어판 책을 복사해 돌려보며 읽었다. 나 역시 선배한테 일주일간 일본어 읽기를 배운 후 사전을 갖고 책을 읽기 시작했다. 여학생 모임에서 베벨의 『여성론』을 읽은 것도 이런 과정을 통해서였다.

베벨의 『여성론』[*]

『여성론』은 독일의 노동운동가이며 사회주의 사상가이자 사회민주당의 창시자이기도 한 베벨(1840~1913)의 저서로 1879년 『여성과 사회주의』라는 제목으로 출판되었다. 이 책은 마

---

[*] 이 책은 한국에서 두 번에 걸쳐 출판되었는데, 두 권 모두 독일어판 원서를 번역했다고 한다. 1982년 12월 한밭출판사에서 선병렬 번역으로 『여성과 사회』로 처음 나왔는데, 2부까지만 담겼다. 아마 당시 정치적 여건상 프롤레타리아 혁명과 사회주의 혁명 이후의 이상적인 사회상에 대한 3, 4부는 출판이 불가

르크스의 유물사관에 기반해, 가족사 연구의 시작으로 평가받는 바호펜Johann Jakob Bachofen의 『모권론』(1861), 인류학자 모건Lewis Henry Morgan이 '야만으로부터 미개를 거쳐 문명으로 인류가 진화해 온 과정에 대한 연구'라는 부제를 붙여 출판한 『고대 사회』(1877) 등을 비롯한 당대까지의 방대한 연구 성과를 집대성해 저술한 것이었다.

초판은 180페이지였으나 여러 차례 개정, 증보되어 최종판은 400여 페이지나 되는 책이 되었다. 마지막 개정판은 1910년 출판된 50판으로 서문도 이때 썼다고 한다. 독일에서는 1913년 베벨 생전에 53판이 출판되었고, 거의 60여 개 언어로 번역되어 국제적으로도 널리 알려진 페미니즘의 고전이 되었다. 베벨과 정치적인 입장이 다른 학자나 정치가들로부터는 악의적이라 할 만큼 신랄한 비판도 받았으나, 당시에는 출판되자마자 여성운동가들의 열렬한 환영을 받았고 독일 사회민주당의 필독서로 교과서처럼 읽혔다고 한다.

『여성론』은 유물론적인 역사관에 입각해 원시사회로부터 자본주의 체제 출현까지 인류 역사 발전 단계를, 사유재산에 기반한 여성 억압의 기원에서부터 가부장제의 출현 및 전개 과정과 결부시켜 일목요연하게 설파한 책이었다.

책은 4부로 구성되었는데, 1부는 과거의 여성, 2부는 현대

했을 것이다. 그다음 1987년 도서출판 까치에서 이순예 번역으로 3부까지 『여성론』으로 출판되었다. 한국어판 출판 전에 이미 『부인론』으로 널리 알려졌음에도 『여성론』이라고 한 데 대해 역자는, "베벨이 기혼 여성만이 아니라 여자 일반을 그의 논의와 연구의 대상으로 했기 때문"이라고 말했다. 나 역시 이런 맥락에서 일본어판으로 읽은 『婦人論』을 『여성론』으로 소개한다. 이 책의 인용은 까치글방의 『여성론』을 참고했다.

의 여성, 3부는 국가와 사회, 4부는 사회의 사회화이며, 총 30장으로 되어 있다. 1부 '과거의 여성'은 남녀 평등한 원시사회에서부터 여성 억압의 원인이라 할 사유재산 출현 이후 고대와 중세를 거쳐 18세기까지, 역사 발전 단계에 따라 가부장제가 어떻게 전개되고 시대별 특징을 갖게 되었는지에 대한 내용이다. 2부 '현대의 여성'은 자본주의 사회에서의 여성 억압과 차별의 구조와 실태를 여성의 성적 지위와 성매매, 결혼과 가족제도, 노동시장에서의 직업적 지위 등을 통해 살펴보고, 여성의 권리 획득을 위한 교육과 법적 영역에서의 투쟁, 그리고 정치적 평등권을 얻기 위한 투쟁을 다룬다. 3부 '국가와 사회'는 자본주의의 모순에 따른 계급혁명에 대해, 4부 '사회의 사회화'는 사회주의 혁명 이후 각 분야의 유토피아적인 사회 실현과 관련한 내용이다.

당시 여학생 모임에서는 누군가로부터 이 책의 1부를 복사본으로 받아서 함께 읽었다. 일본어판 『婦人論』(부인론)으로 이와나미쇼텐岩波書店에서 출판된 것이었다.

우리는 "한 사회의 여성의 지위가 바로 그 사회의 진보 수준을 알려주는 척도"라는 주장에 열광했고 "남녀의 평등과 독립을 보장하지 않는다면, 인간 해방은 결코 실현될 수 없다"고 단호히 강조한 것에 환호했다. 그리고 여성의 육체적, 정신적 독립은 경제적 독립을 보장해야만 가능하고, 이는 사회적 생산노동에 참여함으로써 가능하다고 주장한 것에 '맞다'라며 박수 쳤다. 아울러 "억압받고 있다는 점에서 여성과 노동자는 같은 처지에 있으나 오랜 세월 억압으로 여성은 노동자보다 모든 면에서 더 뒤떨어져 있다는 점, 그래서 여성해방은 자본주의 사회질서 속에서 남녀동등권 획득을 넘어 우선적으로 '노동해방'을 함으로써 진정한 평등권을 획득할 수 있는 조건을 갖춘다"(5~11쪽)는 주장에 공감했다. 실제 그해 초인 1978년 2월에 발생해 모두를 경악하게 했던 동일방직 민주노조 탄압 시에 자행된 똥물 사건만 봐도 분명하다고 생각했다. 만약 남성 노동자들이 노조 활동을 했다면, 이를 저지하고 탄압하기 위해 동일방직 여성 노동자들에게 한 것같이 똥물을 퍼붓고 먹이지는 않았을 것이라고 생각했다.

　　나는 정말로 전부터 궁금했던 것, '여성 차별은 과연 당연한 것인가? 당연하지 않다면 여성은 언제부터 무슨 일 때문에 남성과 달리 차별받고 부당하게 대우받게 되었는가?' 하는 질문에 대한 답을 어느 정도 얻게 되었다. 그리고 이 책을 통해 역사와 사회, 여성문제에 대한 인식이 정밀하고 풍부해졌으며 여성해방을 위해서는 반드시 노동해방이 있어야 한다는 생각을 하게 되었다. 나는 여성문제가 발생하기 전인 원시공동체 사회의 자유롭고 평등한 남녀의 삶을 그려보며 언젠가는 그런 사회를 만들어낼 수 있으리라 생각하고 행복해했다. 박정희 독재가 타도된다면, 그 이후에는 노동운동을 하고 이어서 여성운동에 헌신하기로 마음을 먹었다.

1년 넘게 모임을 하며 준비했던, 학교 기독학생회를 진보적으로 변화시키려는 노력은 보수적인 학생들의 격렬한 반대로 실패했다. 보수적인 신앙관을 가진 학생들은 똘똘 뭉쳐 대응했고, 우린 조직에 스며들지도 조직을 장악하지도 못했다. 더 이상의 노력은 낭비라는 생각으로 철수했다. 그래도 세미나 모임을 계속하며 정치경제학과 일제강점기 운동사 등에 대한 학습을 이어 나갔다. 그러나 시간이 갈수록 '독재 타도'를 그토록 외치면서도 아무 일도 하지 않는 모임과 그 모임을 이끄는 선배에 대해 '민주화에 대한 의지와 투쟁의 진정성'을 갖고 있는지 의문과 불만을 갖게 되었다. 이렇게 세미나만 하지 말고 실제로 독재 타도를 위해 뭐라도 해야 하는 게 아닌가 하는 생각이 들었다. 하지만 이런 생각을 내비치면 선배는 불필요한 희생을 해서는 안 된다며 조심하라고 후배들을 강력하게 단속했다.

결국 나 혼자서라도 뭔가 해야겠다고 결심했다. 혼자 움직여야 하니 데모는 어렵고 유인물을 뿌리기로 했다. 디데이는 5월 봄 축제 첫날로 잡았다. '독재 타도 선언문'을 작성하고 교회 등사판으로 유인물을 찍었다. 그보다 한 학기 전인가 76 동기가 유인물을 뿌린 일이 탄로나 감옥에 갔기 때문에 쥐도 새도 모르게 준비한다고 했지만, 그럼에도 잡힐 수도 있어 주변도 정리했다. 봄 축제 첫날 호암관 체육관에서 학교에서 주관하는 행사가 열렸는데 그 입구에 유인물을 갖다놓고 상황을 지켜보기 위해 나도 행사에 참석했다. 30분도 안 되어 행사장 여기저기에서 형사들이 나타났다. 유인물이 제대로 퍼졌구나 생각하고 슬쩍 빠져나왔다. 몇 달 후 형사가 내 기말고사 시험 답안지와 유인물을 들고 와서 필적으로 보건대 내가 한 짓이 분명하니 실토하라고 협박했다. 나는 어디를 봐서 나 같은 사람이 이런 일을 할 수 있겠냐며 딱 잡아뗐다. 그 당시 나는 키도 작고 호리호리해 약골로 보이는 외모이기도 했다. 형사는 다음에는 반드시 감옥에 넣어버리겠다고 으름장을 놓았다.

어떤 과정을 통해서 그리되었는지는 상세히 모르나, 이 사건은 76 동기 남학생이 덮어쓰고 무기정학을 받고 군대에 가는 것으로 마무리되었다. 지금도 동기 모임에서 그를 보면 미안한 마음이 든다. 나중에 알았지만, 이때 나를 끝까지 엄호하며 조사도 경찰서가 아닌 다방에서 받게 하고, 형사의 협박 정도로 일단락되게 해주신 분이 당시 학생처장이셨던 신모 교수님이었다. 신 교수님은 문제 학생이었던 나 때문에 이 사건 전에 이미 우리 고향집에 내려와 아버지를 만난 적이 있었는데, 그때 아버지가 간곡히 나를 부탁했다고 한다. 아버지는 내가 대학을 졸업한 후에야 그 이야기를 해주셨다. 졸업 후 10년이 지나 내가 박사과정에 진학했을 때도 신 교수님이 여러 방면으로 도움을 주셨다.

3학년 겨울방학이 되자 여학생 모임은 문화운동하던 동기까지 합류해 '합숙'에 들어갔고 이어서 노동 현장 경험을 위해 '공활'(공장 활동)을 하기로 했다. 각자 알아서 공활할 공장을 찾기로 했는데, 나는 전태일 열사를 생각하며 청계천 피복공장에 시다로 취업했고, 하루 12시간씩 한 달가량 일했다. 4학년이 되었고 여학생 모임에서는 5월 초쯤 유인물을 배포하기로 결정했다. 아마도 이 일을 기획한 선배들 선에서는 유인물을 배포하며 데모를 하기로 했을 것이다. 우리는 유인물을 뿌리며 데모를 주동하고 감옥에 가서 징역을 살고 나온 다음에, 노동 현장에 가서 노동운동하는 과정을 밟아가고 있었다.

그러나 일이 뜻대로 전개되지는 않았다. 우린 유인물 배포 전에 앞으로 최소 2~3년은 감옥에 있을 테니 그전에 고국산천을 둘러보자 하고 길을 떠나 오대산을 거쳐 소금강으로 내려왔다. 서울에 돌아와 자취하는 집에 들어섰더니 아버지께서 위암 말기로 수술 날짜를 잡아놓고 어머니와 함께 올라와 계셨다. 그동안 학교에서나 집에서는 나를 찾기 위해 한바탕 소동이 벌어졌었다는 것도 알게 되었다. 3학년 봄의 유인물 사건 이후로 소위 담당 형사도 붙어 있던 실정이었다. 결국 여학생들이 주도하는 유인물 배포 활동은 하지 못했다. 그래도 졸업 후에 노동 현장에 들어가는 계획은 포기하지 않았기에, 4학년 2학기가 될 무렵 미리 부모님께 서울에서 직장 생활을 하겠다고 말씀드렸다. 그러나 나는 졸업 후에도 노동 현장에 가지 못했다.

아버지께서는 수술 후 8개월 가까이 항암치료를 받았으나, 그해 12월이 되자 결국 전신으로 암이 전이되었다. 의사는 나한테 많이 사셔야 두 달 정도이니 입원도 필요 없고 모시고 내려가 원하는 것을 해드리라고 했다. 앙상한 모습의 아버지는 "내가 죽기 전까지 집에 내려와 있어라"고 하셨다. 나는 이 부탁을 거절할 수가 없었다. 노동운동을 하기로 약속하고 함께 준비해 온 친구 둘은 졸업과 함께 필요한 과정을 거쳐 노동 현장으로 들어갔고, 나는 고향 집에 내려가 고등학교 교사가 되었다.

여성주의자가 되다

다행히 아버지께서는 기적적으로 건강을 조금씩 회복해 갔고, '기적을 이룬 사람'으로 TV에 출연하기도 하셨다. 전국 여러 교회에 간증하러 다니실 만큼 아버지는 건강이 좋아지셨고, 학교도 정상적으로 출근하시게 되었다. 의사들도 의학적으로 해명할 수 없는 일이라며 놀라워했다. 나는 고향에서 교사로 생활하면서도 서울의 운동권과 인연을 이어가기 위해 매주 토요일이면 서울로 향했고, 언젠가는 노동운동을 할 결심은 놓지 않고 있었다. 그러나 시간은 흘러 교사 생활 2년이 지나면서 결혼 이야기가 나오기 시작했다. 부모님과 집에서 벗어나기 위한 새로운 진로 모색이 불가피해졌다.

이 무렵 노동 현장에 들어갔던 두 명의 친구도 이런저런 이유로 모두 현장을 정리하고 나온 상태였다. 나는 집에서 떠날 명분이 필요해 대학원에 진학하겠다고 부모님을 설득했다.

대학원 진학을 앞두고 친구들과 어느 과로 원서를 넣을지 상의했다. 친구들은 여성문제에 관심이 많았고 여성운동을 할 결심을 했던 나를 상기시키며 막 신설된 이화여대 대학원 여성학과를 권했다. 나 역시 베벨의 『여성론』을 읽으며 언젠가는 여성운동을 하겠노라고 결심했기에, 1982년 9월 주저 없이 여성학과에 입학했다.

'여성해방'이란 목표를 내건 단체에서 여성운동을 시작한 것은 1983년 6월 18일 창립된 '여성평우회'였다. 여성평우회 이전의 활동들, 즉 대학 3학년에 시작했던 여학생 모임도 학내 여성운동이라 부를 수 있고, 여성평우회 창립 1년 전부터 참여한 '민주화운동청년연합'의 여성부 활동도 여성운동이라 볼 수 있으나, 이 활동들의 우선적인 목표는 독재 타도와 민주화운동에 있었다. 내가 본격적으로 여성운동을 시작한 것은 한국전쟁 이후 최초로 여성해방을 목표로 한 여성평우회의 창립 회원이 되면서였다. 여성평우회는 설립 후 3년이 지날 무렵, 당시 운동권 사회를 휩쓸었던 '사회구성체 논쟁'과 맞물린 활동 노선과 방법을 놓고 분열되어 1987년 해소되었다.

여성평우회 해소 이후에도 여성운동가, 여성학자 그리고 21세기에 들어와서는 젠더 정책 전문가로서의 삶을 살았다. 여성학이 발전하고 실천적인 여성운동의 역사가 쌓이면서 나는 여성 억압의 원인과 자본주의 사회의 여성문제, 그리고 성평등 사회 실현을 위한 정책과 방안 등에 관해 베벨의 『여성론』에서 제기한 문제의식과 실천 전략, 그리고 목표를 넘어설 수 있었다.

　그러나 평생 동안 여성주의자로 살아가게 된 것은 대학 때 읽은 베벨의 『여성론』에서 시작되었으며, 내 인생의 책으로 『여성론』은 여전히 유효하다.

3장

그가 내 인생을 바꿨다

그가 내 삶을 이끌었다

『전태일평전』

조영래

이현숙

1976년 이화여자대학교 사회학과에
입학했다. 서울대학교 대학원 철학과에
들어간 뒤 성남, 구로, 인천에서 노동운동을
했고 월간사회평론 기자, 환경전문 프리랜서
기자로 일했다. 귀농해 파주환경운동연합,
텃밭지도사아카데미 대표를 지냈다.

한 권의 책을 읽는다는 것은 내 몸 전체가 책을 통과하는 것
이다… 텍스트를 통과하기 전의 내가 있고 통과한 후의 내가
있다… 내가 가장 어려운 책은 나의 경험과 겹치면서 오래도
록 쓰라린 책이다. 면역력이 생기지 않는 책이 좋은 책이다.
그리고 그것이 '고전'이다.　　　　　정희진, 『정희진처럼 읽기』, 19쪽[*]

내게도 그런 책이 있다. 내 몸 전체를 통과해서 그 책을 읽기
전의 나와 읽은 뒤의 내가 확연히 다른 듯이 느껴지게 하는 책.
그 책의 울림에 이끌려 내 삶의 궤적을 그려 나가게 된 책. 『전
태일평전』,[**] 지금 불리는 그 책의 이름이다. 그러나 내가 처
음 만났을 때는 그 글에 제목이 없었다. 지은이도 없었다. 인쇄
된 책자도 아니었다. 타자기로 친 종이 묶음이었다. 그 당시 친
구나 선후배들과 돌려 읽던 팸플릿 가운데 하나였으리라. 얼
룩덜룩 손때가 묻었고 너덜거리는 모양새가 이미 여러 사람의
손을 거쳐 내게 전달된 티를 감추지 못한 책. 그때가 언제였더
라. 이리저리 그 무렵에 있었던 일의 전후 맥락을 이어 붙여 어
림해 보니 첫 공장 생활을 그만두고 노동자들과 야학을 하던
1982년이었던 것 같다.
　광주학살의 진상에 몸서리치면서 그것을 넘어서려면 어

떻게 해야 할지, 모색의 기운이 꿈틀거릴 때였다. 내 인생도 그 물결을 타고 있었다. 1980년 봄, 대학을 졸업한 나는 한강변의 한 고등학교에서 학생들을 가르치고 있었다. 6월 어느 날 교장이 불렀다. "자네 이제 집에 가 있어야겠네." '무슨 일이지?' "대학에서 데모하고 그랬다며?" '아니 어떻게 알았지?' "예전 같으면 교장이 보증을 서면 어떻게 넘어갈 수도 있었네. 지금은 그때랑 달라. 무서운 시국이야, 일단 집에 가 있게. 괜찮아지면 내가 다시 부름세." 오싹했다. '어떻게 내가 블랙리스트에 올랐지? 어떻게 여기까지 따라붙은 거지? 나는 학생운동을 제대로 한 사람도 아닌데?' 대학 1, 2학년 때 동아리에 들어가 사회과학 책을 읽고 선배들에게 건네받은 전단을 뿌리고 방학 때 농촌 활동을 한 게 고작이었다. 그 뒤로는 졸업할 때까지 이렇다 할 활동을 한 적도 없고 그저 언저리에서 맴돌았을 뿐이다. 그런 나조차도 블랙리스트에 올려 감시하고 있었단 말인가. 섬찟했다. 나중에야 알았다. 피비린내 나는 학살극을 벌이고 이제 막 권력을 장악한 군부 세력은 자신들에게 행여 도전해 올 만한 싹으로 보이면 낱낱이 도려내려 했다는 것을. 그들은 나같이 그저 직장 생활이나 하는 사람조차도 위협으로 느끼고 있었던 셈이다. 그렇게 느닷없이 교사 생활에서 쫓겨났다. 전두환이 내 인생의 궤도를 바꾸고 있다는 것을 그때는 몰랐다. 그러나 나중에 보니 내 삶은 그 뒤로 확연히 방향을 바꾸고 있었다.

노동 현장으로

교단에서 밀려난 뒤 철학을 공부해 볼까 싶어 대학원에 들어갔다. 거기서 군대에 끌려갔다가 이제 막 복학하기 시작한 동기들을 다시 만난 인연이 내 삶의 지도를 다시 그리는 실마리가 될 줄이야. 그 친구들은 캠퍼스에는 나타났지만, 강의는 듣는 둥 마는 둥 하며 공장에 들어갈 준비를 하고 있었다. 민중이 주인 되는 세상은 가장 핍박받고 고통당하는 민중들이 스스로 일어설 때 가능하지 않을까, 속닥속닥 나누던 우리의 수다는 내 삶을 뜻하지 않은 방향으로 밀고 나갔다. 당시 사회철학을 공부하려던 나는 마르크스 책은 읽을 수 없으니 대신 헤겔을 공부하는 고답적인 학교 분위기, 마르크스는 지하 써클에서나 숨죽여 읽을 수밖에 없는 학문 풍토에 숨막혀 하고 있었다. 도서관에서, 아크로폴리스에서, 학교 식당에서 데모 소식이 들려오곤 했다. 누구는 밧줄을 타고 창문에서 뛰어내리다가, 또 누구는 전단을 뿌리고 구호를 외치다가 사복경찰들에게 붙잡혀 끌려가고 있었다. 누구라도 가만있을 수 없게 만드는 분위기였다. 나는 철학책을 접고 동기, 선후배들과 근로기준법을 읽게 되었다. 그리고 80년대 십여 년을 성남, 구로, 인천의 노동운동 현장에서 살았다. 그 시절 노동 현장 안팎에서 혁명을 꿈꾸며 활동하던 사람들은 한 줌이 아니었다.

이른바 학생운동 출신(학출) 노동자들은 화이트칼라 경력을 미루거나 포기하기로 결정하고 공장이나 공장지대 야학으로 가서 그곳의 노동자를 '계몽'하고 조직하려 한, 대부분 사회주의적 지향을 가진 젊은 지식인은… 1980년대 말까지 전국적으로 약 1만 명이 있었던 것으로 추정된다.

박노자, 『붉은 시대』, 298~299쪽*

그해 가을 나는 근처에도 가본 적이 없던 성남공단을 헤매고 다녔다. 대학 출신이 공장에 취업해서 노동자가 되려면 이 눈치 저 눈치 살펴야 할 것이 많았다. 공장이 몰려 있는 공단에서 발품을 팔고 다니며 게시판에 나붙은 모집 공고를 보고 들어갈 만한 공장을 물색하는 일, 신분을 세탁할 수 있는 인물을 설정해서 그 이름과 이력을 빌리는 일, 신분증을 가짜로 만드는 일, 뭐 그런 만만찮은 해결 과제들 하나하나가 관문이었다. 나는 동생의 이름을 빌려서 취업했고 동생과 얼굴이 닮아서 동생 주민등록증으로 의심받지 않고 들어갈 수 있었다. 콘티빵. 직원이 2천 명도 넘는 꽤 큰 공장이었다. 드디어 노동자가 되었구나. 첫 관문을 별일 없이 통과하여 얼마나 안도했는지 모른다. 뭔지 모를 설렘마저 느꼈다. 그러나 설렘은 그리 오래 가지 않았다.

주야 맞교대. 저녁 6시에 출근해서 다음 날 아침 6시에 퇴근하거나, 아침 6시에 출근해서 저녁 6시에 퇴근하는 그 생활 리듬만으로도 허덕였다. 해가 짧은 계절엔 별을 보고 출근했다가 별을 보고 퇴근하기 일쑤였다. 컨베이어 위로 쉼 없이 흘

 ＊박노자, 『붉은 시대』, 원영수 옮김, 한겨레출판사, 2025

러가는 빵을 봉지에 담아 포장하다 보면 새벽녘에는 하반신이 마비된 듯 저려왔다. '전쟁 같은 밤일'*이 따로 없었다. 당신들과 손을 잡고 세상을 바꿔야 한다는 비전만은 가슴에 똬리를 틀고 들어앉았지만 정작 옆자리에서 일하는 동료 노동자와 말 한마디를 섞는 것은커녕 말문을 트는 것도 수월치 않았다. 냉기가 서린 어둑어둑한 하늘은 을씨년스럽기만 했고, 키 큰 미루나무가 서 있던 비탈길을 지나 언덕배기의 달동네에 들어서면 미지근하게 식은 단칸방마저 반갑기만 했다.

몇 달간의 첫 공장 생활을 그만두고 숨 고르기를 하던 그 무렵 '전태일 수기'를 만났다. 그 책은 당시의 내 살림살이와 짝을 이루어 떠오른다. 신림동에 자리 잡은 달동네 '낙골'. 낮에도 전등을 켜야 하는 캄캄한 지하 단칸방의 곰팡이 냄새와 옷이 축축해질 정도의 눅눅함이라니. (당시의 세세한 정보는 다 잊어먹었지만 지금도 그 느낌이 생생하게 떠오르는 걸 보면 몸의 감각에 기억된 것은 머리로 기억되는 것보다 오래 남는가 보다.)

전태일. 평화시장 옷 공장에서 일하던 스무 살 남짓한 청년. 나이 어린 여성 노동자들이 햇빛도 들어오지 않고 허리도 못 펼 정도로 비좁은 먼지투성이 공장에서 밤낮없이 일하는 모습에 슬픔과 고통을 느끼며 세상의 불의에 눈뜬 사람. '노동자는 기계가 아니다', '노동자도 인간이다', 평범하기만 한 그 진실이 현실에서 짓밟히는 것을 알리려 제 몸에 불을 붙인 사람. 죽음으로써 그 이후 노동운동의 꺼지지 않는 불씨가 된 사람. 그의 수기는 죽음이라는 결단에 이르기까지의 내밀한 감정과 생각의 흐름을 보여주는 신앙고백과도 같은 울림을 지니고 있었다. 그는 이제껏 만나보거나 상상해 보지 못한 깊이를 지닌 인간이었다.

바보 전태일

바보. 이 단어는 지금 우리 시대에는 더는 조롱이 아니라 어떤 성품과 정치적 태도를 일컫는 말이 되었다. 이를테면, 정치적 계산에 앞서 원칙을 지키는 사람, 손해를 보더라도 옳다고 생각하는 일을 하는 사람을 떠오르게 하는 말이다. 전태일은 바보라는 말의 이중적 함의를 일찌감치 깨달은 사람이었다. 동료 노동자들과 친목 모임을 만든 그는 그 이름을 '바보회'로 지었다. 근로기준법에 정해진 노동자의 최소한의 권리조차 모른 채 살아온 시간에 대한 통렬한 자각이 묻어나는 이름이다. '우리는 바보로 살았구나'라는 처절한 자기 인식은 더 이상 바보로 살지 않겠다는 그의 지향과 맞닿아 있었다.

자기 한 몸만 생각한다면 그에게도 곤궁한 처지를 벗어날 나름의 사다리가 없었던 것은 아니었다. 이미 재단사가 되었기에 더 나은 보수와 권한을 누리며 관리권을 휘두를 수도 있었다. 그러나 그는 그 자리에 연연해하지 않았다. 대신 고통받는 사람들과 함께하기 위한 투쟁의 길로 나섰다. 그 끝에 죽음이 있었다. 그러나 회피하지 않았다. 약삭빠른 사람, 처세에 밝은 사람, 잇속에 밝은 사람이 아니라 바보가 되기로 한 것이다.

그 선택의 남다름은 모든 인간이 서로서로 '전체의 일부'이며 '너는 또 다른 나'라는 비범한 인간관에 뿌리를 두고 있었다. 그는 일상적인 희로애락의 경계에 휘둘리지 않는 큰사람, 바보 중의 바보로 꼽힐 만한 인물이었다.

전태일을 떠올리며 또다시 현장으로

'나의 전체의 일부', '나의 또 다른 나', 전태일은 평화시장이든 공사판이든 자기 자신을 잃어버릴 정도로 고되게 일하는 사람들을 그렇게 불렀다. 어떻게 그렇게 느낄 수가 있는 거지? 자신의 욕구를 저 밑바닥으로 내려놓고, 자기 밖의 존재와 자신을 일치시켜 주목하고 배려하는 인간이라니. 나는 이제껏 한 번도 누구를 그런 식으로 느껴본 적이 없었는데…. 노동자들이 주인 되는 세상을 꿈꾸면서도 이제껏 노동자를 피와 살을 가지고 숨 쉬는 구체적 인간으로 느끼지 못하고 있었는데. 그는 너와 나를 동일한 존재로 느끼고 있구나. 살아 있는 존재에 대한 감수성이 놀라운 사람이었다. 내겐 노동자를 대상화하는 관념만 있을 뿐이었구나 하는 자각이 부끄러움으로 다가왔다. 비스듬히 누워서 글을 보던 나는 자리에서 일어나 앉았다.

근로기준법은 전태일에게 '내 인생의 책'이 되었을 운명의 책이었다. 평화시장 노동자들의 하루 14시간 혹은 16시간, 주 98시간을 넘나드는 노동. '비인간적 노동', '장시간 노동'

이라는 한마디에 다 담아낼 수 없는 그 파괴성에 몸서리쳤던 그는 한자투성이 법률 용어로 뒤덮인 근로기준법을 사전을 찾아가며 한 글자 한 글자 읽으면서 희망으로 설렜다. 인간을 인간답지 못하게 대우하는 일들이 부당하다는 자신의 느낌을 옹호해 주는 목소리, 이런 현실이 어쩔 수 없는 것이 아니구나 싶은 확인, 현실의 질곡을 풀어줄 열쇠가 거기 있을지도 모른다는 예감 때문이었으리라. 그러나 번드르르한 법 규정과 현실은 따로 놀았고 그 간극은 더 깊은 절망을 느끼게 할 뿐이었다. 그가 남다른 것은 절망과 분노에 머무르지 않고 절망과 분노를 세상을 바꾸려는 실천 의지로 북돋워 나갔다는 점이다. 그는 끝내 그 책을 껴안고 제 몸과 함께 불살랐다.

내게는 '근로기준법' 책이 그렇지 않았다. 공장에 가기 전에 읽어야 할 필독서, 노동자의 말벗이 되는 데 필요한 정보를 주는 도구에 지나지 않았다. 나에겐 별다른 감흥을 불러일으키지 못했던 책이 누군가에게는 발견의 기쁨과 희망의 근거가 되고, 생과 사를 가를 수도 있다는 사실에 나는 진땀이 다 났다. 그런 차이가 어디서 온 것일까. 내겐 그 의미를 읽어낼 삶의 경험이 없었구나. 내가 아는 현실은 머릿속 관념으로만 존재하고, 내가 그리는 새로운 세상의 이미지는 개념들로 구성된 피상적 관념체일 뿐이구나 싶었다. 어서 책상물림에서 벗어나 생생한 현실 속으로 들어가야 한다는 조바심마저 느끼며 나는 공단의 노동자 모집 게시판 앞에 다시 서게 되었다.

평전으로 다시 만난 전태일

1984년. 나는 구로공단에 있는 전자회사에 생산직 노동자로 다시 취업할 수 있었다. 주야 맞교대로 일하는 공장에 다니던 어느 일요일. 모처럼 쉬는 날이라 느지막이 일어나 창으로 스며드는 햇살을 느긋이 즐기며 담배를 피우고 있었다. 아들의 영정을 껴안은 채 울부짖는 이소선 어머니의 사진(얼마 전 한국 서부발전에서 기계에 끼여 부서진 채 죽어간 김용균의 어머니 김미숙 씨의 눈물 젖은 얼굴을 볼 때마다 이소선 어머니가 오버랩된다) 이 푸른 색감의 표지 한가운데 박혀 있는 책이 눈에 들어왔다. 누군가 두고 간 것이려나. '어느 청년노동자의 삶과 죽음'이라는 제목이 달려 있고 정식으로 출판된 책이었다. 펼쳐보니 내가 처음 접했던 수기와 달리 평전 형식의 글이었다. 수기가 지닌 깊이와 무게를 고스란히 전하고자 앞뒤 맥락을 짚어주는 저자의 톤은 나지막했던 태일의 목소리를 확성기로 들려주는 듯 높고 뜨거웠다. 당시에는 누가 그 책을 썼는지 이름이 박혀 있지 않았다. 그러나 전태일의 반딧불같이 빛나는 삶은 가슴을 뒤흔드는 필치로 쓰인 그 책을 통해 다시 살아나는 것 같았다.

『어느 청년노동자의 삶과 죽음』은 안 맞는 옷을 몸에 걸친 듯 어설프기만 한 나의 공장 생활, 하루하루를 버텨내는 것만으로도 진이 빠지는 노동자 생활을 위로하고 격려해 주었다. '지금 어둠 속에서 허덕이고 있지만 너의 한계를 딛고 넘어갈 수 있지 않느냐'고 등을 밀어주기도 했다. 본드와 시너에서 나오는 화학물질이 두꺼운 안개층처럼 깔려 있어 욕지기가 올라오는 현장에 들어설 때마다 나는 오늘 왜 여기 출근하는지 전태일을 떠올리면서 마음을 다잡았다. 이 생활이 그저 '죽음의 고역 같은 노동'에 그치는 것이 아니라 그의 드높은 정신과 맞닿은 발걸음이라는 생각으로 나의 공장 생활은 힘을 받을 수 있었다.

조영래

그 글을 쓴 사람이 조영래 변호사라는 것을 나중에야 알았다. 그는 정보기관에 쫓기는 수배자의 처지에서, 한두 해도 아니고 대여섯 해에 걸쳐 전태일의 삶의 흔적을 찾아다녔다. 전태일이라는 사람이 어떤 뜻을 품고 어떻게 죽어갔는지를 세상에 알리고 싶다는 강렬한 내적 욕구에 이끌리지 않았다면 그리하기 어려운 일이었다. 그는 전태일이 끄적여놓은 메모 쪽지, 낙서, 부치지 못한 편지, 미완성으로 남은 소설 구상 등 여기저기 흩어져 있던 쪽글에 묻어 있던 내밀한 생각을 실마리 삼아 죽음에 이르도록 고뇌에 찬 그의 내면세계를 촘촘히 그려냈다. 전태일의 친구, 가족, 동료, 지인들을 만나 그가 살았던 생활세계를 더듬어냈고 그 내면 풍경의 갈피를 맞추면서 그가 느끼고 생각하고 꿈꾸고 행동했던 전모를 생생하게 되살려냈다. 근로조건 개선을 위해 싸우다 죽어간 노동자이기에 앞서, 인간에 대한 속 깊은 사랑과 불의에 대한 분노로 자신을 불태운 진지하고 순수한 인간. '노동자도 햇빛을 보고 싶다',

'하루 8시간만 노동하게 하라'는 목소리를 외면하는 현실의 벽을 온몸으로 뚫으려 했던 인간. 조영래는 더 낮을 수 없을 만큼 낮은 밑바닥에서 더 높을 수 없을 만큼 높은 경지의 정신으로 빛나던 인간을 만나, 그 감동에 고무된 듯 보였다. 수기 속의 전태일은 조영래가 앞뒤 연관관계를 살려낸 글 속에서 더 풍부한 말을 건네고 있었다.

전태일과 한 살 차이가 나는(전태일 48년생, 조영래 47년생) 그가 이 글을 내놓은 때는 1976년. 전태일이 분신하고 대여섯 해나 지난 뒤였다. 처음에는 엮은이의 이름도, 편저자의 해석도 없이 달랑 전태일의 글만을 묶어냈던가 보았다. 그게 내가 맨 처음 읽은 수기였으리라. 박정희 군사독재 권력이 일체의 표현의 자유, 언론 출판, 집회의 자유를 틀어막아 놓은 시절이라 국내에서는 지하에서 그렇게 필사본이나 타이핑본으로 알음알음 읽혔던 거 같다. 그러다가 눈 밝은 누군가의 주선으로 1978년 일본에서 먼저 출판되었나 보다. 한국에서는 1983년이 되어서야 책 모양새를 갖춰 출판되었다. 전두환 군사독재 정권이 서슬 퍼렇던 시절이었다. 잡혀갈 각오를 하지 않는 한 누가 썼는지 명토 박아 낼 수 없는 분위기였다. 그래선가, 조영래라는 이름 대신 '전태일기념관 건립위원회' 엮음으로 나왔다. 잡혀가거나 출판사가 문을 닫을지도 모를 위험 속에서 이 책을 펴냈을 돌베개 출판사의 결단이 짐작되는 대목이다.

그런 일들이 비일비재하게 일어나던 시절이었다. 사회과학 출판사들이 좋은 책을 기획해서 출판하면서 번역자나 필자를 밝히지 못하고 편집실 엮음이라 하거나 가명을 박아 책을 내곤 했다. 그럼에도 수만, 수십만 부씩 팔려 나간 그런 책들이 그 시절 젊은이들의 감수성을 뒤흔들고 변혁적 세계관을 접종 하는 씨알이 되어주었다.

내 삶 속의 전태일

87년 6월의 거리 투쟁, 7~8월의 노동자 대투쟁, 전국 방방곡 곡에서 노동자들이 노동조합을 결성하고 파업 투쟁을 벌이는 광경은 말 그대로 들불이 번져 나가고 밀물이 밀려드는 장관 이었다. 80년 이후 시대의 어둠을 걷어내려고 움직여온 수많 은 사람의 노력이 결실을 보는 듯했다. 역사의 격랑이 휘몰아 치는 속에서 사회적 약자들이 역사의 또 다른 한 페이지를 써 내려가고 있었다. 전태일이 우리 속에 되살아나 역사를 썼다. 나도 그 자리에 한 점으로 있었다. 나는 기를 펴지 못하고 억눌 려 살던 사람들이 스스로의 삶을 개척하는 주인으로 일어서는 모습을 목격하는 역사적 행운을 누릴 수 있었다. 그렇게 암흑 속에서 먼동이 트는 기운을 맛보며 80년대, 20대를 살았다.

1990년대에 들어서면서 사회 변혁의 격랑은 잦아들고 퇴 조의 기운이 번져 나갔다. 혁명적 노동운동권에 몸담았던 이 들의 대열이 허물어지고 있었다. 공장은 물론 운동의 일선에 서 썰물이 지듯 활동가들이 사라져갔다. 소련과 사회주의권이 허물어진 격변의 여파였다. 쟁쟁한 선후배 동지들이 각자 살

길을 찾아 이제껏 가던 방향에서 벗어나거나 심지어 반대 방향으로도 뛰어갔다. 등대를 잃은 배. 각자도생. 전향서 없는 전향, 이심전심의 전향. 그렇게 뿔뿔이 소리 소문 없이 운동판에서 사람들이 사라지던 때에도 나는 떠나지 못했다. 우리가 가고자 하는 곳에 이르는 나침반을 잃었다 해도 멈출 수는 없는 것 아닌가. 사회주의권이 무너졌더라도 민중들이 힘겹게 삶을 이어가고 있는 현장은 여전하고 그들과 더 나은 세상을 만들어야 하는 숙제는 아직 풀지 못한 것 아닌가. 내가 떠나지 못한 이유였다. 전태일과 함께 우리가 꿈꾸던 세상이 이미 도래한 것인가. 사회적 약자들에게도 세상은 살 만한 것으로 바뀌었는가. 이론의 체계가 어그러져도 발 딛고 선 현실의 문제가 풀리지 않았다면 멈출 수 없는 것이 아닌가. '적이 사라진 시대'라는 규정이 내게는 와닿지 않았다. 현실에서 적이 사라진 것이 아니라 다만 머릿속에서 적이 사라진 게 아닐까. 가슴을 뒤흔들었던 변혁적 사상과 실천이 물거품이 되어가는 듯한 분위기에서 우리가 붙잡고 있던 소위 이론과 사상이 얼마나 취약한 것이었나, 아찔했다.

당시 나는 노동자 관점에서 글을 쓰는 월간지 기자였다. 지금은 버젓한 출판사로 자리 잡았지만, 그때는 생활비는커녕 취재비나 원고료도 주지 못하는 회사였다. 그러나 취재하러 뛰어다니고 글을 써내는 것만으로도 좋았다. 세상을 바꾸는 운동의 일선에 있다는 자부심이 있었기 때문이다. 주머니에는 버스 토큰 몇 개만 달랑거리기 일쑤이고 제대로 갖춰 먹지를 못해 영양실조에 걸리는 일이 생겨도 아랑곳하지 않고 뛰어다니던 80년대의 운동권 살림살이는 90년대에도 크게 달라지지 않았다. 아니라고 생각되는 것에는 당당히 맞서는 '반골스러움', 혹은 '운동권스러움', 전태일 책이 내 안에 각인해 놓은 도덕적 좌표에서 놓여날 수 없었던 때문은 아니었을까.

귀농과 환경운동

90년대의 끄트머리, 마흔 살을 넘긴 나와 짝꿍은 도시를 떠날 수 있었다. 인간다운 품위를 유지하며 먹고살 수 있는 세상에 대한 꿈이 우리를 이끌었다. 고향으로의 귀농, 일종의 타협이었다. 이 시스템이 돌아가는 데 부역하지 않고 그 밖에서 살아낼 수는 없는 걸까. 농사는 자본에 덜 포획된 삶의 최대치가 구현될 수 있을 것 같은 삶의 방식이었다. 그런 결단에 불을 붙인 것은 『오래된 미래』(헬레나 노르베리 호지 지음)라는 책이었다. 농사가 절반 이상이 되는 사회, 물질이 그리 많지 않아도 평온한 마음으로 살아갈 수 있는 사회의 이미지에 이끌렸다. 다 쓰러져가는 시골집을 구해 벽지를 바르고 고쳐 이사를 하면서 가슴이 설렜다. 새벽 어스름에 밭으로 가서 해 질 녘까지 흙에서 뒹굴었다. 마흔이 되도록 농사엔 까막눈이었으니 남들보다 더 부지런을 떨며 배워야 했다. "이렇게 재밌는 일을 왜 이제껏 몰랐지?" 작물은 물론이거니와 풀싹 하나도 신비로웠다. 생명의 이치에 눈떠가는 즐거움으로 살았다. 40대에 들어서야 나는 '사람이 아는 것보다 모르는 것이 더 많다'는 것을

206

깨닫고 있었다.

　소농이 생활에 필요한 돈을 버는 것은 쉽지 않았다. 농사를 지어놓고도 팔 길이 막연해질 때가 한두 번이 아니었다. 고되지만 새록새록 재미진 농사일이 그나마 위안이 되었다. 그러나 '운동권스러움'은 여전해서 세상이 잘못되어 가는 꼴을 보고는 자의 반 타의 반으로 끌려 들어갔다. DMZ 생태계를 파괴하고 농민을 쫓아내는 미군기지에 맞서 '팔자에 없던' 환경운동을 하게 된 것이다. 당시 인구 10만이 안 되던 시골이 지금은 수십만 인구가 사는 신도시가 된 데서 볼 수 있듯이 개발 바람이 거세게 불었다. 거대한 아파트 단지나 공단이 들어선다고 발표되면 그에 필요한 소각장, 하수처리장, 송전탑 등 기반 시설이 들어선다고 들썩였다. 이윤을 더 남기려는 개발 방식에 밀려 원주민이 쫓겨나는 일이 벌어지고, 해 질 녘 빛나던 들판이 가뭇없이 사라질 위기였다. 그에 맞서기 위해 단체를 만들어 활동하게 되었다. '난 대중운동 체질이 아닌데', '사람들 앞에 나서는 게 겁나는데' 하면서도 마이크를 잡을 수밖에 없는 일들이 자꾸 벌어졌다. 뭔가 잘못된 것을 보면 이거저거 재기보다는 문제를 풀려고 씨름하는 기질이야말로 내가 전태일에게서 물려받은 것이 아닐까 싶다. 더 많은 이윤을 추구하기 위해 혈안이 된 개발 세력들에 포위되어 활동하다 보니 폭력에 노출되기도 했다. 힘들 때면 "주여, 그럴 수 있다면 저에게서 이 잔을 거두어주소서"라고 했을 전태일의 절규가 떠올랐다. 죽기 살기로 맞서지 않으면 뭐 하나 작은 거라도 이뤄지는 게 없는 세상을 통과하고 있었다. 2000년대 10여 년을 그렇게 지역에서 환경운동을 했다. 농사나 육아보다 사회운동에 더 많은 시간을 쓰고 살았다. 수많은 위협 속에서 지켜낸 환경운동 단체를 나름 안착시키고서야 물러날 수 있었다. 돌아보면, 노동자만이 아니라, 나만이 아니라 너도, 인간만이 아니라 세계를 이루는 그 무엇도 전체의 일부라는 전태일의 감수성이야말로 생태운동의 밑자락 같다는 생각이 든다.

그 뒤 10년. 농약과 화학비료는 물론 비닐도 쓰지 않는 농사를 지었다. 밥상에 올라오는 모든 식재료를 내 손으로 가꾸는 농사를 꿈꾸었다. 도시에 사는 20여 가구 회원에게 열두어 가지 남짓한 농작물을 꾸려 보내고 그들이 보내주는 회비로 생활에 드는 현금을 마련하며 살았다. 자본에 덜 포획된 생활, 자본주의로부터 탈주할 수 있는 만큼 탈주한 일상, 내 생존을 위해 다른 생명체를 착취하거나 억압하지 않고 살 수 있었으면 했다. 다품종 소량 방식의 농사. 철을 따라가며 수십 가지 곡식과 채소를 가꾸고 거두는 농사는 지루할 겨를이 없었다. 컨베이어에서 하루 종일 같은 동작을 해야 하는 단조로운 노동과는 비교할 수 없는 활기찬 노동이라 다행이었다. 햇빛과 바람이 무진장한 들녘에서 일하면서 감사했다. 유독가스가 자욱한 공장의 작업 환경에 비할 바겠는가. 공장의 모욕스러운 노동조건에 비하면 농사짓는 일의 고단함은 아무것도 아니었다. 운이 좋았다. 복 받았다. 시골에서 농사를 짓고 살게 되면서 그런 기분이 들곤 했다. 젊은 시절, 노동운동을 하며 살펴본 자본주의적 삶의 양식은 그 뒤 내가 살던 시공간에서 무엇이 인간적인 것인지를 가늠하는 기준점이 되었던 것 같다.

노년에 들어서야 '운동권스러움'을 덕목으로 받아들이게 되었다. 운동권스럽다는 것은 전태일스럽다는 말이 아닐까 싶다. 불의한 것에 아니라고 목소리를 낼 줄 아는 근성, 삶에 대한 탐구심으로 새로운 상황을 열어가는 태도 같은 것. 운동권스러움에 대한 나 나름의 정의다. 운동권스러움이 자조 섞인 볼멘소리로, 구박 어린 말이 되어 굴러다닐 때마다 나는 시대정신에 따라 역사의 지평을 열어온 세대에 대한 부당한 대접이 아니냐고 이의를 제기하고 싶어진다. 내란의 밤, 나보다 먼저 현장으로 달려 나간 아이들이 "엄마 아빠의 삶이 자랑스럽다"는 말을 들려주었을 때 안도감이 들었다. 운동권스러움의 명맥을 이어갈 수 있게 된 것 같아 반가웠다.

이 글을 쓰려고 책장을 살펴보니 그 책이 있었다. 조영래 지음이라고 박혀 있는 2011년판 『전태일평전』. 지난 50년 동안 4, 5년 걸러 이사할 때마다 책을 덜어내곤 해서 몇 권 안 남은 책 가운데 한 권이다. 중학교 2학년 아들 생일날 담임 선생님에게 받은 것으로 적혀 있다. 아들이 그 책을 읽었다는 사실에 마음이 놓인다. 그 책 마지막 쪽에 실린 전태일의 유서를 읽으며 그의 예리한 감수성이 포착한 진실을 다시 느껴보았다.

(…)

나를 아는 모든 나여.

나를 모르는 모든 나여.

(…)

그대들이 아는, 그대 영역의 일부인 나.

(…)

그대들 전체의 일부인 나.

힘에 겨워 힘에 겨워 굴리다 다 못 굴린,

그리고 또 굴려야 할 덩이를 나의 나인 그대들에게 맡긴 채,

잠시 다니러 간다네, 잠시 쉬러 간다네.

(…)

이 순간 이후의 세계에서,

내 생애 다 못 굴린 덩이를, 덩이를,

목적지까지 굴리려 하네.

이 순간 이후의 세계에서 또다시 추방당한다 하더라도

굴리는 데, 굴리는 데, 도울 수만 있다면,

이룰 수만 있다면….

책임과 신앙

『옥중서간 - 저항과 복종』

디트리히 본회퍼

김거성

1976년 연세대학교 신학과에 입학해
같은 대학교 대학원에서 석사와 박사
학위를 받았다. 청와대 시민사회수석,
한국투명성기구 회장을 지냈으며 현재
목사이자 연세대학교 연합신학대학원
객원교수로 일하고 있다.

신학과에 입학하고 개강한 첫날, 신입생들을 모집하고 있던 당시 '써클'이라 불렸던 동아리들 가운데 기독학생회SCA가 눈에 들어왔다. 누구로부터 거기 가보라는 추천이나 여기 들어오라고 하는 권유를 받은 적은 없었지만, 고교 시절에도 기독학생회에서 활동했었기에 아무런 고민 없이 제 발로 걸어 들어가 1번으로 가입 신청을 했다.

당시 기독학생회에서는 학년마다 수십 명씩 되는 회원들을 국제사회부, 한국사회부, 대학사회부, 또 도시봉사단, 농촌봉사단 등으로 나누어 활동하도록 했다.

그 가운데 국제사회부로 가니 선배들이 이런저런 책들을 추천해 주며 공부하도록 이끌었다. 지금까지 기억에 남는 책으로는 E. H. 카의 『역사란 무엇인가』, 리영희 선생의 『전환시대의 논리』 등이 있다. 2학년이던 1977년 10월 12일 '연세대학교 구국선언서' 사건으로 노영민과 함께 이른바 대통령긴급조치 제9호 위반으로 체포되었다. 형사들에게 조사받던 중 기독학생회에서 어떤 책을 읽었는가 하는 질문에 가장 안전한 책으로 생각하고 답한 것이 바로 『역사란 무엇인가』였다. 얼마 후 그 책이 금서로 지정되었다는 이야기를 듣고 깜짝 놀랐다.

신입생 시절, 몇몇 선배로부터 나치 치하 독일에 본회퍼라는 목사이자 신학자가 있었는데 암살 음모에 가담했다가 처형당했다는 이야기를 들었다. 특히 본회퍼가 "미친 운전자가 인도로 돌진하여 행인들을 치어 죽인다면, 목사인 나는 희생자들 장례식만 치러주면 될까? 차에 뛰어올라 미치광이를 끌어내려야 하지 않겠는가?"라고 했다는 이야기를 들었을 때, 큰 깨달음과 함께 가슴 깊은 곳에 그의 이름이 꽂혔다.

문상희 교수

당시 신학과 신입생들은 1학기에 유일한 전공필수 과목으로 '신약문학사'를 수강하게 되었다. 당시 그 과목을 담당했던 문상희 교수님은 담배를 피우다 걸린 학생들 뺨을 때리는 것으로 유명했다. 요즘에는 고소당할 일이겠지만, 당시에는 도망치는 학생을 청송대까지 쫓아갔다거나, 학생회관 앞에서 뺨을 때리고 보니 학생이 아니라 자가용 운전사였더라는 전설 같은 이야기들이 전해지던 분이었다. 그 과목을 수강하면서 이전까지 한 번도 생각해 보거나 의문을 가져본 적 없었던, 성서가 형성되는 과정에 대한 설명을 들으니 오히려 믿음이 다 떨어지는 느낌을 받기도 했다.

그런데 4월이 되니 문상희 교수님이 수업 시간에, 본회퍼 목사가 4월 9일에 히틀러에게 맞서 싸우다 교수형을 당해 순교했고, 4월 21일에는 우리나라에서 신사참배를 거부하다 주기철 목사가 옥중 순교했으며, 4·19도 있다고 소개하며 숙연한 분위기를 이끌었다. 나중에야 알게 되었지만, 문 교수님 본

214

인도 4·19 때 교수들의 시위에 앞장섰던 분이었다. '기독학생회 선배들이 본회퍼를 소개해 주었는데…,' 내 머리에 그의 이름이 다시 한번 각인되는 순간이었다.

본회퍼

디트리히 본회퍼Dietrich Bonhoeffer(1906~1945)는 독일 루터교 신학자이자 목사이다. 당시 독일 교회에서 다수파가 '독일적 기독교die Deutschen Christen'를 구성하여 히틀러를 추종하며 인종차별, 반유대주의, 총통주의라는 나치 이념을 추구할 때, 본회퍼는 이를 이단으로 규정하며 '고백교회Bekennende Kirche'의 설립과 활동에 참여했다. 그리고 나치 치하에서 히틀러 암살 음모에 가담했다가 발각되어 1943년 체포되었고, 1945년 플로센뷔르크 강제수용소에서 교수형을 당한다.

본회퍼는 히틀러 정권하에서 행동하는 신앙 양심으로 살았다는 점에서 세계적으로 유명한 신학자이지만, 박정희 등 독재 정권의 압제 속에서 살았던 한국 사회, 특별히 기독교나 신학계는 그와 더더욱 돈독한 연대 의식을 느꼈을 것이다. 필자도 바로 그 가운데 한 사람이다. 우리가 본회퍼와는 다른 시대와 지역에서 살고 있다는 차이에도 불구하고, 그의 책은 이런 공감과 연대 의식을 바탕으로 읽을 때라야 제대로 이해할 수 있다. 더욱이 그의 『옥중서간』*은 읽고 마는 책이 아니라 그를 따라 살아야 하는 시대적 가르침이다.

---

* 1990년대 이후 원래 제목(Widerstand und Ergebung)을 번역한 『저항과 복종』으로 출판되었으나, 이 글에서는 당시 불렀던 대로 『옥중서간』으로 쓴다.

본회퍼는 『옥중서간』에서 몇 편의 시를 소개한다. 1977년 내가 잡혀간 후 가족들이 짐을 챙기기 위해 용산구 도동 루터신학원 기숙사에 왔는데, 그때 「나는 누구인가?」라는 본회퍼의 시를 손으로 쓴 종이가 내 책상에 붙어 있던 것을 발견하고 집에 보관했다. 영성은 아무도 보지 않더라도 자기동일성을 유지하고 자신의 모습을 솔직하게 드러내는 데에서 출발한다. 이 시는 본회퍼의 영성 세계를 들여다볼 수 있게 해준다.

(…)

나는 누구인가?

이것이 나인가? 저것이 나인가?

오늘은 이 사람이고 내일은 저 사람인가?

둘 다인가?

사람들 앞에서는 허세를 부리고,

자신 앞에선 천박하게 우는소리 잘하는 겁쟁이인가?

내 속에 남아 있는 것은

이미 거둔 승리 앞에서 꽁무니를 빼는 패잔병 같은가?

나는 누구인가?

고독한 물음이 나를 조롱합니다.

내가 누구인지

당신은 아시오니
나는 당신의 것입니다,
오, 하나님!*

김홍겸의 「민중의 아버지」

연세대 신학과 81학번 김홍겸은 민중신학을 공부한 빈민운동
가로, 1997년 1월 서른여섯 젊은 나이에 암으로 세상을 떠났
다. 그의 생명이 꺼져갈 즈음 오충일 목사님을 비롯한 몇 사람
이, 죽은 다음에 아쉬워하지 말고 아직 살아 있을 때 벗들이 함
께 모여 미리 장례식을 하자고 했다. 그래서 세브란스병원에
서 본인이 참석한 가운데 정말로 미리 장례식을 치렀다.
　김홍겸이 재학 중일 때 신학과 예배 시간에 기도를 했는
데, 안치환의 노래로 널리 알려진 「민중의 아버지」라는 시가
바로 그 기도다.

우리들에게 응답하소서
혀 짤린 하나님
우리 기도 들으소서
귀먹은 하나님
얼굴을 돌리시는
화상당한 하나님
그래도 내게는 하나뿐인

* 김순현 번역, 『옥중서신―저항과 복종』, 복 있는 사람, 2019

민중의 아버지
하나님 당신은 죽어버렸나
어두운 골목에서 울고 있을까
쓰레기 더미에 묻혀버렸나
가엾은 하나님
얼굴을 돌리시는
화상당한 하나님
그래도 내게는 하나뿐인
민중의 아버지

본회퍼는 1944년 7월 17일, 에버하르트 베트게 Eberhard Bethge에게 보낸 편지에서 이렇게 썼다. "우리들과 함께 있는 신은 우리들을 버리신 신이라네(마가복음 15장 34절). 신이라는 작업가설 없이 우리들을 이 세계 속에 살게 하는 신은 우리가 항상 그 앞에 서 있는 신이네. 신 앞에서 신과 함께, 우리들은 신 없이 산다네."

영화「본회퍼」

지난 2025년 4월 9일 연세대 송도캠퍼스에서 수업을 하면서, 학생들에게 그날이 본회퍼 목사의 80주기임을 알려주었다. 그다음 수업에서는 독일 출신의 한 학생이 본회퍼에 관해 발표를 했다. 영화「본회퍼: 목사. 스파이. 암살자」에 나오는 대사 중 그 학생이, "악 앞에서 침묵하는 것도 악이다. 하나님은 우리를 죄 없다 하지 않으실 것이다. 말하지 않는 것은 말하는 것이며, 행동하지 않는 것도 행동하는 것이다."라는 대목을 소개해서 반가웠다.

영화에 '크리스탈나흐트Kristallnacht', 번역하면 '수정의 밤'이 언급된다. 1938년 11월 9일 밤, 나치의 지령 하에 독일 등지에서 유대인 소유의 상점, 시나고그(회당), 학교와 집들을 파괴한다. 본격적인 유대인 탄압의 서막이었다. 수천 개의 유리창이 깨져 거리 곳곳이 유리 조각으로 뒤덮였는데, 깨진 유리가 마치 수정처럼 반짝거렸다는 뜻에서 붙여진 이름이다. 그때 100명 가까운 유대인이 살해되었고, 수만 명이 체포당해 강제수용소로 보내졌다.

반反호남, 반反성소수자, 반反중국, 반反페미니즘, 반反장애인, 반反이주민, 반反이슬람… 이런 것들로 차별과 혐오를 퍼뜨리고 약자를 악마화하며 거기서 동질감, 만족감, 성취감을 느끼는 그런 모습은 우리 시대에도 계속되고 있다. 「본회퍼」 영화를 보며, 이를 극복하겠다는 과제를 다시 한번 다짐했다.

행동하는 책임

본회퍼의 핵심 사상과 실천의 바탕에는 '책임' 개념이 있다. 『옥중서간』 중 「10년 후」라는 글에서 본회퍼는 이렇게 지적

한다.

이곳저곳에서 사람들은 대놓고 격론을 벌이는 것을 피하는 대신 자신이 개인적으로 고결하다는 점에서 도피처를 찾는다. 그러나 누구든 그렇게 하는 사람은 자신을 둘러싼 불의에 대해서는 입을 닫고 눈을 감기 마련이다. 책임 있는 행동으로 말미암아 자신에게 쏟아질 논란거리를 피하려면 자기기만이라는 대가를 치르는 수밖에 없다. 할 수 있는 온갖 일들이 있음에도 불구하고 실천하지 않고 내버려둔 것이 그의 마음의 평화를 앗아갈 것이다. 그는 이 불안으로 말미암아 허물어져 버리거나, 아니면 가장 위선적인 바리새파 사람이 되고 말 것이다.

따라서 진정한 책임은 개인적 차원에서만 죄악에 가담하지 않는 것을 넘어서야 한다. 어떤 사람이 개인적 차원에서 아무리 심오한 도덕성을 견지하고 개인적인 덕행을 추구한다 하더라도, 주변의 상황에서 발생하고 있는 갖가지 독재나 부패, 차별과 혐오, 빈곤과 기아, 기후위기 등등의 문제들에 대해 알려고 하지 않거나 아니면 모른 척하는 것이라면, 이는 무지와 위선일 뿐 진정한 도덕성이라 할 수 없다. 무지나 태만, 침묵 등은 바로 그런 억압과 착취의 체제에 대한 공모, 방조 또는 묵인으로 이어진다. 사회의 심각한 구조적 범죄에 대해서는 입을 다물고 개인적 차원의 심오한 도덕성이나 신실한 경건만을 주장하는 것은 그냥 위선일 뿐이다. 지금 여기에서 민주주의나 정의를 파괴하는 구조에 대한 자신의 책임을 인정하며, 나아가 이를 극복하기 위해 결단하고 실천하는 때라야 참된 책임을 수행하는 것이다. 특히 자신의 책임의 범위를 자의적으로 축소하는 것은 용납될 수 없다. 본회퍼는 이런 생각을 주장했을 뿐만 아니라 자신의 생명을 바쳐 실천했다.

그렇게 책임의 범위를 확장해 본다면 완벽한 책임 실현이란 참으로 실현될 수 있는 어떤 상태가 아니고 그저 우리의 과제에 불과할 따름이다. 특히 민주주의 실현은 개인적 차원의 윤리적 선택일 뿐만 아니라 나아가 사회의 구성원으로서 개인이나 조직, 집단이 마땅히 담당해야 하는 '사회적 책임'이다. 독재와 부패, 이 둘은 다른 사람들을 자신들의 탐욕을 채우기 위한 수단으로 여긴다는 데에 공통점이 있다. 온갖 사회문제들에 대한 무지나 태만, 침묵 등은 바로 그런 불의한 체제에 대한 공모, 방조 또는 묵인으로 이어진다. 사회의 심각한 구조적 범죄에 대해서는 입을 다물고 개인적 차원의 심오한 도덕성만을 주장하는 것은 그냥 위선일 뿐이다.

그런 의미에서 이웃에 대한 무한의 책임 실현은 우리가 실제로 도달할 수 있는 곳이 아니라, 그저 그렇게 실천하고자 노력하는 길 위에서 만날 수 있는 이정표 위의 목적지일 뿐이다. 또한 진정한 책임이란 내세울 수 있는 무엇이 아니라 그저 '자기방향성self-orientation'이며, '책임을 실현하려는 의지'에 불과할 따름이다. 우리의 과제들 가운데 우리가 실천했거나 성과를 거두었다고 할 수 있는 부분은 그저 무한대 분의 알파일 뿐이라는 뜻이다.

천국의 문을 여는 열쇠

1980년 여름, 다시 잡혀간 서대문경찰서에서 A. J. 크로닌의 소설 『천국의 열쇠』를 읽었다. 프랜치스 치점 Francis Chisholm이라는 주인공은 넓은 마음을 지닌, 그렇지만 자신의 출세나 안위를 챙기는 데는 문외한인 매우 고지식한 신부다. 중국에서의 30여 년간의 사역을 마치고 스코틀랜드로 귀국하기 직전에, 그는 자신이 처음 미사를 드렸던 자리를 찾아 무릎을 꿇고 하나님께 간절한 기도를 올린다. "하나님, 행위로서가 아니라 의도로서 심판하여 주옵소서" 하고. 일생을 바친 선교 사역조차 실은 아무 내세울 바가 없다는 의미 아닌가.

이런 바탕에서, 기독교에서 믿음으로 말미암아 의롭다고 인정받는다는 '이신칭의以信稱義'의 의미는, 신은 우리가 쌓은 공적 때문이 아니라 그저 우리가 추구하려 한 삶의 방향, 그 지향을 보고 인정해 줄 것이라는 의미로 해석해야 한다. 그것이 아니면, 이신칭의 개념조차도 본회퍼가 지적한 '싸구려 은혜'로 전락하고 말 따름이다.

그런데 우리 시대 이 땅에서도 그처럼 자기 책임의 범위를 무한으로 확장하고 생명을 바쳐 실천한 사람들이 있었다.

기독 청년 전태일

독실한 '기독 청년' 전태일은 '시다'들이 배를 곯는 안타까운 모습을 보고 차비를 털어 그들에게 풀빵을 사주었다. 그 대신 자신은 청계천 평화시장에서부터 쌍문동, 지금의 삼익세라믹 아파트 자리까지 약 12km를 세 시간 이상 걸어가야 했다. 그는 약자들, 배고픈 시다들에 공감하였고, 자신에 앞서 이웃을 먼저 생각하고 그들의 굶주림을 먼저 해결하려 했다. 또 당시 교회 생활을 함께했던 분의 증언에 따르면, 전태일 열사는 교회에서도 온갖 봉사에 앞장섰는데 주일학교 선생을 하면서 어린아이들이 추운 겨울에 맨발로 온 것을 보고는 자기 양말을 벗어 신겨주기도 했다고 한다.

사람들은 그에게 "바보 같은 짓거리 하지 말라"고 했다. 그렇지만 그는 "그래, 근로기준법도 몰랐던 우리가 정말 바보였다"는 뜻에서 친구들과 모임을 만들고 이름을 '바보회'라고 붙였던 것 아닌가? 나중에 '삼동친목회'로 확대된 모임의 시작이다.

1970년 초 전태일은 그의 소설 작품 초고에 이렇게 적었다. "나이가 어리고 배운 것은 없지만 그들도 사람, 즉 인간입니다. 태어날 때부터 생각할 줄 알고, 좋은 것을 보면 좋아할 줄 알고, 즐거운 것을 보면 웃을 줄 아는 하나님의 만드신 만물의 영장, 즉 인간입니다. 다 같은 인간인데 어찌하여 빈한 자는 부한 자의 노예가 되어야 합니까. 왜 빈한 자는 하나님께서 택하신 안식일을 지킬 권리가 없습니까? 종교는 만인이 다 평등합니다….”* 그리고 그해 8월 9일, 이렇게 적었다.

이 결단을 두고 얼마나 오랜 시간을 망설이고 괴로워했던가? 지금 이 시각 완전에 가까운 결단을 내렸다. 나는 돌아가야 한다. 꼭 돌아가야 한다. 불쌍한 내 형제의 곁으로, 내 마음의 고향으로, 내 이상의 전부인 평화시장의 어린 동심 곁으로, 생을 두고 맹세한 내가, 그 많은 시간과 공상 속에서, 내가 돌보지 않으면 아니 될 나약한 생명체들. 나를 버리고, 나를 죽이고 가마. 조금만 참고 견디어라. 너희들의 곁을 떠나지 않기 위하여 나약한 나를 다 바치마. 너희들은 내 마음의 고향이로다. (…) 오늘은 토요일. 8월 둘째 토요일. 내 마음의 결단을 내린 이날. 무고한 생명체들이 시들고 있는 이때에 한 방울의 이슬이 되기 위하여 발버둥치오니 하나님, 긍휼과 자비를 베풀어주시옵소서.

지난 2020년 11월 12일 정부는 전태일 열사에게 국민훈장의 최고 훈격인 무궁화장을 추서했다. 그가 노동자들의 권리를 부르짖으며 근로기준법 책자를 품에 안고 자신을 불태운 1970년으로부터 정확히 50주기를 하루 앞두고 이루어진 일이다. 그 훈장 추서는 국가와 국민이 그의 희생에 대해 적어도 최소한의 감사를 표시해야 하는 것이 아닌가 하는 생각으로부터 시작되었다.

* 출처: 조영래, 『전태일평전』, 아름다운전태일, 2010. 전태일 관련 다른 인용문의 출처도 이와 같다.

우리가 대학에 들어간 해인 1976년 3·1절에 명동성당에서 발표된 '3·1 민주구국선언'은 한국기독교가 1970년 전태일 분신으로 충격을 받고 응답한 것이라고 하신 문동환 목사님 말씀을 기억한다. 그 훈장 추서가 끝이 아니라 우리 사회를 진정한 노동존중 사회로 바꾸는 제대로 된 '응답'의 시작이 되어야 한다.

신학생 류동운

한신대 79학번 신학생이던 류동운은 1980년 5월, 전두환 군부가 각 대학에 휴교령을 내리고 기숙사마저 폐쇄하자 부모님이 계시는 광주로 내려갔다. 그리고 5월 18일 전남대 학생들과 함께 시위를 벌이다가 계엄군에 의해 상무대로 연행된다. 당시 성결교단 광주신광교회에서 목회하던 그의 아버지 류연창 목사(1928~2019)가 이전에 시무했던 충북 증평교회의 교인 정웅 장군(당시 31사단장)의 도움으로 류동운은 사흘 만인 5월 21일 가까스로 풀려난다.

그는 상무대에서 풀려나자마자 남동생(류동인)과 함께 전남도청 등의 투쟁 현장에 들렀다가 귀가한다. 군인들의 구타와 가혹행위로 몸이 크게 상한 그는 닷새 만에 겨우 몸을 추스르고 5월 25일 다시 거리에 나섰다가 친구 형의 죽음을 목격하고 시민군에 참여한다. 아들이 시민군이 되어 전남도청에 있다는 소식을 접한 아버지 류 목사는 5월 26일 아들을 데리고 집으로 온다.

하지만 류동운은 그때 도청을 완전히 나온 것이 아니라 생을 정리하려고 귀가한 것이었다. 그는 어머니와 형제를 만나고, 몸을 씻고, 친구들과 마지막 인사를 나눈다. 역사의 십자가 앞에 선 청년 신학도는 "나는 이 병든 역사를 위해 갑니다"라는 글을 일기에 남긴다. 그리고 "한 줌의 재가 된다면 어느 이름 모를 강가에 조용히 뿌려다오!"라는 유언을 동생 류동인에게 글로 남기고 집을 나선다.

아버지는 마지막을 예감하고 아들을 붙잡았다. "아버지, 저를 붙잡지 마세요. 다른 사람들이 무자비한 계엄군에게 희생당하고 있는데 왜 자기 아들만 보호하려고 하십니까? 아버지는 왜, 평소 소신을 버리십니까. 아버지는 설교하시면서 '역사가 병들었을 때, 누군가 역사를 위해 십자가를 져야만 이 역사가 큰 생명으로 부활한다!'고 하셨잖습니까? 아버지, 저를 붙잡지 말아주세요!" 이런 항변에 아버지 류 목사는 아들을 끝내 붙잡지 못했다.

류연창 목사는 5월 25일 주일 대예배에서 '역사의 십자가를 져야 한다!'고 설교했다. 그 교회 청년회원의 형이 시민군 활동을 하다가 계엄군에 의해 학살당했다. 류 목사는 로마 군인보다 더 잔인하게 양민을 학살하는 전두환 군부의 살육을 막기 위해선 역사의 십자가를 져야 한다고 절규했다. 그런데 그 십자가가 바로 자기 아들에게 주어졌고, 아버지는 그 아들의 마지막 길을 가로막을 수 없었던 것이다.

　진압을 앞둔 시점에 한 어머니가 전남도청을 찾아갔다. "우리 아들이 여기 있는 것을 알고 왔어요. 보고 싶어서 왔으니 한 번만 만나게 해주세요!"라고 호소한다. 생사를 가르는 엄중한 상황이었다. 정문을 통제하던 시민군은 아마 '어머니의 호소대로 아들을 내어주면 다른 시민군들은…' 이런 생각을 했을 것이다. 그 시민군이 허락해 주지 않자, 그 어머니는 "그래요, 내 아들만 여기 있는 것도 아닌데…"라고 눈물을 흘리며 떨어지지 않는 발걸음을 뗐다고 한다. 그 시민군이 어머니의 뒷모습에다 대고 "아들의 이름이 어찌 됩니까?"라고 묻자, 그 어머니는 아들의 이름 석 자를 남기고 사라진다. "류.동.운. 이라고 합니다!"

　류동운은 계엄군이 도청을 무자비하게 진압하던 1980년 5월 27일 새벽, 복부 관통상을 입고 살해당했다.

책임의 이해와 실천 없이는 신앙조차도 무의미하다. 본회퍼가 남긴 『옥중서간』, 『윤리학』, 『제자됨의 대가the Cost of Discipleship』 등의 글들은 시대의 아픔, 사회의 질곡을 고민하며 자신이 져야 하는 책임의 무게에 비해 정말 보잘것없는 자신의 실천의 한계에 한숨을 내쉬는 모든 이에게 싸구려 아닌 진정한 은혜의 가능성이 열린다는 점을 깨우쳐주었다.

흔들릴 때마다 그의 사진을
꺼내 보았다

『뿌리박기』[*]

시몬 베유

나영희

1976년 숙명여자대학교 교육학과에
입학했다. 중앙대학교 대학원에서 석사와
박사 학위를 받았고, 여성특별위원회
국제협력담당관, 청와대 언론비서관실
국장, 국가인권위원회 인권교육본부장,
국민연금공단 상임이사 등을 지냈다.

아직도 한국 사회의 민주주의가 매우 취약할 수 있고, 그래서 역사가 완전히 뒷걸음칠 수도 있다는 것을 2024년 12월 3일 해괴한 비상계엄이라는 경험을 통해서 확인할 수 있었다. 이 글을 쓰는 지금 시점으로부터 불과 300일도 안 된 일이다.

비상계엄이라는 것이 무엇인지 모르는 사람들도 있겠지만, 기나긴 유신 시대를 거친 세대에게 이 단어는 그 시절의 악몽이 되살아나는 금기어다. 특히 76학번은 더욱 그러하다.

1976년도에 대학교에 입학한 세대가 76학번이다. 벌써 햇수로 50년 전의 일이다. 당시는 긴급조치 9호가 발령되어 있던 어두운 시기였다. 대학가는 분위기가 침울했고, 대학의 낭만 같은 것도 찾아볼 수가 없었다. 시대적 배경을 염두에 두고, 76학번에게만 있는 특이한 점을 몇 가지 돌이켜보는 것이 76학번 세대의 정체성을 이해하는 데에 도움이 될 것이다.

76학번

우리 76학번은 당시 박정희 대통령의 아들 박지만 때문에, 10대 도시 기준으로 중학교는 추첨 기계를 돌려 들어간(무시험 입학 추첨제) 일명 '뺑뺑이 세대'다. 그 전까지는 중학교도 입시가

---

* 이 글은 1979년 민희식 번역으로 문학예술사에서 출판된 책을 기준으로 삼았는데, 지금은 『뿌리내림』이라는 제목이 널리 쓰인다. 이하 인용은 1979년판 『뿌리박기』를 따랐다.

있어서 원하는 중학교에 입학원서를 내고 시험을 쳐서 합격해야 들어갈 수 있었다. 반면, 고등학교는 고등학교별로 입학 시험을 쳐서 들어갔던 마지막 세대이기도 하다. 그리고 대학교도 전국 단위 예비고사와 대학별 본고사, 두 번의 시험을 거쳐 들어가야 했던 마지막 세대였다(대학 본고사가 완전히 폐지된 건 1981년이었다).

또한 군사 정부 통치 시대니만큼 고등학교부터는 체육 시간이 교련 시간으로 운영되었다. 그러다 보니 체육복도 군복을 연상시키는 흑백 무늬의 교련복을 입어야 했다. 내가 다니던 고등학교만의 특수 상황인지는 모르겠으나, 고등학교 학생회 간부들은 일주일간 교련 훈련 명목으로 전방 부대에 다녀와야 했다. 그게 무슨 의미인지도 모른 채 학생회 간부들과 함께 전방 부대의 병영식당에서 식판 밥을 먹으며 해맑게 웃고 있는 단체 사진은 지금 봐도 어처구니가 없어 웃음만 나온다. 고등학생이면 아직 자아관과 세계관이 확실히 잡히지도 않은 시기인데, 이런 나이에 전방 부대에서 교련 훈련을 받으며 있는 힘껏 국가에 대한 충성 구호를 외쳐 댔던 것이다. 그야말로 전 국민의 군인화를 시도했다고 해도 과언이 아니다.

아무리 TV나 라디오에서 뉴스를 접한다 하더라도 당시는 모든 언론이 사전 검열을 거쳐야 했기에 유신 시대의 모습이 참으로 어땠는지 어린 학생들이 알기는 쉽지 않았다. 그런데 우리 집은 조금은 달랐다. 매일 아침 6시가 되면 라디오 뉴스로 하루를 시작하는 집인 데다 아버지께서 조간신문을 매일 정독하셨다. 무슨 신문이었는지는 기억나지 않지만, 나도 아버지 옆에서 큰 글씨로 된 기사 제목들을 살펴보곤 했다. 그러다 보니 우리 집 식구들의 정치의식은 남달랐던 것 같다. 정국이 돌아가는 방향이나 이면에 대해 아버지가 비교적 소상히 이야기해 주기도 했다. 그럼에도 그런 의식은 지극히 개인적인 차원으로만 간직해야 하고 함부로 발설해서는 안 된다는 것도 잘 알았다.

평온했던 일상을 삼켜버린 '양심선언문'

평온한 일상이 180도 달라지기 시작한 것은 대학 합격 소식을 접하고 얼마 되지 않아 알게 된 한 사건 때문이었다. 입학식을 3개월여 앞두고 우연히 알게 된 사람들과 함께 처음으로 경동교회에 갔었는데, 그곳에서 서울대 75학번 김상진 열사의 '양심선언문'과 맞닥뜨리게 되었다. 그 선언문이 내 일상을 다 뒤집어버렸다.

우리가 대학에 입학하기 한 해 전인 1975년 4월 11일 오전, 수원에 있는 서울대학교 농대 잔디밭에서 농대생 300명이 모여 성토대회를 열었다. 일주일 전인 4월 4일의 시위에서 구속된 학생들의 석방을 촉구하고 박정희 정권을 규탄하는 대회였다. 여러 명이 나와서 연설을 했는데 11시 20분쯤 세 번째 연사로 등장한 사람이 김상진이었다.

그는 '양심선언문'을 낭독한 뒤 가지고 있던 과도를 꺼내 스스로 배를 찔렀다. 피투성이가 된 그는 구급차에 실려 병원으로 가면서 친구들에게 애국가를 불러달라고 했다. 그렇게 수원도립병원으로 옮겨져 두 번의 수술을 받았으나 이튿날인 4월 12일 오전 8시 55분, 스물다섯 살의 나이로 끝내 숨을 거두었다.

이 사건을 계기로 유신헌법 철폐와 정권 퇴진을 요구하는 운동이 더욱 거세게 일어나자, 박정희는 5월 13일 유신헌법에 대한 일체의 언급이나 논의를 금지하는 긴급조치를 발표한다. 그 유명한 긴급조치 9호다.

김상진 열사가 쓴 '양심선언문'은 두 가지로, 하나는 학우에게, 다른 하나는 박정희 대통령에게 보내는 글이었다. 특히 학우에게 보내는 양심선언문은 읽는 이의 가슴을 깊이 파고든다. 그중 내 마음속을 후비고 들어왔던 문장을 일부 언급함으로써 김상진 열사를 죽음으로 내몬 상황을 공유하고자 한다.

(…)

민주주의란 나무는 피를 먹고 살아간다고 한다. 들으라! 동지여! 우리의 숭고한 피를 흩뿌려 이 땅에 영원한 민주주의의 푸른 잎사귀가 번성하도록 할 용기를 그대들은 주저하고 있는가! 들으라! 우리는 유신헌법의 잔인한 폭력성을, 합법을 가장한 유신헌법의 모든 부조리와 악을 고발한다. 우리는 유신헌법의 비민주적 허위성을 고발한다. 우리는 유신헌법의 자기중심적 이기성을 고발한다.

학우여!

아는가! 민주주의는 지식의 산물이 아니라 투쟁의 결과라는 것을. 금일 우리는 어제를 통탄하기 전에, 내일을 체념하기 전에, 치밀한 이성과 굳은 신념으로 이 처참한 일당독재의 아성을 향해 불퇴진의 결의로 진격하자. 민족사의 새날은 밝아 오고 있다. 그 누가 이 날의 공포와 혼란에 노략질당하길 바라겠는가. 우리 대한 학도는 민족과 역사 앞에 분연히 선언한다.

(…)

1975년 4월 11일
서울대학교 농과대학 축산학과 4학년 김상진*

불과 스물다섯 살의 나이에 산화하기로 결심할 수 있다니? 온갖 생각이 뒤엉킨 채, 눈물이 쉴 새 없이 쏟아졌다. 그날 어떻게 집에 들어갔는지 기억이 나질 않는다. 돌이켜보건대, 그날 경동교회에서의 충격은 내 삶의 진로를 결정할 때마다 장작불로 타올랐다. 그 불 장작더미 앞에서 난 무엇인가 응답해야만 했다.

그때 만난 몇 사람과 독서 모임을 시작했다. 엄청난 양의 책을 읽고 토론하는 날들이 무수히 흘러갔다. 그리고 독서 모임이 끝나면, 관련 있는 현장을 찾아가서 참배하는 일도 특별한 행사같이 치러졌다.

예를 들면, 참배지에는 4·19묘지와 경기도 파주의 천주

---

* (사)김상진기념사업회(https://www.kimsangjin.org)

교 공동묘지 등이 있었다. 특히 파주는 장준하 선생의 『돌베개』를 읽고 나서 갔던 곳이다. 그 고단한 독립운동의 여정을 묵묵히 걸어가셨던 선생의 넋을 위로하고자 했다. 우리가 갔던 그날은 비가 촉촉하게 내렸다. 때마침 선생의 묘지 근처에서 소쩍새가 한없이 울던 기억이 지금도 생생하다.

독서 모임은 각 대학교의 입학식이 본격적으로 시작되자 응집력이 약해지기 시작했다. 그나마 간신히 유지되다가, 같이했던 몇몇 사람이 경찰에 연행되고 소식조차 알 수 없게 되는 사건들이 연이어 일어나면서 자연스럽게 해체되었다.

나 역시 그사이 모임에서 멀어졌고, 대학 생활이 시작되었다. 그런데 가슴 한구석에서는 다행이다, 라는 생각이 들었다. 학생운동이라니… 그렇게 위험한 집단과 일단 물리적 거리를 갖게 된 것에 한편으로 안도감이 들었다.

시몬 베유와 김수영 시인

겉으로는 거의 무사하게 1학년이 지나가고 있었지만, 내 주변에서는 적지 않은 일들이 일어나고 있었다. 1학년 겨울방학이 시작될 무렵, 전혀 일면식이 없는 몇몇 선배가 찾아와서 학생운동을 조직화하는 일에 앞장서 주기를 요구하기 시작했다. 선배들이 찾아왔던 이유는, 1학년 2학기에 대학신문에 기고한 내 글이 학교에서 나름 유명해졌기 때문이었다. 그 내용은 '유신 시국에 학우들이 가져야 할 덕목이란 무엇인가?'에 관한

것이었다. 이 때문에 교수들은 물론이고 학생과에서도 나를
주목하던 때였다. 더욱이 우리 학교에서는 1970년 이후 1976
년 말까지 단 한 차례의 유인물 사건조차 없었기에, 선배들의
요구는 집요했다. 1977년 2학년 1학기가 되자 선배들은 시도
때도 없이 나를 호출했다. 나는 아무런 결정도 하지 못한 채
6개월을 흘려보냈다.

자신이 없었다. 말로 떠드는 것은 할 수 있었다. 글로 주장
하는 것까지는 그나마 해볼 수 있었다. 그런데 학생운동의 전
면에 나서는 것은 전혀 다른 차원이었다. 그것은 어느 날 쥐도
새도 모르게 죽을 수도 있다는 것을 각오한다는 의미였다. 모
든 것을 걸어야 하는 일. 내가 계획했던 미래, 유학과 결혼, 가
정을 갖는 것까지 무효화해야 하는 일이었다. 한마디로 내 삶
을 포기하고, 운 나쁘면 의문사를 당하는 것까지 받아들여야
만 학생운동을 할 수가 있었기 때문이다.

정신적 방황이 심했던 그 6개월 동안 꿈들은 언제나 시끄
러웠다. 잠을 잘 수가 없었다. 자다 깨다를 반복하다 밤을 지새
우는 일이 수없이 반복되었다. 이때 만난 것이 바로 시몬 베유
다. 시몬 베유를 접하게 된 것은 기막힌 우연이었다. 머릿속은
복잡하고 그 무엇도 손에 잡히지 않던 날들이 흘러가는 속에
서 눈에 들어온 것이 시몬 베유의 얼굴이 크게 그려진 책이었
다. 바로 『뿌리박기』였다. 그 책은 이와나미쇼텐岩波書店 이라
는 일본의 유명한 사회과학 출판사에서 나온 것으로, 당시에
는 이런 책들은 거의 복사본으로만 구할 수 있었다.* 나중에는

* 그 당시 학생운동을 하는 대학생은 대다수가 일본어책을 읽
을 수 있었으며, 특히 이와나미쇼텐(당시에는 '암파서점'이라
고 불렀다)에서 나온 사회과학 출판물은 학생운동에 몸담은 대

한국에서도 시몬 배유에 관한 책들이 나오기 시작했다.

『뿌리박기』는 그녀 나이 서른 살에 쓴 것으로, 그녀가 공장에서 노동자로 일하면서 틈틈이 써 내려간 글을 사후에 편집하여 책으로 펴낸 것이다. 이 책은 시몬 배유의 대표적인 사상 철학서로서, 당시 소외계층의 뿌리 뽑힌 현실을 사회적인 측면과 종교적인 측면에서 예리하게 파헤친다.

책은 총 3부로 구성된다. 제1부는 영혼이 요구하는 것으로, 하위 부제로 질서, 자유, (신에의) 복종, 평등, 명예, 언론의 자유, 안전 대 위험, 사유재산 대 공유재산 등이 있다. 제2부는 뿌리 뽑힘(소외)으로, 노동자와 농민의 소외 문제를 다룬다. 제3부는 뿌리박는 일(소외를 극복하고 주체가 되는 일)을 다룬다.

시몬 배유의 정치철학의 핵심은 '가장 인간적인 문명은 육체노동을 최고의 가치로 삼는 문명'이라는 데서 출발한다. 이에 대해 박홍규 교수는 "사회의 분업화와 체계화의 핵심에는 항상 정신노동과 육체노동의 이분법이 도사리고 있고, 육체노동에 비해 정신노동을 중시하는 가치 평가가 내재되어 있다. 체계는 최고의 상급자가 가장 정신적인 노동에, 그리고 최하의 계층은 가장 육체적 노동에 종사하는 구조로 작동한다."고 설명하면서 배유는 바로 이 구조를 붕괴시킬 것을 주장했다고 말한다.**

다시 말해 지식노동과 육체노동의 가치체계를 달리해서는 안 되며, 오히려 육체노동을 최상위에 놓아야만 가장 인간답게 살아갈 수 있는 문명사회가 될 수 있다는 것이 시몬 배유

학생들에게는 지식의 보물 창고였다.
** 『교수신문』(http://www.kyosu.net), 「박홍규의 아나키스트열전 54」

정치철학 사상의 본질이다.

시몬 베유의 글들은 대부분 사후에 출간되었기에 생전에는 이름이 잘 알려지지 않았다. 그러나 그녀가 쓴 글이 책으로 출간되자마자 1950년대와 1960년대 유럽과 영어권에서 커다란 반향을 일으켰다.

1943년 폐결핵으로 서른네 살의 나이에 요절한 시몬 베유는 매우 유복한 유대인 가정에서 태어났으며, 파리 최고 명문 대학의 하나인 파리고등사범학교를 졸업했다. 이 학교는 자연과학 및 인문학 중심의 그랑제콜(최고 고등교육기관)이다. 그녀는 파리고등사범학교에서 철학 교수 자격 학위를 받았지만, 가난한 자들과 함께하기 위해 스스로 노동자가 되었다. 또한 스페인 내전에 참가했고, 제2차 세계대전에는 간호부대를 조직해 참여하기도 했다. 이렇듯 매 순간 행동하는 지식인으로서 살아가고자 했던 것의 사상적 의의와 철학적 논지를 기록한 글이 바로 『뿌리박기』이다. 이 책의 서문을 쓴 시인 T. S. 엘리엇은 시몬 베유를 가리켜 '위대한 영혼'이라고 했다.

이 책을 읽으면서 나는 6개월간의 생각의 방황을 정리할 수 있었고, 그 정리 끝에 도달한 결론이 바로 학생운동에의 헌신이었다.

영혼이 요구하는 것

의무의 관념은 권리의 관념에 우선한다. 권리의 관념은 의무의 관념에 종속하고 그것에 의존한다. 하나의 권리는 그 자체

로서 유효한 것이 아니라 그 권리에 대응하는 의무에 의해서
만이 유효하게 된다.   16쪽

영혼이 요구하는 제1순위는 의무인데, 그것이 어떠한 의
무인가에 대해서 그녀는 인간의 영혼을 침식하는 모든 억압과
굴종, 잔혹함 등에 맞서는 것이야말로 의무라는 것을 강조한
다. 즉 가장 먼저 추구해야 할 우선순위는 자신의 권리가 아니
라 영혼의 자유를 저해하는 그 어떤 굴종에도 맞서는 것이어
야 한다고 말한다.

정복자가 굴종을 강요당한 주민들에게 가하는 일체의 잔혹
함, 학살, 상해, 조직화된 기아, 노예화, 집단적인 강제 이송
등은 자유나 조국이 육체적 요구에는 속해 있지 않다고는 하
지만 일반적으로 모두 같은 종류의 수난으로 생각되고 있다.
그러나 신체를 침해하지 않고서 인간의 생명을 침해하는 잔
혹함이 존재하는 것도 만인은 의식하고 있다. 그것은 인간에
게서 영혼의 생활에 필요한 어떤 종류의 양식을 빼앗는 잔혹
함이다.   21쪽

시몬 베유의 글은 읽기가 쉽지 않다. 그녀 자신의 특기인
철학적 논증이 매 단어에 덧붙여지고 있기 때문이다. 매우 읽
기가 난해했던 글을 읽어 내려가면서 비로소 '어떻게 살아가
야 할 것인가?'에 대하여 정리가 되었다. 그리고 이때의 정리

238

는 평생에 걸쳐 내 삶의 기준이 되었다.

　이러한 기준에 더해 내 삶의 방향을 더욱 공고히 하는 데에 기여한 것은 김수영 시인의 시였다. 시몬 베유의 글을 읽으면서도 여전히 마음을 정하지 못하고 있을 때, 김수영의 시 두 편이 내 눈을 맑게 해주었다. 「어느 날 고궁을 나오면서」*의 주인공은 바로 나 자신이었다. 결코 마주하고 싶지 않은, 옹졸하고 작은 일에만 분개하면서 마치 나라를 위해 걱정하는 척하는 이중적인 나의 모습을 여지없이 드러내 주었다.

왜 나는 조그마한 일에만 분개하는가
저 왕궁 대신에 왕궁의 음탕 대신에
50원짜리 갈비가 기름덩어리만 나왔다고 분개하고
옹졸하게 분개하고 설렁탕집 돼지 같은 주인년한테 욕을 하고
옹졸하게 욕을 하고
(…)
아무래도 나는 비켜서있다. 절정 위에는 서있지
않고 암만해도 조금쯤 옆으로 비켜서있다
그리고 조금쯤 옆에 서있는 것이 조금쯤
비겁한 것이라고 알고 있다!
(…)

　소시민적인 자아상이 얼마나 비겁하고 옹졸한 모습인지를 철저하게 깨달은 후, 나아가야 할 삶의 방향에 확신을 준 또

---

* 김수영, 『거대한 뿌리』, 1995, 민음사

다른 시가 김수영의 「폭포(瀑布)」*다.

폭포는 곧은 절벽을 무서운 기색도 없이 떨어진다.

규정할 수 없는 물결이
무엇을 향하여 떨어진다는 의미도 없이
계절과 주야를 가리지 않고
고매한 정신처럼 쉴 사이 없이 떨어진다
(…)

삶의 지향점이 변하다

1977년 6월 이후, 내 삶의 기준점이 달라졌다. 그리고 또 다른 습관이 생겼다. 삶의 기준점이 흔들릴 때나 또 매우 어려운 결정을 해야 할 때마다 지갑에 넣고 다니던 시몬 베유의 사진을 꺼내보곤 했다. 그런 사소한 행위만으로도 옳은 방향으로 결정을 내리는 데 지대한 도움을 받았다.

그 무렵 학교에도 많은 변화가 몰아닥쳤다. 근 5년여 동안 유인물조차 없던 학내에 심심찮게 유인물이 뿌려졌다. 또한 교정 곳곳에 대자보가 수시로 게재되면서 학우들의 시선을 끌었다. 합법을 표방한 비합법 학내 써클(예를 들면, 문화 활동이나 종교 활동을 하면서 내용적으로는 사회과학 공부와 학생운동을 병행하는 동아리)이 조직되기 시작하고 그 수가 조금씩 늘어났다.

*김수영, 같은 책.

이런 분위기 탓이었을까? 결국 상주하던 경찰 인력이 배로 불어났고, 학생들의 동향을 수시로 보고하는 학생과의 업무 인력도 늘어났다. 그리고 학교에는 없을 줄 알았던 프락치(경찰에 매수되어 학생운동을 하는 척하면서 이쪽의 동향을 밀고하는 사람) 활동을 하는 학생들도 적지 않게 눈에 보이기 시작했다.

1978년 늦가을 서울의 주요 대학들과의 동맹으로, 우리 학교에서도 선배와 함께 조를 짜서 교내에서 데모를 하기로 했다. 뒤늦게 그 정보가 이미 새어 나간 것을 알았다. 결국 데모를 시작하긴 했지만 얼마 안 가서 선배를 비롯한 몇 명이 체포되고 말았다. 나를 비롯한 몇 명은 곧바로 현장을 빠져나왔고, 나는 45일간의 수배 생활에 들어가야만 했다. 수배 생활이 생각보다 짧았던 이유는 우리 과 교수님들이 많이 애써주신 덕분이었다. 학과장님이 학생과장에게 가보라고 해서 갔더니, 학생과장이 나에게 "양의 탈을 쓴 늑대"라고 하면서, "이번엔 교수님들의 간곡한 요청으로 넘어가지만, 또다시 걸리면 제적시키겠다"고 으름장을 놓았다.

사실 이런 으름장은 애교에 불과했다. 학교에 상주하던 중앙정보부(지금의 국정원) 소속 간부는 "유인물, 대자보, 데모 등 이 모든 사태의 핵심에 나영희가 있다는 것을 알고 있다. 반드시 너를 잡아넣을 것이다."라는 말을 나에게 직접적으로 여러 번 하기도 했다.

내가 학교를 졸업한 해는 1980년이다. 한국 사회가 가장 암울했던 시기 중 하나다. 1980년 광주의 민주화운동을 눈물로 지켜보았고, 개인적으로도 많은 변화를 겪었다. 비교적 이른 나이에 결혼을 하고 2년 후 임신을 했는데, 배가 부른 상태에서도 학생운동의 조직을 놓치지 않기 위해 3~4년 동안 후배들과 열심히 만났다. 1978년 데모 이후 교내 학생운동 조직의 상당 부분이 와해되거나 비합법 써클로 방향을 바꾸었다. 나는 무너진 학생운동 조직을 재건하기 위해 부단히 애를 썼다.

그 결과 학생운동 조직이 다시 살아나기 시작했고, 학생회의 간부로 진출하기도 했다. 또 나와 함께 학생운동을 했던 후배들이 결집해서 '숙명여대 민주동문회'를 만들었고, 초대 회장을 내가 맡았다.

돌이켜보면, 인생의 어느 한 시기에 목숨을 던질 만큼 어떤 일에 헌신한 경험은 그 사람의 인생에 지대한 영향을 미친다. 그런 일을 겪지 않은 사람은 상상조차 못 할 것이다. 그 경험은 자신이 살아온 삶에 대한 깊은 내적 자부심의 원천이며, 언제나 그의 삶에서 방향타 역할을 할 것이다.

어떻게 사느냐, 정체성을 묻다

『민중과 지식인』

한완상

김병우

1976년 충북대학교 국어교육학과에
입학했으며, 같은 대학교 대학원에서
교육행정학 박사과정을 수료했다. 중학교
국어 교사로 오래 일했고, 16, 17대 충청북도
교육감을 지냈다.

아이들에게 꿈이 뭐냐고 물으면 십중팔구는 무엇이 '되고' 싶다고 말한다. 나도 그랬다. 한완상의 『민중과 지식인』*을 읽기 전까지는. 아니, 대학 시절 그 책을 읽은 뒤에도 처음에는 그랬다. "진정한 지식인이 되어야지, 지식기사가 되지 말고. 대자적 민중이 되어야지." 하고 무엇이 되기를 꿈꾸며 자아 정체성의 좌표로 삼았다. 그런데 인생의 고비마다 이 책을 거울 삼아 다시 펴보고 새길수록, 이 책이 '무엇이 되라'고 하기보다 '어떻게 살라'고 하는 책임을 알게 되었다.

'무엇 되기'의 사다리, 대학

유신 정권의 강압 통치가 한창이던 1976년. 그해 대학생이 된 우리는 동년배 중 '사다리'에 발을 얹은 이들이었다. 1957년 출생자가 96만여 명이라는데, 1976년 대입 정원이 4년제 4만 7천, 2년제가 1만 7천 명 정도였으니, 4년제 입학자는 또래 중 5퍼센트 안에, 2년제 입학자는 7퍼센트 안에 들었던 셈이다. 물론 순전한 성적순만은 아니었다. 동갑내기 중 어림잡아 3분의 1은 국졸(초졸)로 학업을 마쳤고 중졸자 중에도 다시 3분의 1은 고교 진학을 접었는데, 그 결정적 변인은 집안 형편이

---

*『민중과 지식인』은 1978년 정우사에서 처음 출판되었고, 이후 여러 차례 개정판이 나왔다.

었다.

76학번 동기들의 가정환경은 어땠을까. 서울 소재 상위권 대학일수록 중산층 이상 고학력·고소득 가정의 자녀들이 많고, 흙수저 출신은 전국적으로도 대학 신입생의 10퍼센트 이하였을 거라는 게 일반적인 관측이다. 흙수저 출신들에게 대학은 '신분 상승의 사다리'였다. 내가 다니던 지방 국립대의 경우는 거의가 나처럼 소농이나 서민의 자식들이었다.

글쟁이가 되고 싶어 문창과를 가려다가 생계 걱정을 덜 수 있는 사범대 국어과를 택했다. 국립이어서 학비도 사립의 4분의 1밖에 안 되고 발령도 보장되었다. 자식이 들어간 데가 '선생 되는' 과라는 걸 들으신 아버지는 "너도 인제 '인테리'가 됐으니…"라시며 양복과 구두를 맞춰주셨다. 아버지가 그 말을 어떤 의미로 쓰셨는지는 모르지만, 아마 대학생이면 곧 '인텔리'라고 생각하셨던 듯하다.

입학 후 강의에 들어오는 교수마다 툭하면 '엘리트'답게 ○○하라는 당부를 입에 올렸다. 고교 교사를 하다가 석사를 따서 교수가 되었다는 교양영어 강사는 대학이 '엘리트 교육' 기관임을 유독 강조했다. 무슨 군가 가사가 자신의 자작시라고 자랑하던 국민윤리 교수는, 한국에서 대학생은 군대로 치면 사관士官이라면서 말끝마다 '국가관'을 들먹였다. 유신 체제야말로 '한국적 민주주의'라는 국가관 외 다른 생각은 끼어들 여지도 없는 지방대의 청정(?) 캠퍼스에서는, 퇴폐와 낭만 사이 어디쯤 어설픈kitsch 것들이 대학 문화의 상징으로 통하는 분위기였다. 빡빡머리와 교복에 갇혀 지내던 중고교 시절에 비하면, 장발과 청바지 차림으로 잔디밭에 둘러앉아 통기타를 치며 포크송을 부르거나 막걸리를 푸는 모습만으로도 상아탑답다고 여길 만했다. 가끔 들리는 서울 소재 대학들의 데모 소식은 나라의 안정을 위협하는 불순 세력들의 준동으로 보였다. 세상은 흉흉했지만 '대충 끄슬려도' 신분이 달라지는 사다리를 오른 터. 국립 사범대라 낙제만 면하면 교직은 보장되었기에 달리 무엇이 될까 하는 고민은 차라리 사치였다.

흥사단에서 배운 '인물 되기'

"대학 생활을 폼 나게 하려면 전공은 여벌, 써클(동아리)은 필수"라는 말을 어디선가 듣고 입학 초부터 써클을 찾았다. 글을 쓰는 데도 기교나 겉멋보다 인문학적 소양이 더 중요할 듯해 문학 써클 대신 문·사·철文史哲을 공부할 데를 찾아보았다. 그래서 든 곳이 '흥사단 아카데미'였다. 책에서 배운 흥사단은 무거운 느낌이었지만 아카데미라는 학구적 이미지가 그나마 끌렸다. 활동 내용 중 엘리트론, 지도자론 등에도 눈길이 갔다.

　그렇게 시작된 흥사단과의 인연은 나에겐 운명의 길이 된다. 학문의 전당이라는 대학의 본질을 알기도 전에 대학 생활 패턴부터 바뀌었다. 대학 강의라 해야 여학생과 같이 듣는 것 말고는 중고교 시절보다 새로울 것도 없었다. 훨씬 불친절하기까지 했다. 지적 자극도 차라리 써클 쪽이 컸다. 학과 공부나 문학 수업보다 써클 활동의 비중이 늘어간 것은 당연지사. 전공 교재는 빌리거나 복사해서 볼망정 흥사단 도서와 이념 서적, 시와 소설은 교통비를 아껴서라도 사서 보았다.

흥사단 집회는 종교 의례만큼이나 무거웠지만 별로 개의치 않았던 것은 거기서 뜻밖에 춘원 이광수를 만난 때문이었다. 춘원은 글쟁이를 꿈꾸던 중고생 시절부터 나의 우상이었다. 그의 자전적 소설(『나』)을 원고지에 옮겨 적어보는 방법으로 문학 수업을 시작했고 춘원의 작중인물들을 통해서 인생도 배웠다. 그런 춘원을 흥사단에서 다시 만나다니! '보이지 않는 손'이 이끈 듯했다. 나의 우상인 춘원이 흠모하고 따른 정신적 스승이 도산 안창호였다. 하여, 도산의 전기를 집필한 것도 춘원이었다. 내겐 그것이 마치 나-춘원-도산을 잇는 운명의 끈인 듯했다. 그때까지 읽은 춘원의 그 어떤 소설들보다 도산 전기를 탐독했다. 그리고 도산의 일거일동, '도산 말씀' 하나하나를 의식의 밑동에 새겼다. 자아 혁신, 개조改造, 인격 혁명 같은 말들을 벽에 써 붙이고 화두로 삼기도 했다. 그간 종교와는 인연이 없던 내게 도산 사상은 거의 신앙 수준의 신념이자 가치관의 뿌리가 된다.

흥사단은 이름 그대로 인물士을 길러 민족을 부흥케 한다는 도산의 구국 이념을 따르는 단체다. 도산은 나라의 독립과 민족 부흥의 성공 여부는 인물에 달려 있다고 보고, 흥사단 등 교육·훈련 단체를 만들어 민족운동을 이끌 인재 양성에 힘썼다. 지도자는 단지 능력만이 아니라 도덕성과 헌신, 대공大公

의 정신을 갖춰야 하며 사회적 신뢰와 지지를 받아야 한다고 강조했다. 그래서 흥사단 활동 자체가 '인물士 되기' 공부였고 나는 그것을 '춘원 닮기' 또는 '도산 닮기'식 수련 과정으로 여겼다. 흥사단은 일제강점기 항일운동을 중심으로 인재 양성, 민중 교화 등을 통해 조국 독립의 기반을 다지는 데 기여했다. 광복 후에도 공명선거, 투명사회, 평화통일 등을 시기별 과제로 두면서 사회운동 차원의 활동들을 이어오고 있다.

그런데 시대 상황이 어두운 때일수록 '흥사단적 운신'에 비판이 따랐다. 도산 사상의 핵심인 실력양성론, 점진漸進 주의 등은 일제강점기 시절부터 단재 신채호 등으로부터 소극적이고 개량주의적인 '준비론'이라고 비판을 받았으며, 암흑기 춘원의 친일 행각에서 보듯 체제 순응적이라는 한계가 지적되기도 했다. 유신 말기에도 비슷한 비판이 따랐다. 도산 사후 해방공간의 정치적 격동기(1947년)에 '정치 불개입' 방침을 흥사단 약법約法에 못 박음으로써 단체의 위상이 축소되는 결과를 낳기도 했다.

흥사단 본단 대회나 수련회에 가면 지역에선 들을 수 없던 낯선 정보나 담론을 접할 수 있었다. 리영희 교수의 『전환시대의 논리』, 한완상 교수의 『민중과 지식인』 등 불온(?)서적을 알게 된 것도 그 경로를 통해서였다. 리영희의 책에서는 눈을 가렸던 두꺼운 색안경이 벗겨지는 느낌을 받았고, 한완상의 책을 통해서는 자아를 인식하는 눈이 번쩍 떠지는 느낌이 들었다. 그때까지 나는 흥사단의 사士를 선비/지사志士, 엘리트 elite, 선도자/지도자 leader, 지식인 intelligentsia 등으로 설정하고 그것을 자아 정체성의 상像으로 삼고 있었다. 춘원과 도산은 그것을 구현한 모델이었다.

그때 한완상의 『민중과 지식인』은 민중과 지식인의 개념 및 그 둘의 관계를 분명히 해주었다. 그러면서 동시에 혼란도 안겨주었다. 버릇처럼 입에 올리던 엘리트, 선도자라는 개념에 관해서였다. 그 말의 의미 속에 혹시 지적 우월감이나 선민의식은 들어 있지 않았던가 하는 점이었다. 도산의 인물관에는 민중도 당연히 들어 있다. 다만 민중은 지식인의 교화教化가 필요한 존재다. 춘원의 작중인물들도 지식인 주인공과 민중이다. 춘원의 문학 세계에서 지식인은 민중을 깨우치고 이끄는 존재, 민중은 그에 계몽되는 존재다. 둘의 관계는 끝내는 동등한 공민公民이 되어야 하되, 계층과 역할은 다르다. 그러한 흥사단식 관점을 정돈해 주고 가닥을 잡아준 책이 『민중과 지식인』이었다.

우상을 깨고 얻은 거울

한완상은 그 책에서 민중을 '즉자적 민중'과 '대자적 민중'으로 나눈다. 즉자적 민중이란 의식 없는 민초, 무기력하게 파편화한 대중이다. 그에 반해 대자적 민중은 의식화된 시민, 자율적이고 주체적인 공중public을 말한다. 한완상은 지식인도 대자적 민중에 든다고 본다. 단순한 대자적 민중이 아니라 즉자

적 민중을 대자적 민중으로 이끄는 일을 사명으로 삼는 존재
다. 민중 속에 있되 민중의 앞장을 서는, 자신이 민중이면서 민
중의 전위가 되는 존재다.

한완상은 '바람직한 지식인 상像'으로 다섯 가지를 든다.

- 역사의식과 사회의식을 씨줄과 날줄 삼아, 거시적 종합적
  으로 통찰한다.
- 의분과 공감을 가지고 사건을 파악한다.
- 사실의 세계를 진실의 세계로 착각하지 않는다.
- 당연시되는 것의 일상성을 그대로 받아들이지 않는다.
- 일상성의 질서를 회의하면서 그 시대를 지배하는 허위의
  식을 꿰뚫어 본다.

이런 기준에 어긋나는 사이비 지식인을 한완상은 지식기
사知識技士로 가려내서 부른다. 대자적 민중의 정체성을 갖추
지 못한 지식 기술자다. 지식기사는 자기 지식을 도구나 수단
으로 쓰지만, 분석하고 관찰할 뿐 인간과 사회의 아픔에는 무
관심하다. 사실은 말하되 진실은 증언하지 않는다. 미시적 관
찰에는 열심인데 거시적 조망에는 서툴다. 역사의식과 사회의
식을 가지고 인간이나 사회의 문제를 보지 못한다. 그래서 '훈
련된 무능력자trained incapacity'요 비겁한 지식인이다.

한완상은 또 '지식인의 사명'도 다섯 가지를 든다.

- 사회를 지배하는 허위의식을 폭로하고,
- 사실을 넘어 진실을 밝히며,
- 비판과 대안을 제시하고,
- 민중과 연대하여 민중을 의식화시키며,
- 부당한 기존 질서와 단절하는 실천적 역할을 감당해야
한다.

지식기사는 이런 사명을 모르거나 외면한다. 민중의 '의식화'와 관련해서는, 피터 버거의 "지식인은 그렇지 않은 민중을 깔보게 될 위험이 있다"는 주장을 거론한다. 지식인의 엘리트주의적 시각을 우려하는 버거의 주장을 빌려 민중의 잠재력과 주체성을 잊어서는 안 된다고 강조한다.

한완상의 즉자적-대자적 민중 개념은 안창호의 신민臣民-신민新民 개념을 떠올리게 해주었다. 도산은 조국(대한제국)이 일제의 식민지가 되고 만 현실 속에서 나라를 되찾아 민주공화국(대한민국)으로 만들려는 포부를 갖고 신민회新民會를 결성했다. 여기서 신민新民이란 군주국의 백성臣民이 아니라 국가의 주인임을 자각한 주권자를 말한다. 도산은 "신민으로 살았던 습관을 스스로 황제가 되는 습관으로, 인민 전체가 주권자가 되는 습관으로 개조해야 한다"고 역설했다. '스스로 황제가 되는 습관'을 기르는 수련이 자아혁신과 개조의 과정이요, 한완상이 말하는 즉자적 민중에서 대자적 민중으로 깨어나는 의식화 과정이다.

안창호의 선비상과 한완상의 지식인상이 다른 점도 있었다. 도산은 이상적인 선비상을 강조하면서 민족을 위한 대아大我적 자아 수련과 도덕적 완성, 그리고 공공선公共善(민족 독립과 사회변혁)에의 헌신을 중시했다. 도산은 지식인의 타락에 대해서도 당연히 거론했다. 공리공론에 빠지기 쉬운 속성, 권력이나 이익에 영합하거나 대공大公의 사명을 잃고 개인의 안위만을 추구하는 행태는 단호히 경계했다. 다만 이상적이고 당위적인 지식인상을 제시하는 데 치중하느라 변절 등 지식인의 타락이 가져올 해악에 대한 경계를 소홀히 했다. 이것이 훗날 춘원 등의 변절을 '흥사단적 인물의 한계'로 보는 비판의 근거가 되기도 한다.

반면 한완상은 현상유지적·기회주의적 지식기사의 문제점을 집중적으로 폭로하고 경계한다. 지식인의 역할론은 도산과 비슷하지만 위상은 달랐다. 도산은 지식인과 민중 간에 위계적 지위 차이와 역할 구분이 있음을 부정하지 않는다. 위아래 혹은 앞뒤의 위치가 다르며, 이끌고 따르는 임무도 다르다. 하지만 한완상은 지식인이 민중 속에 들어가 전위의 역할로 함께해야 한다고 본다.

한완상의 지식인론에서 또 하나 눈여겨본 대목은 문학의 역할에 관한 것이었다. 한완상은 시인을 '유토피아의 정열을 가진 대자적 민중'이라고 정의하고 지식기사나 지식 매음자知識賣淫者가 아닌, 상황과 역사의 양심이어야 한다고 말한다. 특히 참다운 시인은 어두운 역사 속에서 문학의 '순수성을 위한 순수성'이라는 불순한 수준에 자기를 묶어놓는 것을 거부한다고 강조한다. 문인은 작품을 통해 독자들의 의식을 일깨워 대자적 민중으로 나아가게 하는 것이 본연의 책무다. 문학이 단지 아름다움을 추구하는 것을 넘어 사회의 모순을 고발하고 민중 해방에 기여하는 사회 참여적 역할을 할 때 진정한 문학의 자리를 얻는다는 것이었다.

이러한 한완상의 논리는 나의 문학관 형성에도 영향을 주었다. 하여 당시 문단의 순수 대 참여 문학 논쟁에서도 참여문학 쪽에 이끌렸고, 『창작과 비평』 영인본을 월부로 사서 밑줄을 그어가며 탐독했다. 그러다 만난 임종국의 『친일문학론』은 춘원이라는 오랜 우상과 결별하는 계기가 되었다. 그 책이 내게는 니체의 '우상을 부수는 망치'가 된 셈이다. 전공 수업에서 현대문학사를 배우며 춘원의 변절에 대한 비평을 접하긴 했지만, 그의 행적을 직접 마주하니 불편한 진실 앞에 안쓰러움이 들 정도였다. 한때의 우상이 안쓰럽게 느껴지면, 우상은 깨어지고 그 자리에 '아프락사스'로 향하는 날개가 돋는다.

때마침 전공 학과에는 학부 과정에서도 졸업시험 대신 소논문을 쓰게 하는 전통이 있었다. 나는 현대소설에 그려진 지식인상을 분석해 보았다. 작중 지식인상이 작가 의식을 가장 직접 대변하는 캐릭터가 아닐까 해서였다. 이광수의 『무정』에서는 엘리트형 계몽주의자의 한계를 보았고, 유진오의 「김 강사와 T 교수」에서는 교수 사회 내 두 유형의 지식인상을 통해 학문과 인격의 불일치 및 지식인의 위선을 볼 수 있었다. 이상

254

의 「날개」에서는 식민지 현실에서 무기력하게 퇴행하는 지식인의 실존적 고뇌를 보았고, 선우휘의 「불꽃」을 통해서는 식민지 시대 지식인들과는 다른 실천적·현실 참여형 지식인의 면모를 볼 수 있었다. 전광용의 「꺼삐딴 리」에서는 시대 상황에 맞춰 재빠르게 변신하면서 적응력을 최고 덕목으로 삼는 기회주의적 지식인의 위선을 보았다.

암울한 시대의 정체성 모색

1987년 '교육민주화 선언'이 전국으로 번져가던 무렵, 나는 거기 들지 못하는 채로 심한 자괴감에 싸여 지냈다. 단지 동참하지 못해서만은 아니었다. 군복무 시절 신군부에 바쳤던 눈먼 충성에 대한 죄의식과 자책감, 제대 후 복직한 학교에서 열정을 다하던 군대식 '잡도리 교육'에 대한 부끄러움 등이 뒤섞인 정체성 혼돈이었다. 그 혼돈은 '흥사단 루트'로 구해본 황석영의 『죽음을 넘어, 시대의 어둠을 넘어』와, 천주교 광주교구 정의평화위원회의 『5월, 그날이 다시 오면』 화보집, 그리고 한완상의 이 책을 다시 보면서 유발된 것이었다. 황석영의 책과 정평위의 화보는 5·18의 처참한 진상을 생생히 보여주었을 뿐 아니라, 나의 젊음을 살랐던 군복무가 살인마들에게 바친 눈먼 충성이었음을 '눈이 뒤집어질' 만큼 일깨워 주었다.

나는 대학 졸업 후 바로 초임 발령을 받았다가 5·18 무렵 입대, 그 비극이 지나간 광주의 향토사단에서 병역의무를 마쳤다. 그때 뜻밖에 정훈병으로 차출되어 사단장 훈시문과 사단신문, 각종 정신교육 자료를 만드는 데 군 생활을 통째로 바쳤다. 그때만 해도 5·18의 진상은커녕 신군부와 전두환 정권의 실체를 까맣게 몰랐었다. 그래서 '새 시대 새 지도자의 구국 일념…' 따위 거짓된 지배 이념을 진실로 가공해 장병 정신교육과 대민 선무宣撫 자료로 만들었다. 애국인 줄 알고 뿌듯해했던 일이 살인마들의 꼭두각시 노릇이었음을 안 뒤의 배신감과 죄의식은, 한동안 몸을 가누지 못할 정도의 분노로 이어졌고 두고두고 트라우마로 남았다. 그뿐이 아니었다. 위 책들을 보기 전까지만 해도 나는 군에서 몸에 밴 얼차려 등 '군대문화'를 교육에 적용해 아이들을 졸병 다루듯 하기도 했다. 그러면서 그것을 교육적 열정이라고 착각했다. 선배들 조언대로 점수도 챙겨가면서 승진 가도를 기웃거리고, 승진에 유리한 교육대학원에도 다니고 포상들도 탐내면서 '촉망받는 교사'의 길을 가고 있었다.

그러다 집권 세력의 무도한 실체를 알게 되자 정체성의 혼돈에 휩싸여 다시 『민중과 지식인』을 꺼내 들게 된 것이다. 지배 집단, 허위의식, 지식 매음, 구조의 수인囚人…. 그러고 나니, 그전엔 흘려보았던 교육 관련 내용도 눈에 들어왔다. "학교라는 거대하고 막강한 구조 속에 죄수 취급 당하는 청소년, 그들을 감독하는 교육적 간수…." '학생을 죄수 취급하는 간수'라는 말에 인두로 등지짐을 당하는 듯 고통스러웠다. 그 말은 교사로서의 긍지나 자부심을 뿌리째 뒤흔드는 정신적 고문으로

256

다가왔다.

한완상이 지적한 지식기사의 특성 중에도 자존감을 후벼 파는 대목이 있었다. "지식기사는 대체로 지배 집단의 조역이나 주역의 자리로 갈 수 있으나, 지식인은 자기가 철저히 민중의 사람이라는 자각을 가지고 있다"는 부분이었다. 지배 집단의 조역이나 주역의 자리로 갈 수 있으나…? 승진도 지식기사로 나아가는 길이라는 것 아닌가! 얼굴이 달아올랐다. "지식인은 정당성 없는 지배층에 자기가 억압당하고 수탈당하는 사실을 날카롭게 의식한다"는 대목에서는 군대 시절 신군부에 맹종했던 트라우마가 덧들여져서 승진 가도를 엿보던 일조차 낯 뜨거워졌다. 급기야 교직 자체부터 지식기사 노릇 아닌지 회의가 들기 시작했다. 암울한 시대에 눈 감고 말 못 하는 장애인처럼 지내는 교사 노릇부터가 지배 집단의 하수인 꼴 아닌가…. 뒷날 누군가 "문제 있는 시대 문제 교사는 아무 문제 없는 교사"라고 했던 것처럼, 아무런 문제의식 없던 백면서생이 한겹 한겹 허위의식을 벗어내면서 '문제 교사'로 깨어나고 있었다.

'교육 노동자'로 거듭나기

1987년 6월항쟁 이후 각 분야의 기층운동이 들불처럼 번져가던 즈음, 교사 대중운동에 합류하게 된 것은 그 연장에서였다. 1987년 9월, 도종환 선배가 중심이 된 충북교사협의회 준비모임에 흥사단충북지부 교사분회 단우들과 함께 참여했다.

전교협이 세를 불려가면서 조직 전환 논의가 깊어지던 때 (1988년), 그 초점은 교사의 정체성과 교직단체의 성격에 쏠렸다. '교사는 지식인인가 노동자인가', 그리고 '교직은 전문직인가 노동직인가' 하는 문제였다. 이는 내가 줄곧 품어오던 화두이기도 하거니와 한완상의 『민중과 지식인』에 답이 있는 의제였다. 수개월에 걸친 논의 결과도 그랬다. 교사는 지식인이나 노동자 중 하나로만 규정될 수 없으며, 사회적 책임을 지닌 지식인이자 전체 민중 편에서 투쟁하는 노동자로서의 복합적 정체성을 가져야 한다는 것이었다. 교직단체 성격도 당연히 그와 연동된 노동조합이었다.

1989년, 마침내 전교조가 결성되고 신군부의 후계 노태우 정권의 공안 정국 하에서 '교육대학살'의 표적이 된다. 나도 기꺼이 그 속에 들었다. 노태우 정권의 전교조 탄압은 교사들의 노동권 보장과 교육 민주화 요구를 국가안보 논리로 짓밟은 조직적 국가 폭력이자 교권 말살이었다. 그 과정에서 투옥과 해직을 불사하면서 1,500여 교사가 보여준 것은 문제의식 없는 지식기사나 지배 집단의 하수인에 머물지 않고 사회적 약자(민중)와 함께 현실의 모순에 맞서고자 하는 '교육 노동자'로서의 사명이었다.

그 후, 전교조가 제도적 인정을 받기까지는 다시 10여 년의 합법화 투쟁을 거쳐야 했다. 그 사이 '거리의 교사'들이 가장 의지한 책은 조정래의 『태백산맥』이었다. 그 속에 다양한 모습들로 등장하는 교사 캐릭터들은 해직 교사들에게 위안과 영감을 주는 거울이 되었다. 소설 속 교사들은 단순한 교육자 역할을 넘어 민족사적 비극의 한중간에서 치열하게 온몸을 던지는 '시대의 교사'들로 그려진다.

- 대지주 아들이자 일본 유학파 역사 교사로 좌우 이념 사이에서 극단에 치우치지 않고 합리적 사고를 중시하는 김범우
- 사범학교 출신임에도 학교 교육이 지배 이념을 주입하는 것으로 여겨 교편을 잡지 않고 열혈 혁명가의 길에 들지만, 이념과 무장투쟁의 한계를 상징하는 비극적 결말을 맞는 염상진
- 북에서 영어 교사였다가 토지개혁으로 재산을 몰수당한 뒤 월남해 자신과 생각이 다른 이는 무조건 빨갱이로 몰고 출세에 혈안인 극우 반공주의자 선우진
- 김범우의 사범학교 동기로 중도를 표방하지만, 친일 청산 실패를 고발하는 책을 만들었다가 공산주의자로 몰려 고초를 당하고 빨치산 운동에 가담해 비극적 최후를 맞는 손승호
- 김범우의 제자로 부잣집 아들이지만 사회주의 이념에 심취, 남로당 활동에 투신하는 정하섭

그 외에도 안창민, 서민영, 이지숙 등 『태백산맥』 속 교사

들은, 우리 민족사의 가장 비극적인 시대 상황 속에서 가장 치열하게 고민하고 가장 적극적으로 참여하는 대표적인 지식인 집단으로 그려진다. 전교조 해직 교사들은 작중 캐릭터들의 일거일동에 자신을 비추기도 하고 동일시도 하면서 어두운 시대 겨우살이를 견디어냈다.

'무엇 되기'를 넘어 '어떻게 살기'로

'교육 노동자'라는 정체성을 중심에 두자 자신을 돌아보는 거울도 바뀌었다. '무엇 되기'가 아닌 '어떻게 살기'로 고민의 초점이 달라진 것이다. '무엇 되기'는 이미 글쟁이나 연구자가 아닌 교사가 되기로 하고 자격을 따 교단에 섬으로써 마무리된 것 아닌가, 싶어진 것이다. 그러고 나니 그동안 정체성의 잣대로 삼아온 '선도자, 지식인' 등의 개념도 '무엇 되기'가 아닌 '어떻게 살기'의 상像이 아닌가 여겨졌다. 그 관점에서 『민중과 지식인』을 다시 보니, 한완상의 논리도 '무엇이 되라'는 것이 아니라 보면 볼수록 '어떻게 살라'는 것으로 다가왔다.

1980년대 중반, 교사 대중운동에 처음 동참하던 때도 "내가 맡은 몇 명의 아이들만 내 제자가 아니고, 내 손에 든 국어 교과서만이 내가 가르쳐야 할 것이 아니며, 내가 선 몇 평의 교단만이 나의 자리가 아니다"라고 생각했었다. 그 생각은 학교에 근무하던 때나 교단을 떠나서거나 달라질 것이 없었다. 늘 염두에 두었던 것은 '무엇이 되는가'보다 '어떻게 사는가'였

다. 정년을 10년 이상 앞두었던 2006년(49세)에 교육자치 의
정활동에 뛰어든 것도 그런 심정에서였다. 다른 미련을 접고
교사의 길을 택했던 것도 '남의 성장을 돕는 일'의 보람을 알
고서였다. 그런 내가 왜 다시 교직을 잃을 수도 있는 길을 고민
했던가.

　당시 도교육위원회는 집행청인 교육감을 감시·견제하는
교육자치 의결 기구였다. 하지만 주로 정년을 마친 전직 기관
장급 원로 교육자들이 뽑혀, 제 기능보다 거수기 역할이나 하
고 예우나 받는 '교육계 원로원' 같은 기구에 머물고 있었다.
하여, 타 시도에서는 전교조 출신 교사들이 들어가 새바람을
일으키는데, 충북은 아무도 나설 엄두를 못 냈다. 그 길로 들어
서면 당연퇴직 되어 아예 교단 복귀도 불가능해서였다. 급여
도 없고 약간의 활동비만 주어지는 무보수 명예직이기에 40
대 후반의 나로서도 쉽게 결단하기 어려웠다. 가정적으로도
자녀 교육 등 가장의 책임이 한창 커지는 시기였다. 하지만 기
어이 '누군가는 가야 하는데 아무도 나서지 않는 길'로 들기로
했다. "우리 중에 인물이 없는 것은 인물이 되려고 마음먹고
힘쓰는 사람이 없는 까닭이다. 인물이 없다고 한탄하는 그 사
람 자신이 왜 인물 될 공부를 아니하는가."고 질타하던 '도산
말씀'도 내내 마음에 걸렸다. '해직의 겨울'을 같이 견뎌주었
던 가족의 동의는 주저를 떨치게 만든 마지막 동인이 되었다.

　교육위원으로서의 4년은 모든 것이 낯선 길이었다. 그럼
에도 그간 다듬어오던 비판과 대안 제시를 통해 '합리적 진보',

'충북교육의 신형엔진'이라는 이미지를 얻을 수 있었다. 그리고 4년 후, 다시 한번의 우여곡절과 결단을 거쳐 도교육감 선거에 출마했다. 그 역시 무엇이 되기보다 어떻게 사느냐의 연장에서 '생겨난' 일이었다.

교직원 노조에서의 단체교섭도, 교육위원회에서의 견제도, 아무리 잘해야 '을'로서의 한계가 뻔했다. 처음부터 우리는 변혁의 대안을 꿈꾸지 않았던가. 그 대안을 주권자에게 제시해 선택받으면 된다. 그러면 우리가 교육자치를 주도할 수도 있다. 선거는 주권자가 세상을 바꿀 꿈을 꾸는 '혁명의 기회'다. 다만 주권자는 스스로는 꿈을 꾸지 못한다. 필히 꿈의 도구인 후보가 있어야 꿈이라도 꿀 수 있다. 교육자치가 시행된 지 4반세기가 넘도록 교육감 선출 방식은 3중 간선에서 2중 간선, 다시 주민직선으로 진전되어 왔지만, 충북에서는 진보 교육의 깃발을 들 꿈의 도구가 없었다. 진보적 교육 혁신을 바라는 유권자들에게 교육감 선거는 늘 '남의 잔치'일 뿐이었다. 무엇보다 절박한 것은 꿈꿀 기회라도 가져보는 일이었다.

많은 사람의 꿈과 땀을 모아 마침내 내 나이 53세이던 2010년, 진보 후보 득표율이 10퍼센트를 넘은 적 없던 충북에서 시민·노동 단체 출신으로 34.19퍼센트를 득표했다. 현직 교육감을 꺾지는 못했지만, 간발의 차이로 '졌잘싸'해, 희망을 건지는 '미완의 혁명'을 이룬 셈이었다. 그러나 이 선거의 또 다른 의미는 선거를 치른 뒤에야 떠올랐다. 교육감직 도전은 누가 봐도 '무엇이 되는' 목표였다. 특히 교육감은 교육 노동자에겐 '사용자使用者' 신분이 되는 직함이다. 정체성을 정태적인 개념으로 생각하면 이는 변신이나 계급적 배신일 수도 있었다.

그 문제에 답을 준 것이 생성철학이었다. 세계와 존재를 고정된 실체가 아닌 끊임없는 변화와 생성의 흐름으로 이해하는 관점…. 질 들뢰즈의 『천 개의 고원』이라는 난해한 철학서에서 더듬거리며 찾아낸 것은, 고비마다 정체성의 거울로 삼아온 한완상의 『민중과 지식인』을 제대로 읽었다는 확인이었다. '무엇이기', 또는 '무엇 되기'와 같은 정태적 정체성을 넘어 '어떻게 살기'로 동태적 정체성을 제시한 한완상처럼, 들뢰즈도 '나는 무엇이다'로 단정 짓는 정체성이 아니라 다양한 '되기'의 가능성을 열어두고 끊임없이 자신을 재창조(탈영토화)해 가는 것으로 보았다. 정체성이란 고정되고 본질적인 무엇이 아니라, 끊임없이 변화하고 생성하는 과정 속 '한때의 결과물'인 것이다.

2014년 재도전에서 '충북 최초 진보 교육감' 타이틀을 얻게 된 것도 그런 점에서 '무엇 되기'의 완성일 리 없었다. '무엇 되기' 차원에서도 당선은 시작점에 지나지 않지만, '어떻게 살기' 차원에서는 더더욱 과정의 연속선상에 있을 뿐이었다.

그러면 교육감 재임 8년의 '어떻게 살기'는 정체성의 거울에 부합했던가? 파울로 프레이리가 말한 '함께 성장하는 교육자'상은 어느 만큼 세웠다고 자부한다. 또 하나 다행스러운 것은 전교조가 꿈꾸던 참교육을 '행복씨앗학교(충북형 혁신학교)’를 통해 구현해 본 일이다. 제1기에는 ‘아이들이 웃으면 세상이 행복합니다’라는 슬로건 아래 아이들의 행복을 지키는 방파제가 되고자 했다. 경쟁교육에 짓눌린 아이들의 학습 고통을 덜어주기 위해 억지 공부의 상징인 0교시, 고교입시, 일제고사, 강제자율학습 등부터 폐지하고, 대신 ‘오늘의 배움이 즐거워 내일이 기다려지는’ 행복교육 프로젝트인 행복씨앗학교, 행복교육지구 등으로 채워 나갔다. 교육 3주체 간의 상호존중 기풍을 세우기 위해 ‘교육공동체헌장’을 제정하고, 놀이교육, 환경교육, 특수교육, 직업교육, 민주시민교육을 강화했으며 초중고 무상급식과 고교무상교육 등 교육복지를 확대했다.

제2기에는 ‘교육으로 행복한 세상’을 슬로건으로 미래교육을 안내하는 등대가 되고자 했다. 경직된 교육 과정에 치여 학교를 벗어나려는 아이들을 위해 3유형(치유형, 성장형, 미래형)의 공립대안학교를 추진하고, ‘고교교육력 도약’ 등으로 공교육 강화 시책을 펼치는 한편, ‘아웃도어교육’ 등 미래교육 청사진을 제시하기도 했다. 아쉬움이 남는 부분은 노동교육과 정치교육을 시도할 기회를 놓친 점이다.

내가 늘 의지한 것은 직함의 위세가 아니라 그동안 줄곧 자신에게 되물어왔던 ‘정체성의 거울’이었다. 그 거울의 근원을 거슬러 올라가 보면, 그 남상濫觴에 한완상의 『민중과 지식인』이 자리하고 있다. 삶의 고비마다 “어떻게 살라”고 푯대가 되어주면서 내 모습을 되비춰 준 책이다.

264

당장 내일이 아니어도 좋다

『객지』

황석영

엄주웅

1976년 고려대학교 경제학과에 입학했다.
전국언론노조 기획실장과
방송통신심의위원회 상임위원을 지냈고
현재 뉴스통신진흥회 이사로 있다.

나의 젊은 시절, 또는 청춘은 1970년대 중반과 겹친다. 우리나라가 본격적인 산업화, 근대화의 궤도에 오르던 때였다. 전쟁 후 태어난 1차 베이비붐 세대(1955~1963년생)가 스무 살을 넘길 당시 대학 진학률은 전문대 포함 25퍼센트 남짓이었다. 중등교육을 마친 청년들 대부분은 산업 현장이나 공장으로 갔다. 당시 정부의 불균형 성장, 수출 위주 경제정책의 결과 대기업 집단이 형성되었고 종합상사와 국영기업체가 최고의 일자리였다. 그래도 만성적 실업이 해소되지 않아 파독 간호사와 광부부터 시작해 베트남 파병을 거쳐, 중동 건설 붐에 이르기까지 외화벌이를 겸한 해외 인력 수출이 빈번히 이루어졌다. 남북 대결의 심화와 함께 반공 냉전 분위기가 정치 사회를 지배했고, 산업화 정책에서 소외된 농촌에서는 대규모 이농이 진행되어 대도시 변두리의 빈민가가 형성되었다.

이런 시절에 나는 운 좋게도 요즘 청년들이 겪는 '청춘의 블랙홀'을 그리 세게 경험하지는 않았다. 형제는 많았으나 다행히 굶지는 않은 공무원 집안에 태어나 평범한 학창 시절을 보냈다. 특정한 희망도, 진로에 대한 고민도 별로 없이, '적성'이 아니라 '성적'에 맞춰, 담임 선생님과 부모님이 정해 주는 학과로 진학했다. 대학에서는 학보사 일을 하며 받는 근로

장학금 덕택에 남들 다 하는 과외선생 같은 아르바이트도 해본 적이 없었다. 그러나 적성에 어긋나는 학과 공부는 버겁고도 지겹기 짝이 없었고 선배의 권유에 가입한 써클(동아리)에서 알 듯 모를 듯한 고전 텍스트를 읽는 일도 영 재미없었다.

그러다 군대나 갈까 하고 망설이던 대학 1학년 말, 캠퍼스에 들락거리던 어떤 외판원의 말발에 넘어가 벽돌책 10여 권을 질러버렸다. 그가 뭐랬더라, 자못 비장한 투로 '의식 있는 대학생'이라면 갖춰 놓아야 한다고 했나 보다. 그때 내게 '의식'은 없었지만 돈(장학금)은 있었다. 그리하여 계간지 『창작과 비평』의 지난 호를 모아 찍은 영인본이 내 방 서가에 꽂히게 되었다. 긴긴 겨울방학을 보내며 심심풀이 삼아 넘겨보는데 거기 실린 문학평론이나 사회과학 논문은 읽기 뻑뻑했고, 뒤적뒤적하다 보니 수록된 시와 소설에 눈길이 갔다. 황석영의 「객지」는 그중 1971년 봄호에 실린 중편소설이었다. 또한 1974년에 발간된 같은 작가의 소설집 표제작이기도 했다. 소설집에는 「한씨연대기」, 「삼포 가는 길」 등의 뛰어난 중·단편이 함께 실렸다.

리얼리즘의 미덕

「객지」는 1960년대 중후반 계화도 간척공사를 배경으로 한다. 전라북도 부안군 계화면이 되었다가 지금은 다시 새만금이라는 거대 간척사업의 결과 육지 속의 섬이 된 곳이다. 속칭 '노가다'라는 건설 노동 현장을 소재로 하지만 다른 산업에서도 얼마든지 일어날 수 있는 일을 이야기한다. 소설에서 구체적 지명이 나오지 않는 것도 사건의 보편적 개연성을 더한다. 때는 바야흐로 정부가 '조국 근대화'의 나팔을 거세게 불어 대던 6, 70년대, 진즉 피폐해진 고향을 떠나 일자리를 찾아 공사 현장을 돌아다니는 노동자들이 주인공이다. 그들에게는 가는 곳곳이 모두 비정한 객지다. 저임금 장시간 노동에 처한 날품팔이 일꾼들은 허름한 가건물 합숙소에서 기거하며 회사의 중간관리자와 십장, 서기, 감독들로부터 각종 명목으로 중간착취를 당한다. 일을 할수록 빚이 쌓여가지만 대처에서 멀리 떨어진 외진 공사판을 벗어나지 못한다. 일하다 다치기라도 하면 보상은커녕 치료도 제대로 받지 못한다. 거창하게 선전된 국책사업의 그늘 아래 희생되는 셈이었다.

「객지」는 무엇보다도 리얼하다. 작가가 체험하지 않으면 쓸 수 없을 것 같은 공사판 현장의 실상과 간척 작업 과정이 생생하게 글로 재현되어 있다. 발표 시기가 비슷한, 70년대 노동 빈민층을 다룬 조세희의 『난장이가 쏘아올린 작은 공』(난쏘공)이나, 현대사의 압도적 비극을 소재로 한 최근의 한강 소설들과는 표현 방식과 서사 기법이 다르다. 즉, 「객지」는 상징과 비유를 거의 쓰지 않고 우직하게 밀고 나가는 본격 리얼리즘이다. 독자에 따라 호불호가 다소 갈리겠지만, 인물의 성격과 사건의 흐름을 따라가기에는 좋아서 술술 읽히는 편이다. 그 자체가 일제 잔재로 여전히 남아 유통되는 현장 용어들, 공사판에서 벌이를 하는 여러 위계 집단 간의 관계, 현금 대신 지급받는 맘보라는 이름의 전표와 환금할 때의 후려치기, 함바('飯場'의 일본어, 현장식당)를 차려놓고 생필품과 기호품을 비싸게 팔며 인부들을 등치는 중간관리자의 행태, 노동자를 감시하고 협박하면서 그들에게 기생하는 폭력배 출신 감독조의 존재 등등 지금으로서는 상상도 하기 힘든 구조이지만 그 당시는 그런 현장이 전국 각지에 널리고도 널렸다.

그때도 근로기준법이나 노동조합법 같은 게 있었지만 무시되기 일쑤였고 많은 노동자들도 자신들의 권리에 무심했다. 나도 개인적으로 몇 년 후에 비슷한 일을 겪었다. 휴학 중에 공장의 잡부로 일하다가 인천에서 백령도 근해로 조업 나가는 쌍끌이 홍어잡이 배를 탄 적 있는데, 연안부두의 직업소개소에서 이런저런 명목으로 돈을 빌려주고 장비를 사게 했다. 나중에 보니 별로 필요도 없는 물건들인 데다가 물목마다 시중가보다 훨씬 비쌌다. 거기다 보증금은 안 받는 대신 소지품과 신분증을 맡겨야 했다. 배에서는 매일 거의 스무 시간 가까이 반강제적 노동에 시달리다가, 항구에 돌아와서 찾으러 갔더니 이번에는 보관료를 청구하며 까다롭게 구는 게 아닌가. 각설하고, 그때는 그랬던 노동인권이 언제 오늘날만큼이라도 개선된 것일까?

꼭 내일이 아니어도 좋다

자본가들이 인권을 생각해서 알아서 개선해 줬을 리는 없다. 참다못한 노동자들이 인간 최소한의 요구부터 내걸고 투쟁했기 때문임은 역사가 증명한다. 「객지」에서도 인부들은 집단행동을 준비한다. 그들 나름대로 연판장을 돌리고 요구 조건을 정했으나 주도면밀한 계획을 세우거나 제대로 된 조직을 만들지 못한다. 거기에다 파업은 미리 정한 날짜가 아니라 우발적으로 관리자와 시비가 붙는 바람에 터졌다. 상당수의 노동자가 합류하지 못했고, 파업에 참여한 사람들도 승리를 전망하지 못한다. 이윽고 경찰이 출동하고 회사 측의 회유가 시작되자 하나둘 빠져나가기 시작하고 약간의 노동조건 개선 요구가 받아들여지는 듯하자 농성 대오는 결국 흐트러진다. 노동조건이 개선되어도 그 혜택은 파업에 참여하지 않은 사람들이 받을 거라는 생각에서다. 이대로 투쟁이 끝나는 건가. 이때 주인공은 스스로에게 이렇게 다짐한다. "꼭 내일이 아니어도 좋다"고.

마음을 내일, 또 그 내일로 열고 동료들을 위해 희생을 결단하는 사람. 어디서 접한 듯하지 않은가. 이 소설이 발표되기 불과 몇 달 전 서울 청계천에서 자신을 불살라 노동자들의 내일을 열어젖힌 청년이 있었다. 근로조건의 최소한을 정한, 지금은 일하는 사람의 상식이 된 근로기준법을 지키라는 '소박한' 요구였다. 소설 「객지」의 주인공은 그를 모델로 했음이 짐작되고도 남는다. 1970년 11월 13일의 전태일. 그때 나는 중학교 1학년이었다. 당연히 그를 몰랐고 그런 일이 있은 줄도 전혀 몰랐다. 대학에 진학해서도 그의 이름만 들었을 뿐 사건의 파장과 의미에 대해서는 깜깜했다. 당시 대학가 일각에서는 언론 자유와 학생운동을 탄압하는 박정희 유신 정권에 대한 불만과 비판 분위기가 감돌았는데, 나는 그런 불만이 노동자가 겪는 현실에 비하면 별것 아닌 듯했다.

황석영을 읽고 전태일을 알고부터 나는 서서히 운동권에 물들어갔다. '난쏘공' 같은 소설, 「어느 돌멩이의 외침」(유동우), 「불타는 눈물」(석정남) 같은 르포 등으로 독서가 이어졌다. 학과에서도 노동경제학, 사회학 쪽에 흥미가 생겼다. 그리고 무엇보다 학보사를 때려치우고 마음 맞는 친구들과 함께 야학을 시작했다. 옥수동 빈민촌에서 시작해 가리봉동 노동야학으로 옮겼다. 해고 노동자의 복직을 위한 기도회에 참여하기도 하면서 졸업하면 노동운동을 해야겠다고 마음먹었다. 물론 뜻대로 잘 풀리지는 않았지만 우여곡절 끝에 언론노조를 거쳐 시민운동을 하게 된 것도 그 영향이지 않았을까 여긴다.

희망은 사람들의 연대뿐

소설집 『객지』*에는 표제작 외에 「한씨연대기」와 「삼포 가는 길」 등의 중단편소설이 수록되었다. 한국전쟁으로 고향을 잃은 한영덕 씨의 생애를 누이의 독백으로 구성한 「한씨연대기」

         *황석영, 『객지』, 창비, 1991. 이 외에도 여러 판본이 있다.

는 북에서도 남에서도 수난을 겪은 분단 세대 지식인의 비극을 담담하게 그려낸다. 소설 속 한씨는 남북 분단 이전 북한에서 김일성대학 병원의 교수이자 의사였는데 반동분자로 몰려 가까스로 사형을 피하고 전쟁통에 혈혈단신 남으로 내려온다. 아들이 인민군으로 끌려갔다가 국군의 포로가 되었다는 소식을 듣고 찾아 헤맸으나 실패하고, 배운 게 도둑질이라고 어떤 무면허 의사의 불법 의료를 도우며 생계를 이어간다. 그러다 동업자의 고발로 간첩 누명을 쓰고 모진 고문을 받은 다음 꽤 오랜 옥살이를 한다. 몸도 마음도 피폐해진 그는 온전한 삶을 살지 못하고 가출하여 떠돌다가 지방 소도시의 장의사로서 시체를 염하는 일을 하던 중 쓸쓸히 생을 마감한다.

연극으로도 각색되어 꽤 흥행한 기막힌 스토리지만, 냉전과 독재의 암울한 시대에 결코 드문 사례가 아니었다. 나는 그런 비슷한 사람을 본 적이 있다. 나 역시 대학 졸업 후 공장에 들어가 노동조합을 만들려다 전두환 정권이 조작한 공안 사건에 연루되어 징역을 살았다. 감옥에서 만난 죄수들 중에는 자신은 공산주의자가 아니기 때문에 오히려 그것을 인정하는 전향서를 절대 쓸 수 없다고 버티는 분이 있었다. 그분과 얘기를 나누다 보니 나는 그가 감옥을 나가기 싫어하는 것같이 생각되었다. 그도 그럴 것이, 이미 연로한 그는 감옥을 나와도 갈 곳이 없었던 것이다. 그처럼 냉전 시대 독재 정권의 공안당국은 무고한 개인의 인생을 처참하게 짓밟았다. 2024년 겨울 불법적 계엄 사태를 시민들의 저항으로 막아내지 못했다면, 우리는 그런 시대로 되돌아갔으리라.

『객지』에는 냉엄한 현실을 다룬 슬픈 이야기만 있는 건 아니다. 아름다운 단편소설 「삼포 가는 길」이 독자의 마음을 데워준다. 이 작품에도 「객지」의 공사판 인부를 연상케 하는 인물이 나오는데 필시 공사판을 떠돌아다녔다는 작가 개인의 체험이 반영된 듯하다. 삼포라는 가상의 장소로 가는 길에 만난 세 사람의 동행이 한 편의 '로드 무비'처럼 펼쳐진다. 일자리를 찾아, 고향 또는 집으로 돌아가려고 그들은 눈 내리는 길을 걸어 기차역으로 간다. 모두 급격한 산업화·도시화로 밀려난 밑바닥 인생이라고나 할 세 남녀는 서로의 사연에 공감하며 마음이 통한다. 하지만 그들에게 돌아갈 고향은 없다. 목적지인 삼포는 이미 공사판으로 변했고 그들이 알던 고향도 분명 사라졌을 터였다.

60, 70년대의 경제개발은 많은 사람에게서 고향을 빼앗고 전국을 '객지'처럼 만들었다. 그런데 이 소설은 산업화 과정에서 적응하지 못하거나 소외된 사람들의 슬픔을 다루는 데서 그치지 않는다. 힘들고 고단하게 살아가는 인물들이 보여주는, 삶에 대한 긍정적인 태도와 때로 낙천적인 대응이 이 소설을 더 아름답게 한다. 결국 그들은 삼포에 닿지 못했어도 따뜻한 연대를 획득한다. 목적지(삼포)가 아니라 과정(가는 길)에서 고향을 찾았다고 할까. 「객지」에서는 파업을 주도하는 선각자(동혁)의 시선이 도드라졌다면 「삼포 가는 길」에서는 잘난 것 없이 평범한 서민들의 연대와 우애가 세상 가득히 내리

274

는 눈처럼 어두운 하늘을 덮는다.

극대 이윤을 좇는 자본주의는 늘 변하고 고도화한다. 그 때마다 옛 산업은 쇠퇴하고 낙후된 부문에서는 대량 실업과 빈곤이 발생한다. 기술 혁신과 그에 따를 미래의 비전이 우리의 눈을 속이지만, 대부분은 불확실하고 불안한 일과 생활에 그대로 노출되고 만다. 디지털 혁신, 인공지능 혁명이라는 드높은 물결에 익사하지 않으면서 바람직한 산업구조와 사회구성을 유지하려면, 일하는 사람의 연대가 더 중요하다고 할 수 있을지 모르겠다.

우리는 객지를 벗어났는가

소설의 시대 배경인 70년대를 거쳐 오랜 세월이 지났다. 그동안 일하는 사람들의 피와 땀과 분투 덕분에 우리나라는 거의 선진국이 되었다. 노동자들은 엄청난 대투쟁을 하여 법을 고쳤고 노동인권도 많이 개선되었다. 전태일 열사의 동상이 청계천로에 세워지고 노동조합 간부 출신이 노동부 장관이 되기도 했다. 또한 많은 사람에게 '객지'였던 이 땅의 도시와 산업 현장은 아파트 단지와 고층 빌딩이 들어서고, 세대를 거치며 '제2의 고향'을 넘어 '정착지'가 되었다. 이제 객지의 현실은 역사 너머로 사라진 것일까.

2022년 말 대통령이던 윤석열은 건축 현장의 부실시공이 '건설 카르텔' 때문이라며 특히 건설노조를 '건폭(건설 폭력배)'

이라고 지칭했다. 그러자 당국은 건설노조와 그 조합원을 상대로 대대적 압수수색을 벌이고 구속영장을 청구했다. 그러던 중 2023년 5월 1일 강원건설지부의 양회동 지대장이 법원 앞에서 분신해 다음 날 사망했다. 이른바 '건폭 몰이'에 앞장서던 조선일보는 양회동 씨가 스스로 자신의 몸에 불을 붙인 게 아니라며 '기획 분신설'을 조작 보도했다. 실상 건설업은 예나 지금이나 몇 단계나 거치는 하도급 구조 탓에 저임금과 잦은 임금체불에다 안전을 경시하는 작업 환경 때문에 사고가 잦다. 그간 건설노조는 원·하청 회사들과 교섭을 맺고 임금은 물론 장비 수급과 안전 대책을 실행해 오고 있었다. 하지만 자본과 권력이 보기에 약자들의 연대는 이권 '카르텔'이며 노동자의 저항은 '폭력'이었던 것이다.

　지금도 건설 현장에 가보면 은어 같은 현장 용어가 많이 쓰인다. 거의 전부 일본어에서 파생된 것으로, 이보다 심하게 일제 잔재가 남아 있는 분야가 없다. 그래서 오랫동안 일제 잔재 청산 또는 국어순화 운동의 일환으로 정부나 방송에서 우리말로 대체하려 했으나 큰 효과가 없었다. 지금도 가까운 현장에 가보라. 노가다, 데모도, 아시바, 오함마, 나라시… 끝이 없다. 심지어 외국인 노동자들도 이런 용어를 익숙하게 구사한다. 나는 이렇게 고스란히 남아 있는 일본말처럼 건설 현장은 「객지」의 배경이 된 6, 70년대로부터 별로 나아진 게 없다는 생각이 든다. 어디 건설산업뿐인가.

　노동자의 단체행동에 대해 무한 연대책임을 물어 당사자

276

와 가족들을 파멸에 이르게 했던 법을 고치려고 하자(일명 '노란 봉투법') 이를 국가전복법이라며 거부하고 반대했던 자들이 누군가. 불법 계엄을 저질러 민주공화국을 실제로 전복하려 했던 세력과 동일인이 아닌가? 오랫동안 저임금 장시간 노동에 기대어 돈을 벌다가 상황이 여의찮으면 노동자의 권리는 나몰라라 하고 휴폐업하는 일이 요즘도 흔하다. 디지털 혁신이라며 등장한 플랫폼 자본 역시 근로자에 대해서는 전혀 혁신적이지 않고 구태의연하다.

노동자를 표백시키는 플랫폼 산업

옛날 구로공단이 있던 구디(구로디지털단지)나 가디(가산디지털단지)에는 지식산업센터니 디지털 타워니 하는 거대 고층 건물이 들어섰다. 하지만 번드르르한 겉모습과는 달리 안을 들여다보면, IT 부품부터 소프트웨어 개발과 유지·보수, 온라인 마케팅과 콜센터 등등 온갖 업종의 하청·재하청 소기업에서 수많은 젊은이가 불안정한 저임금 장시간 노동을 하고 있다. 상시 고용 인원의 수가 적다는 이유로 노동법의 사각지대에 놓인 그들의 상황은 "50년 전에는 공순이, 50년 후에는 비정규 인생"(「구로공단 50년 기념행사 비판 집회」, 『한겨레신문』, 2014. 9. 17)이라는 씁쓸한 손팻말과 "근로기준법을 지켜라"라는 구호(2024년 5월, 민주노총의 금천구 캠페인)에서 확인된다. 세상에, 55년 전 전태일 열사 분신 사망 이후 우리는 과연 얼마나 앞으로 나아갔는가. 그런데도 스타트업을 활성화한다는 명분으로 포괄임금제를 확대하고 법정 노동시간을 한꺼번에 몰아 일을 시키도록 허용하자는 정책을 추진했던 세력은 또 누구인가. 그 또한 노동자를 폭력배로 몰아 탄압했던 바로 그 권력 아닌가.

그뿐인가. 블랙리스트를 만들거나 몇 푼 안 되는 퇴직금을 떼어먹으려고 사규를 불법적으로 고치는 토종 다국적 기업이 있는가 하면, 판교에는 월급을 카드 포인트로 주는 회사가 있다고 한다(장류진, 『일의 기쁨과 슬픔』, 창비, 2019). 또한 자본은 노동비용을 줄이고 노동자들의 연대를 막기 위해 정규직, 비정규직, 유·무기 계약직, 파견직, 용역직, 하청 등으로 노동시장을 분할하다 못해 이제는 플랫폼 기업을 고안해 노동자를 표백시켜 눈에 띄지 않게 만든다. 무슨 말이냐 하면, 소위 특수고용형태라는 이름으로 정의되는, 노동자인지 자영업자인지 모를 사람들 얘기다. 배달, 택배, 대리운전 등 각종 대행업에서 일하는 이들은 스스로를 착취한다. 소득은 건당 수수료로 얻으며 노동과 휴식의 경계가 모호하고, 형식상은 사업자이기 때문에 4대보험 같은 건 없을뿐더러 수면과 휴식 등 자기 재생산 시간까지 투입하는 대가는 완전 무상이다. 당연히 노조 같은 것은 언감생심이고, 회사는 본질적으로는 역시 노동자임이 분명할 터인 '소비자'와 그들을 대립시킨다(2025년 말 새벽배송 논란의 본질). '디지털혁신'을 맞아 자본이 재빠르게 널리 채용한 이들 플랫폼 노동자의 지위는 형식적으로는 "종속적 자영업자"(이승윤, 『보이지 않는 노동자들』, 문학동네, 2024)라지만, 사실은 "현대

278

판 노예제"하의 "사이버 프롤레타리아"(이서수, 『헬프 미 시스터』, 은행나무, 2022)이다.

이처럼 온존되어 온 저임금 장시간 노동과 새로이 확산되는 불안정한 고용은 노동자의 생활 조건과 노동인권을 후진국 수준에 머무르게 한다. 그리하여 우리나라는 아직도 OECD 국가 중 다섯 번째로 긴 노동시간(2022년 기준 OECD 통계)과 세계 최상위 수준의 산재사고 사망률을 기록하고 있다. 그뿐인가, 심한 임금격차로 알 수 있듯 여성 노동과 비정규직 노동자에 대한 차별 등으로 인해 우리나라 노동자는 아직 '객지'(정처 없이 불안한 삶의 조건)를 벗어나지 못한 것 같다. 그러니 내일이 없다고 느끼는 청년들은 좌절하여 'N포세대'가 되고 이 땅을 벗어나려고 기를 쓴다.

요컨대 21세기 접어들어 산업구조가 크게 변하고 노동의 형태도 매우 다양화되었다. 나는 이미 한물간 기성세대로서 직장이나 시장의 노동 현장에서 배제되어 실상을 구체적으로는 모른다. 나 같은 사람들을 위해서라도 당대 일하는 사람들의 애환을 그린 「객지」 같은 리얼리즘 문학이 계속 나왔으면 좋겠다. 시나 소설은 현실을 이해하고 타자와 공감하기 좋은 매체라고 믿기 때문이다. 그런 점에서 나는 다양한 직업에서 일하는 사람들에 관해 글을 쓰는 작가 장강명과 그가 꾸린 '월급사실주의' 동인들의 작품을 즐겨 읽는다. 이들의 문제의식처럼 '먹고사는 문제'보다 중요한 건 없다. 여기에는 판타지가 없다. "가난한 사람과 여성의 삶은 그대로 쓰고 보여주는 것만으로도 설득력이 생긴다."(장강명, 『씨네 21』, 2024. 6. 27) 노골적으로 착취당하고 전형적으로 투쟁하는 노동자상이 나오지는 않지만 그게 요즘 현실인 걸 어쩌겠나.

지금 이 땅의 진짜 객지

우리 땅에는 또 다른 객지가 있다. 단지 정신적인 면에서의 '객지'가 아니라 물리적으로도 확연한 객지, 바로 외국인 노동자의 삶이다. 2024년 5월 현재 국내 외국인 노동자는 공식적으로 100만 명 정도다(법무부, 출입국 통계). 그러나 여기에 잡히지 않는 미등록 노동자까지 합치면 수는 훨씬 늘어난다. 이들은 대개 최저임금 언저리의 급여를 받고 열악한 노동환경에서 고강도 노동을 하고 있다. 취업이 아닌 유학으로 온 젊은 층도 대개 파트타임 노동에 종사하며 늘 고용불안에 시달린다. 이들 이주노동자가 취업하고 있는 산업은 중소, 영세 규모의 제조업, 농업, 도소매·서비스업을 망라한다. 특히 건설 현장 노동자 7명 중 1명은 외국인이라고 한다.

외국인 노동자들에게 저임금과 임금체불은 다반사이고, 이들은 각종 중간착취를 당하며 위험하고 어려운 일을 떠맡고 있다. 노동조건 및 경제적 사정과는 별개로 폭언과 폭행을 수반하는 차별과 멸시, 직장 내 괴롭힘과 비인간적인 대우에 시달리고 있기도 하다. 그럼에도 이들은 불만을 입 밖으로 내기조차 어려워한다. 한국인 고용주가 가진 무기(고용허가제) 때문에 이직·전직이 불가능하므로 사실상 사업장에 묶인 임금노예 신세에 가깝다. 생활 조건도 그나마 공장이나 현장의 기숙사 또는 합숙소에 기거한다면 행운일 정도로, 한파주의보 속에서 난방도 안 되는 비닐하우스에서 죽는 비참한 일(2020년 12월 포천)이 발생하기도 했다.

유난히 뜨겁던 2025년 7월 경북 구미에서는 베트남 국적의 20대 하청노동자가 아파트 공사장에서 앉은 채로 죽었다. 사상 최악의 폭염 속에서 일한 그의 체온은 섭씨 40.2도였다. 건설 현장에는 무더위 속 두 시간 이상 계속 작업하지 말라는 지침이 있었지만, 업주는 지키지 않았고 누구도 교육하지 않았다. 이날은 스물세 살 이 청년의 첫 출근 날이었다. 보름 후에는 포항의 농촌 야산에서 제초 작업을 하던 40세 네팔 노동자가 온열질환으로 죽었다. 작년에 발생해 지금껏 단일사업장 최대 산업재해 사건으로 기록된 화성 아리셀 리튬전지 제조공장에서는 무려 18명의 이주노동자가 불에 타 죽었다. 이 회사는 생산 효율을 위해 화재 대비 안전구조를 임의로 변경하고 정규직 근로자들만 출입할 수 있는 잠금장치를 설치했다. 이윤 극대화를 앞세워 노동자의 안전은 안중에도 없이 성장해 온 우리나라 산업자본의 관성이 외국인 노동자를 맞아 더 적나라하게 드러난 사례다.

이러한 비극은 경제·사회적으로 우리나라의 발전에 큰 장애를 초래할 것이다. 한때 옆 나라 일본에서는 잠시 외국인 노동자 수가 약간 감소한 적이 있었다. 일본의 임금이 수십 년째 제자리인 데다가 인력 수출국이었던 지역에도 경제성장이 일어나면서 해당국 간의 소득 차이가 감소하자 해외 취업 유인이 줄었던 것이다. 결국 일본 정부는 외국인 고용정책을 변경할 수밖에 없었다. 오늘날 우리나라는 케이팝으로 대표되는 막강한 소프트파워를 갖췄지만, 외국인 노동에 대한 지금의 정책과 현실은 외국인 일반에게 코리아를 '일하기 위험한 나라', '살기 힘든 나라'로 인지시켜 한국 내 취업을 꺼리게 만들지도 모른다. 가뜩이나 인구도 줄어들고 있는 마당에 말이다.

아니, 그런 경제적 고려를 떠나서 외국인 노동자를 맞이하고 대하는 행태는 무엇보다도 인간 양심의 문제다. 우리에게도 수십 년 전 수많은 사람이 고국을 떠나 이역만리 산업 현장에서 차별받으며 땀 흘려 고생한 역사가 있다. 소설 「객지」의 서사에 공감한다면, 이주노동자에 대해 단순히 '가난한 나라에서 돈 벌러 온 사람'이라는 시선을 버려야 한다. 외국인 노동자들이 이 땅에서 몸과 마음이 안온히 정착하고, 더 이상 비정한 객지가 아니라 현지인과 함께 어울려 살아가는 사회의 일원이 될 때 우리는 진정한 선진국이 될 것이다. 그동안 땀 흘려 일하는 사람들이 '객지'에서 벗어나도록 분투했던 우리 노동운동의 전통은 이제 비정규직은 물론이고 외국인 노동자에게까지 이어져야 한다. 그래서 단체행동권도 없는 그들의 내일을 위해 돕는, "당장 내일이 아니어도 좋다"는 마음가짐으로 싸우는 사람들과 단체를 나는 존경한다.

4장

저마다의 응원봉을 들고

'난쏘공'은 지금 어디 있을까

『난장이가 쏘아올린 작은 공』

조세희

윤후덕

1976년 연세대학교 사회학과에 입학했다.
출판사 사장으로 100여 권의 양서를
출판하기도 했고 그와 관련해 옥고를
치르기도 하더니, 결국 파산했다. 그 후
여러 일을 하다가 지금은 19~22대 현직 4선
국회의원으로 일하고 있다.

이 책을 다시 완독하는 데 몇 달이나 걸렸다. 『난장이가 쏘아올린 작은 공』*은 재미로 읽는 소설은 아니다. 독자에게 던지는 작가의 문제의식과 이 소설집의 전체 소재와 시대상은 재미는커녕 섬찟한 감정과 반성 그리고 눈물의 처연함으로 이어졌다. 그러했기 때문에 제대로 정면 대응하지 않고 회피하다가 마감이 지나서야 도전한 끝에 완독했다.

이 글을 작성하는 과정과 결과물은 챗GPT에 의존했다고 고백한다. 나의 정리 능력을 훨씬 능가했고, 나의 집필 속도를 빛의 속도로 추월하고 초월한 인공지능과 함께 살 수밖에 없다고 고백한다. 참고로 요즘 맞춤법으로는 '난쟁이'라 해야 하지만, 소설집을 기준으로 모두 '난장이'로 썼음을 밝혀둔다.

대학 시절 만난 『난장이가 쏘아올린 작은 공』

1970년대 중후반, 캠퍼스는 낭만과 함께 데모와 진압 간의 긴장이 팽팽했다. 대학 축제도 뜨거웠지만, 나에게 더 뜨거웠던 곳은 '써클'(동아리) 모임을 하던 좁은 세미나실과 하숙방이었다.

1977년 10월 중순께, 운동권의 동지들은 "이번에는 꼭 학

---

* 1978년에 단행본 소설집으로 문학과지성사에서 처음 출판했다. 이 글을 쓸 때는 2021년판(이성과힘)을 참고했다.

내 데모를 성공시키자"고 모의했고, 주동은 누구누구라며 순서를 정하는 약속도 했다. 그런데 누설이 되었는지 십수 명이 경찰에 예비 검거되었다. 나는 데모하는 순서에도 없었고 역할도 없었으니 영문도 모르는 채 검거되었고, 며칠 동안 경찰서에 불법 구금당했다. 경찰서에서 풀려나와 학교로 가는데 대규모 학내시위가 일어났다. 드디어 터졌다. 검거되지 않은 강성구(이 책에도 등장한다)가 주도를 한 것이다. 이 사건은 박정희 군사독재 정권하에서 그해 가장 큰 규모의 학내 데모로 기록되었다. "유신 철폐! 독재 타도!" 정작 나는 현장에서 그 거대한 저항과 변혁의 몸부림을 보지 못했다. 지금도 아쉽다. 그해 그 학기, 학교에서 나는 무기정학을 받았고 내 성적은 평점 4점 만점에 1.7이었던 것 같다.

그 시절에 나를 깜짝 놀라게 한 책은 최인훈의 『광장』, 리영희의 『전환시대의 논리』, 그리고 『난장이가 쏘아올린 작은 공』이었다. 『광장』은 이데올로기에 대한 호기심을 증폭시켰고, 『전환시대의 논리』는 미국과 전쟁하고 있는 베트남에 대한 인식의 틀을 완전히 뒤집어 놓았다. 이 세 권 중에서 『난장이가 쏘아올린 작은 공』은 나에게 각별한 현실감이 있었다. 서울 한복판 무허가 달동네의 삶, 작은 공장의 힘든 일들을 간접적으로 일부는 나도 직접 겪으면서 공감해 왔던 터여서 이해가 빨랐다.

『난장이가 쏘아올린 작은 공』은 작가가 문예지에 발표한 단편을 묶은 소설집이다. 단행본으로 나오기 전, 단편들이 발표될 때마다 대학가의 의식 있는 학생들은 단순한 소설이 아니라 하나의 과제물처럼 읽었다. 우리 또래는 이 작품을 통해 가난과 폭력, 개발이라는 이름의 파괴를 처음 입체적으로 마주했다. 분노와 무력감, 부끄러움이 뒤섞인 토론이 이어졌고, 마음은 더 무거워졌다. 돌이켜보면 그 시간은 문학을 읽은 것이 아니라, 시대와 자신을 정면으로 마주한 순간이었다. 그만큼 무거운 소설이었다. 20대 초반 당시 이 책을 얼마나 이해했을까? 내 감수성에 큰 충격을 안겨준 것만은 분명하다. 토론할 때 직접 손으로 종이를 잘라 뫼비우스의 띠를 만들어서 이야기를 나눈 일도 기억난다.

조세희의 작가정신

조세희 작가는 이 글을 쓰는 때로부터 3년 전인 2022년 12월에 향년 80세(1942년 출생)로 작고하셨다. 소설집이 발간된 지는 거의 50년이 되어간다. 50년 전의 청년 작가 조세희를 생각해 본다. 이번에 내가 읽은 소설집 말미에는 두 편의 평론이 수록되어 있다. 출간된 지 20년 뒤 신판 해설로 나온 「대립의 초극미, 그 카오스모스의 시학」(우찬제, 1997) 그리고 초판 해설 「대립적 세계관과 미학」(김병익, 1978)이다. 이 두 편의 해설과 여러 자료를 활용해서 50년 전 30대 중반의 청년 조세희의 작가정신을 파악하려고 무던히 노력했다.

　작가 스스로 "책을 쓰겠다고 앉아본 적이 없다"고 말할 정도로, 그에게 글쓰기는 선택에 의한 것이 아니라 현실에 의해 떠밀린 결과였다고 한다. 군부 독재, 긴급조치, 비상계엄, 강제 철거와 고문, 억지 재판이 일상다반사이던 1970년대 후반의 한국 사회는 그에게 '파괴와 거짓 희망과 모멸의 시대'였다. 그는 이 시대를 견디는 방식으로 문학을 선택했다. 참혹한 시대 앞에서 더는 침묵할 수 없다는 절박한 윤리적 결단이었다고 본다.

조세희 작가정신의 핵심은 "체제를 전복하려는 선동이 아니라, 무너지는 인간의 존엄을 언어로 붙잡아 두려는 의지"라는 평가도 있다. 그는 분노했지만 증오에 매몰되는 것을 경계했고, 절망을 보면서도 냉소로 도망치지 않으려 했다. 오히려 그는 파괴된 삶의 자리에서 마지막까지 인간다움을 지켜내는 일, 말하자면 '사람이 사람으로 남게 하는 일'을 자신의 문학적 책무로 삼았다. 철거민의 삶, 공장 노동자의 고된 일상, 가족이 해체되는 순간들을 기록하는 것은 단순한 고발이 아니라, 사라질 위기에 놓인 존재들의 사랑과 인간 존엄성을 역사 속에 남기려는 책무였다.

또한 조세희는 거대한 영웅 서사 대신 파편화된 연작 형식을 택함으로써, 이미 산산이 부서진 현실을 있는 그대로 드러내고자 했다. 균열 난 세계를 단정한 서사로 봉합하는 것은 또 다른 거짓이 될 수 있다고 믿었기 때문이다.

그의 문학은 과격한 구호가 아니라, 무너지는 삶 앞에서 끝내 눈을 돌리지 않겠다는 침묵 거부의 의지에서 탄생했고,

이것이 오늘날까지도 여전히 그의 작품이 현재적 힘을 갖는 가장 깊은 원천이라 할 수 있다.

난장이와 그의 '작은 공'

난장이 아버지는 단순한 빈곤 노동자가 아니라, 작품 전체의 윤리적 축이자 가장 깊은 대립 구조의 한 축을 이루는 인물이다. 그는 육체적으로 왜소하고 사회적으로 가장 낮은 위치에 있지만, 그 존재 방식만큼은 누구보다 단단하다. 그의 삶은 실패와 무력감으로 가득 차 있지만, 그는 가족을 끝까지 포기하지 않고 동료 노동자들 앞에서도 존엄을 잃지 않으려 애쓴다. 이 인물의 가치는 비극적 상황 속에서도 인간으로서 마지막 선을 넘지 않으려는 태도에서 드러난다.

난장이 아버지는 끊임없이 부서지는 그의 현실 속에서도 '가장'이라는 책임을 스스로 포기하지 않는다. 철거와 실업, 저임금 노동 속에서도 그는 폭력을 구조의 탓으로 돌리기보다는 아이들이 사람답게 자라기를 바란다. 그의 노동은 단지 생계를 위한 노동이 아니라, 가족을 지키기 위한 윤리적 몸부림에 가깝다. 그는 자신이 세상의 중심이 될 수 없다는 사실을 잘 알면서도 아이들에게만큼은 자기보다 나은 세계를 물려주고 싶어 한다. 이 점에서 그는 가장 비극적인 존재이면서 동시에 가장 숭고한 존재다.

또한 난장이 아버지는 아들의 동료 노동자들에게도 따뜻

한 시선을 유지한다. 그는 경쟁하거나 적대하지 않고, 그들이 겪는 고단함을 자신의 고통처럼 받아들인다. 이러한 태도는 가난한 자들끼리 서로를 밟고 올라서게 만드는 구조에 대한 거부를 상징한다.

이 인물의 가장 중요한 상징적 의미는 '난장이'가 단순한 피해자의 이미지가 아니라는 점이다. 그는 소외된 자이면서 동시에 세계를 가장 날카롭게 인식하는 존재로, 성장과 성공이라는 허상을 가장 먼저 간파한 인물이다. 그를 통해 작가는 "작은 몸이 결코 작은 인간을 의미하지 않는다"는 역설을 보여준다. 난장이 아버지는 거인과 자본, 권력의 세계와 대립하는 가장 낮은 자리의 윤리로서 서 있으며, 그 자리는 패배가 아니라 도덕적 우위의 자리로 표현된다.

결국 난장이 아버지는 '패배한 가장'이 아니라, 구조적으로 패배할 수밖에 없는 조건 속에서도 인간다움을 포기하지 않은 존재로 기억된다. 그는 무너지지만 비굴해지지 않으며, 침묵하지만 비겁하지 않고, 쓰러지지만 타인을 짓밟지 않는다. 비극의 인물이면서 동시에 이 소설집 전체에서 가장 강력한 도덕적 기준점이 된다. 대립적 가치관이 만나는 가장 깊은 지점이자, 인간이 끝까지 붙들어야 하는 최소한의 존엄을 형상화한 인물이라 할 수 있다.

재벌 3세 경훈 — 거대한 기업 권력의 상징

작가는 경훈을 단순한 '악인'으로 그리지 않았다. 오히려 그는 차갑도록 정제된 태도, 감정이 제거된 언어, 합리성이라는 이름의 폭력성을 내면화한 인물로 묘사된다. 이는 개인의 잔혹성보다 재벌 가문이라는 구조가 만들어낸 결과물로 독자들에게 각인된다. 단순한 개인이 아니라, 은강 재벌 체제가 만들어낸 '완성된 상속 권력'의 상징적 인물이다. 은강그룹 창업 세대가 축적한 자본 위에 2세대가 기업 권력으로 확장한 세계를 아무런 저항 없이 물려받은 3세대 인물로 설정되어 있다. 경훈에게 세계는 경쟁이 아니라 관리의 대상이고, 인간은 공존의 주체가 아니라 효율과 생산성으로 등급화되는 객체일 뿐이다.

그의 가계는 '성공 신화'로 세운 가문이 아니라, 철거 위의 건설, 슬럼가 위의 계획도시, 노동자들의 몸 위로 축적된 자본의 역사로 만들어진 것이다. 경훈은 은강그룹이라는 거대한 기업 권력이 어떻게 인간 감각을 마비시키는지를 보여주는 살아 있는 장치다. 그는 노동자를 직접 때리지는 않지만, 그가 승인한 개발 계획 하나가 수백 가구의 삶을 무너뜨린다. 그는 큰소리를 치지는 않지만, 그의 서명 하나가 사람들의 삶의 터전을 없앤다. 작가는 이 인물을 통해 '폭력은 정교해질수록 조용해진다'는 사실을 드러낸다.

결국 경훈은 개인이 아니라 구조의 얼굴이며, 인간이 아니라 체제의 대리인에 가깝다. 작가는 그를 통해, 자본의 세습이 어떻게 윤리를 마모시키고 감각을 제거하며 사회적 타자를 투명 인간으로 만드는지를 보여준다.

오인된 살인과 사형 집행

영수는 자본가를 칼로 살해한다. 그런데 정작 죽이고자 하는 재벌의 핵심 인물이 아닌 그의 동생을 죽인다. 상대를 오인하고 '진짜 가해자'의 동생을 살해한 것이다. 작가는 영수가 오인된 살인을 저지르고 사형 집행을 당하는 것으로 사건이 마무리되도록 설정했다. 왜 이러한 설정을 했을까? 알 듯 모를 듯한 의문이 내 마음속 깊은 곳에서 메아리처럼 울렸다.

이런 미묘한 설정은 단순한 극적 장치라기보다는, 작가가 의도적으로 설계한 비극적 구조라 할 수 있다. 만약 영수가 정확히 대상이 되는 인물을 찾아 복수에 성공했다면, 이 이야기는 억울한 피해자가 가해자를 응징하는 통쾌한 구조로 귀결되었을 것이다. 그러나 작가의 문제의식은 그런 종류의 해소나 위안을 제공할 여지가 전혀 없었다. 그는 독자에게 분노의 정당성을 제공하기보다는 분노가 얼마나 쉽게 왜곡되고 잘못된 방향으로 향하는지를 보여주고자 했다.

영수의 오인은 개인의 실수가 아니라, 구조적 폭력이 만들어내는 필연적 왜곡을 상징한다. 소설 속 진짜 가해자는 특정 개인이 아니라 재개발과 철거를 둘러싼 이익 배분과 권력 유지를 가능하게 하는 보이지 않는 시스템에 가깝다. 하지만 그 시스템은 늘 제 얼굴을 숨기고, 중간 관리자나 대리인, 혹은 주변 인물들을 방패로 내세운다. 그 결과 영수의 분노는 본질적인 권력으로 향하지 못하고 가장 취약하고 노출된 존재를 향해 잘못 폭발한다. 현대 사회에서 분노조차도 체제 안에서 왜곡될 수밖에 없다는 냉혹한 현실을 드러내는 설정이다.

또한 이 설정은 영수를 영웅으로 만들지 않으려는 의도로도 보인다. 작가는 영수를 정의로운 복수자나 혁명가로 그리고 싶어 하지 않았다. 그는 승리하지 않는 인물, 올바른 선택을 하지 못하는 인물, 체제를 흔들지 못한 채 스스로 무너지는 인물을 통해 오히려 시대의 참혹함을 보여주고자 했다. 잘못된 대상을 죽임으로써 영수는 끝내 구원받지 못하는 비극적 존재로 남게 되고, 독자는 그를 쉽게 미화하지 못한다.

더 나아가 이와 같은 장치는 폭력의 본질에 대한 작가의 인식과도 깊이 연결되어 있다. 폭력은 결코 정밀하거나 정의로운 방향으로만 작동하지는 않는다. 오히려 가장 약한 존재, 가장 준비되지 않은 존재를 먼저 파괴한다. 작가는 영수의 칼날이 엉뚱한 방향으로 향하도록 함으로써 폭력이 가진 근원적인 맹목성과 위험성을 드러낸다. 이는 개인의 윤리 문제를 넘어, 폭력에 기대어 변화를 꿈꾸는 모든 사고방식에 근본적인 의문을 던지는 것이다.

결론적으로 이 오인 살인은 우연한 설정이 아니라 '의도된 실패'다. 작가는 이를 통해 복수는 정의로 귀결되지 않으며, 개인의 폭력은 구조 자체를 무너뜨리지 못하고 오히려 또 다른 비극만을 낳는다는 사실을 보여준다. 이 장면은 그래서 완결된 답을 제시하기보다 분노와 저항의 정체, 그리고 인간이 선택할 수 있는 윤리적 한계에 대해 독자에게 오랫동안 남는 질문을 던진다.

영희를 위한 작은 이야기 － '나는 아직 무너지지 않았다'

『난장이가 쏘아올린 작은 공』에 실린 12편의 이야기 중 어느 편에서도 영희가 화자話者로 등장하지 않는다는 사실은 읽을수록 마음을 아프게 한다. 그는 늘 오빠들의 시선과 3인칭 서술 속에서만 존재하며 스스로 말할 기회를 얻지 못한다. 이는 당시 도시 빈민 여성에게 부과된 이중 억압을 드러내는 문학적 전략이지만 동시에 영희를 끝내 침묵 속에 가두는 '폭력'이기도 하다. 지금 시대였다면 조세희 작가가 과연 영희에게 말할 권리를 주지 않는 이런 구성을 선택했을까, 혹시 가장 상처 입은 인물의 목소리를 먼저 들리게 하지 않았을까 하는 질문이 남았다. 그래서 영희에 대한 연민을 담아 아래와 같이 영희를 위한 작은 이야기를 넣었다. 이 작은 소설은 내가 쓴 것이 아니라 챗GPT를 활용해서 창작한 것이다. 인공지능AI이 만든 이야기다.

나는 오래된 창문을 좋아한다.
유리 가운데 금이 가 있고, 틈새로 바람이 들어오는 그런 창문.

우리 집 창문도 늘 그랬다. 닫아도 다 닫히지 않고, 막아도 완전히 막히지 않았다.

하지만 나는 그 창문이 싫지 않았다. 그 틈으로 바깥세상이 조금씩 들어왔기 때문이다.

아버지는 늘 몸을 굽히고 다녔다. 키가 작아서가 아니라, 세상이 늘 그의 머리 위로만 지나가서였다. 사람들은 아버지를 제대로 보지 않았다. 말은 들었지만 눈은 마주치지 않았다. 나는 그게 더 화가 났다. 그러나 아버지는 화를 내지 않았다. 늘 조용히 웃었고, 집에 돌아와서는 내 머리를 쓰다듬었다.

"우리는… 조금 늦게 가도 된다, 영희야."

그 말이 나는 좋았다. 느린 것이 부끄러운 게 아니라는 뜻 같아서.

집이 허물린 날, 사람들은 그것을 '정리'라고 불렀다. 나는 그 말이 제일 싫었다. 먼지를 털어내듯 우리 삶을 털어내는 것 같았다. 벽이 무너지고, 지붕이 떨어질 때, 나는 놀라기보다 이상하게도 조용했다. 마치 우리 차례는 이미 오래전에 정해져 있었던 것처럼.

오빠는 말했다.

"우리는 가만히 있으면 안 된다."

그 말이 맞는 것 같았지만, 나는 오빠가 점점 멀어지는 사람처럼 느껴졌다. 분노는 오빠를 키웠고, 침묵은 나를 남게 했다. 우리는 같은 집에서 자랐지만 서로 다른 길로 굽어졌다.

아버지는 어느 날부터 숟가락을 오래 들여다보았다. 밥을 먹는 손이 아니라 무언가를 계산하는 사람의 손처럼 움직였다. 나는 묻지 않았다. 물으면 알게 될 것이 무서웠기 때문이다.

그날, 굴뚝은 하늘까지 이어진 사다리처럼 보였다. 아버지는 천천히 올라갔다. 나는 아래에서 올려다봤다. 그 모습이 너무 작아서, 바람에 날아갈 것 같았다.

"영희야."

아버지는 아래를 보지 않았다. 하늘을 보면서 말했다.

"살아라."

그 말이 떨어질 때, 아버지도 함께 떨어진 것 같았다. 아니, 어쩌면 정말 날아올랐는지도 모른다. 나는 아직도 잘 모른다.

이후로 나는 공장에서 일했다. 손에 풀을 묻히고 종이를 붙이고 실을 자르면서 사람들의 이야기를 들었다. 어떤 이는 잡혀갔고, 어떤 이는 돌아오지 않았다. 어떤 이는 싸웠고, 어떤 이는 숨어 살았다. 나는 다 하지 못했다. 싸우지도, 도망치지도 못했다. 대신 버텼다. 그게 내가 할 수 있는 전부였다.

밤이 되면 나는 가끔 아버지의 말을 떠올린다.

"우리는 늦게 가도 된다."

나는 아직도 빨리 가는 법을 모른다. 다만 넘어지지 않는 법만 흉내 낸다. 세상은 여전히 크고 나는 여전히 작지만, 예전처럼 숨지 않는다. 창문을 연다. 바람을 맞는다. 금 간 유리 틈으로 들어오는 빛을 본다.

나는 영희다.

나는 무너지지 않았다.
나는 아직, 여기 서 있다.

다른 두 장애인 이야기

난장이의 친구이자 동료인 두 사람은 어떻게 되었을까? 근 50 년 동안 내 머리 한 곳에 잠재해 있던 의문이다. 다시 읽으면서 유심히 관심을 갖고 보았다. 난장이만 해도 피라미드의 맨 마지막에 있는 인물인데 작가는 왜 '꼽추'와 '앉은뱅이'를 더 설정했을까?

단순히 '불쌍한 인물'을 추가하기 위해서가 아니다. 이들은 신체적 장애를 지닌 존재이면서 동시에 사회적으로 완전히 밀려난 하층민의 극단적 형상이다. 작가는 이들을 통해 산업화·도시화 과정에서 탈락한 사람들이 단지 '가난한 노동자' 수준이 아니라 사회적 제도와 언어, 시선 속에서 인간으로조차 인정받지 못하는 존재들이라는 점을 극단적으로 드러내고자 했다.

난장이가 '가난하지만 가족과 윤리를 지키려는 존재'라면, 꼽추와 앉은뱅이는 그보다 더 아래에 위치한 존재들이다. 이들은 이미 사회적 규범 안에 들어올 수 없는 상태에 가까우며, 체제에 대한 기대나 희망조차 거의 사라진 인물들이다. 작가는 이들을 통해 '참을 수 없는 자들'이 어떤 언어를 쓰고 어떤 방식으로 분노를 키워가는지를 보여준다.

또한 이 인물들은 단지 피해자에 머무르지 않는다. 그들은 거칠고, 분노에 차 있으며, 때로는 폭력적이고 비도덕적인 선택을 입에 올린다. 이는 작가가 일부러 만든 설정이다. 이들을 배치함으로써 가난한 사람을 무조건 '도덕적으로 순수한 존재'로 미화하는 일을 피할 수 있다. 즉 빈곤이 인간을 반드시 선하게 만드는 것이 아니라, 왜곡시키고 뒤틀리게 한다는 사실을 보여주기 위한 장치인 셈이다.

난장이, 꼽추, 앉은뱅이는 각각이 구체적 삶의 주체라기보다 왜곡된 사회의 시각적 은유로 보아야 할 것이다. 그러나 이는 오늘날의 장애 인권 감수성, 즉 장애를 다양성의 한 형태로 보려는 관점과 충돌하며, 고통의 미학화를 통해 소수자의 몸을 서사의 도구로 소비했다는 윤리적 비판에 부딪힌다. 오늘날의 인권 감수성으로는 이런 식으로 장애를 직설하는 작품이 창작되기는 어려울 것이다.

뫼비우스의 띠, 클라인 씨의 병과 지적 호기심

작가가 「뫼비우스의 띠」와 「클라인 씨의 병」이라는 이야기에서 기하학적 이미지를 차용한 것은, 현실 세계의 모순된 구조를 시각적으로 형상화하여 독자에게 각인시키는 효과가 있다. 뫼비우스의 띠는 앞면과 뒷면, 안과 밖의 경계가 사라진 하나의 연속된 면으로, 사회가 겉으로는 서로 다른 계층과 삶의 조건을 가진 것처럼 보이지만 실제로는 하나의 고리 안에서 긴

밀히 연결되어 있음을 상징한다. 부자가 되는 조건과 가난해지는 조건은 분리되는 것이 아니라 같은 구조 안에서 동시에 생산되는 결과이며, 누군가의 위는 곧 누군가의 아래와 맞닿아 있다는 사실을 드러낸다. 이는 가난이 개인의 실패가 아니라 사회구조가 만들어낸 필연적 산물임을 독자에게 깨닫게 하려는 장치이다.

클라인 씨의 병은 이러한 연속성을 한 단계 더 심화시킨 상징이다. 클라인 씨의 병은 시작과 끝, 내부와 외부의 구분이 완전히 사라진 닫힌 공간으로, 아무리 경로를 따라가도 바깥으로 탈출할 수 없는 구조다. 이는 가난한 이들이 아무리 노력하고 발버둥 쳐도 기존 질서의 바깥으로 나갈 수 없도록 짜여 있는 사회 시스템을 상징한다. 작가는 이 구조를 통해 '노력하면 가능하다'는 근대적 신화를 해체하고, 현실이 얼마나 강고하게 닫혀 있는지를 드러낸다.

이 두 개념이 함께 작동할 때 작가가 전달하고자 한 메시지는 더욱 분명해진다. 우리는 하나의 띠 위에서 끊임없이 순환하고 있지만, 동시에 그 띠는 완전히 닫혀 있어 쉽게 벗어날 수 없는 구조라는 것이다. 독자에게 위로를 주기보다 불편한 질문을 던진다. 이 질서는 과연 자연스러운 것인가, 그리고 우리는 이 닫힌 구조를 무조건 받아들여야만 하는가. 뫼비우스의 띠와 클라인 씨의 병은 바로 이러한 근본적 성찰을 제시한다.

12편 연작의 처음과 마지막을 연결하는 수학 교사

작가는 연작의 첫 편과 마지막 편에 수학 교사를 화자로 배치하고, 그 사이에 꼽추와 앉은뱅이의 이야기를 깊숙이 끼워 넣었다. 무슨 이유일까? 수학 교사는 세계를 감정이 아닌 구조로 인식하는 인물로, 현실을 선악이나 도덕의 문제가 아니라 하나의 닫힌 체계로 파악한다. 「뫼비우스의 띠」에서 그는 삶이 안과 밖이 뒤엉킨 하나의 구조임을 설명하며, 이야기가 향할 방향을 미리 제시한다. 이는 단순한 도입부가 아니라, 독자가 이후의 비극들을 개인의 불행이 아니라 구조의 산물로 바라보게 만든다.

그런데 작가는 이 추상적인 구조 인식만으로는 충분하지 않다고 판단해 서사의 한복판에 꼽추와 앉은뱅이를 배치한 것이다. 이들은 단지 가난한 인물이 아니라, 구조의 폭력이 인간의 몸에까지 새겨진 존재들이다. 굽은 허리와 움직이지 않는 다리는 곧 왜곡된 사회구조가 인간을 어떻게 변형시키는지 시각적으로 보여주는 상징이다. 수학 교사가 말한 '뒤틀린 세계'가 여기서 살과 뼈를 가진 현실이 된다. 난장이가 아직 가족과 윤리를 지키려는 마지막 존엄의 자리라면, 꼽추와 앉은뱅이는 그 존엄마저 허락되지 않은 세계의 최하층이다. 그들의 분노는 조잡하고 언어는 뒤틀려 있으며 계획은 폭력에 가깝지만, 바로 그렇기에 이 사회의 가장 추한 진실이 드러나는 것이다.

마지막 「에필로그」에 또 수학 교사가 나온다. 다시 등장한 수학 교사를 통해 독자는 단순한 관찰자가 아니라, 이미 그 구조 안을 한 바퀴 돌아 나온 존재가 된다. 앞에서는 세계의 형식을 제시하고, 가운데서는 그 형식 속에서 망가져가는 인간의 몸을 보여주며, 끝에서는 그 구조가 여전히 그대로임을 확인시킨다. 작가는 이러한 배치로 독자에게 희망을 쉽게 제시하지 않는다. 대신 이 세계가 얼마나 단단하게 닫혀 있으며, 그 안에서 인간이 어떻게 변형되는지를 마지막까지 직면하게 만든다. 결국 수학 교사와 꼽추, 앉은뱅이를 잇는 이 서사 구조는 '이것은 몇몇 개인의 비극이 아니라, 구조 자체의 문제'라는 메시지를 가장 강력하게 각인시키기 위한 작가의 의도적 설계라 할 수 있다.

흔히 '난쏘공'이라 줄여 부르는 이 책은 1978년에 초판이 나온 뒤 지금까지 150만 부 이상 팔려 나갔다고 한다(2024년 2월 기준). 내가 이번에 읽은 판본은 2021년 6월 1일 183쇄로 기록되어 있다. 참 많이 팔렸다. 출판사 사장 출신으로서는 정말 부럽다. 50년 세월의 변화에도 불구하고 '난쏘공'이 독자들에게 여전히 큰 호소력이 있는 이유는 무엇일까? '난장이'에 대한 애정일 것이다. 등장해서 죽을 때까지 가족과 세상을 향한 사랑을 믿는 난장이의 세계관이 소설의 기둥을 이룬 때문이리라. 이 소설집을 흉내 내 나도 이 글을 「에필로그」처럼 마무리하려고 한다.

　　수학 교사가 기하학적 모형을 가지고 글을 시작하고 끝을

냈다. 희망과는 전혀 상관없이 현실에서는 투신과 사형 집행, 도로 위 객사가 벌어졌다. 난장이와 거인 간 중간 지점이나 접점을 만들지 못했다. 근 50년이 지났다. 우리 사회는 참 많이 변화했다. 난장이 세계의 가족과 동지들은 분절화되었고, 거인 세계의 진영은 더 글로벌해지고 첨단 기술이 도입됐다. 그 사이에 군부 독재 권력은 국민 주권 정부로 발전했다.

여전히 극한 대립이 지속되지만 절대 빈곤에서는 벗어났다. 국내 사업장에 국한되던 노동환경이 세계적 범위로 확대되었다. 자본의 세계화와 노동의 세계화가 함께 진행되고 있다. 그리고 인구 감소와 기후 위기, 부의 불평등이 심화하는 속도가 더 빨라지고 있다. 게다가 남북한 갈등까지 여전하다. 『난장이가 쏘아올린 작은 공』이 출간된 해가 분단 25년째였는데 이제는 분단 73년째가 되어간다. 1978년의 우리나라 한 해 예산 규모는 3조 5천억 원이었는데 2026년 예산안은 728조 원이다. 208배로 팽창했다. 세상이 50여 년 전보다 더 복잡하고 어지럽다.

기득권 세력과의 끊임없는 싸움

『사상의 자유의 역사』

존 B. 베리

오상석

1976년 고려대학교 경제학과에 입학했다.
한겨레신문 기자, 실업극복국민운동
사무국장, 고충처리위원회 복지노동팀장
등을 지냈고, 현재는 공익제보자를 지원하는
호루라기재단 상임이사로 일하고 있다.

이 책은 근대 민주주의 사회를 지탱하고 있는 '사상의 자유'가 어떤 험난한 역사적 과정을 통해 획득된 것인지 각 시대의 구체적인 사례를 통해 생생하게 밝힌다. 사상의 자유라는 주제로 쓰인 책 중에서 폭넓게 인용되는 '고전적인 저작'으로 널리 알려진 책이다.

저자 존 B. 베리John Bagnell Bury는 영국의 역사학자, 고전학자, 문헌학자이다. 1861년 아일랜드 모너핸에서 태어나 트리니티 대학에서 역사학을 전공했으며, 1883년부터 9년간 트리니티 대학에서 현대사 교수를 지냈다. 1902년 케임브리지 대학 역사학 교수로 부임해 1927년 운명할 때까지 일했다. 에드워드 기번 Edward Gibbon의 『로마제국 쇠망사』의 편집자이기도 하다.

내가 이 책을 어떻게 읽게 되었는지는 기억이 나지 않는다. 다만 돈이 조금만 생겨도 청계천 헌책방 거리로 달려가던 대학 1학년 때 박영사에서 문고판(양병우 역)으로 나온 『사상의 자유의 역사』를 우연히 읽고 큰 감동을 받았다. 그리고 대학 3학년 때 학내 시위로 구속되었을 때(긴급조치 9호 위반) 감방에서 다시 읽었다.

이 글을 쓰기 위해 알아본 결과, 문고본은 아예 찾을 수 없었으며 2005년 박홍규 교수가 더 충실하게 번역한 책을, 그것

도 종이책은 절판되어 중고책으로 구입할 수 있었다.[*]

'사상의 자유'는 피를 먹고 자랐다

우리는 대부분 생각의 자유, 사상의 자유가 있는 시대, 나라에서 살고 있다고 생각한다. 그렇다면 이 사상의 자유는 천부적_{天賦的} 권리, 즉 인간이 예전부터 당연히 누려왔던 권리일까? 갑자기 이 질문을 받는다면 당황하거나 헷갈려 하는 사람도 있으리라고 본다.

"민주주의는 피를 먹고 자란다"는 말이 있다. 미국의 독립운동가이자 대통령이었던 토머스 제퍼슨이 "민주주의라는 나무는 피를 먹고 자란다"고 했던 데에서 굳어진 격언이다. 민주주의를 지키기 위해서는 독재에 항거하는 시민의 희생과 헌신이 필수적이라는 것을 강조한 발언이다. 민주주의는 절대로 거저 얻어지는 것이 아니라는 것을 알려준다.

사상의 자유도 그렇다. 당연히 천부적인 권리가 아니다. 수많은 사람들의 피를 먹고 자란 나무가 바로 '사상의 자유'였다. 존 B. 베리의 이 고전적인 책을 다시 읽는 것은 쉽지 않았다. 수많은 서구의 사상가와 철학자들이 무수히 등장해서, '내가 20대 초반에 이 어려운 책을 읽었다고?' 하는 생각도 들었다. 베리는 100여 년 전에 살았던 영국의 대학교수였다. 이 책의 등장인물들이 그리스와 로마부터 시작해 중세 유럽의 문명으로 한정되는 것은 어찌 보면 당연한 일이다.

308

[*] 존 B. 베리, 『사상의 자유의 역사』, 박홍규 옮김, 바오, 2005. 이 글의 인용은 이 책을 따랐다.

인간사회는 일반적으로 사상의 자유, 또는 달리 말해 새로운 생각에 반대해 왔다.　20쪽

이 글의 인간사회를 권력 집단, 기득권 세력으로 바꾸면 더 명확하게 이해가 된다. 로마 시대 초기 황제들은 새로운 사상이라 할 수 있는 기독교를 인정할 수 없었다. 모두 알다시피 엄청나게 잔인한 탄압이 가해졌다. 이때의 기독교도들은 사상의 자유의 피해자였다. 로마는 황제까지 신으로 숭배하는 다신교의 국가였는데, 우상숭배를 거부하는 기독교인들은 체제의 불안정 요소였다. 로마는 서기 311년까지 기독교에 대해 크고 작은 박해를 가했는데 그 기간은 거의 300여 넌이나 됐다.

기독교에 대한 로마 정부의 입장이 변하기 시작한 건 313년 통치권을 장악한 콘스탄티누스 황제 때부터였다. 금지된 종파로 수세기 동안 탄압을 받아왔던 기독교는 종교적 신념이 자발적이며 강제할 수 없는 것이라는 이유로 관용을 주장했다. 국가 권력과 손을 잡으면서 로마의 국교가 된 기독교는 통일된 교리와 기반을 얻게 되고 로마의 멸망 이후에도 유럽 사회에 뿌리내릴 수 있는 힘을 얻게 되었다. '사상의 자유'의 암흑기, 즉 중세가 시작된 것이다.

서울구치소와 순복음교회 조용기 목사

나는 젊은 시절 두 번의 징역살이를 했다. 1978년 10월 대학

시위로 구속되어 9개월여를, 그리고 1981년 노동운동을 하기 위해 공장을 다니다가 조직 사건에 연루되어 꼬박 2년을 살았다.

도둑놈(당시 구치소에서는 재소자를 모두 도둑놈이라 불렀다)이 모인 곳이라 그런지 교화한다는 명분으로 소내 종교 활동에는 비교적 관대했던 것 같다. 사형수들도 특정 종교를 믿겠다고 하면 바로 목사나 신부 또는 승려와 연결해 마음의 평화를 얻도록 했다. 어느 날인가 순복음교회 조용기 목사가 구치소를 찾아왔다. 사방(감방)마다 스피커가 있었는데, 그걸 통해 조 목사의 설교를 강제로 들어야 했다. 설교 내용은 기억나지 않고 다만 조 목사 특유의 간드러진 목소리 "제가 주 예수를 믿사옵고~"는 지금도 귀에 생생하다. 조 목사는 설교 말미에 당시 박정희 대통령을 축복하는 말을 장황하게 했다.

유신헌법과 긴급조치로 독재정치를 일삼던 박정희에 반대해서 징역을 살고 있는데, 그 독재자를 찬양하는 말을 하는 조 목사에게 분노하지 않을 수 없었다. 물론 조 목사는 기독교를 대표하는 목사도 아니었고 단지 큰 교회를 이끌고 있는 수많은 목사 중 한 명에 불과했다. 그런데 지금도 큰 교회들 상당수가 보수 우경화되어 나라의 민주적 발전을 가로막는 모습을 보면 안타깝다는 생각이 든다.

구치소에서 지내다 형이 확정되면 지방 교도소로 이감을 간다. 새로운 교도소로 가게 되면 갖고 있던 모든 책을 압수당한다. 교무과에서 검열을 한 후 넣어주겠다고 하는데, 짧으면

일주일, 길면 열흘이 넘어야 책을 다시 볼 수 있었다. 독방을 쓰는 사람은 거의 견디기 힘든 고문이었다. 그래서 할 수 없이 소지(재소자로서 구치소나 교도소에서 청소 등을 하는 기결수를 부르는 말)를 통해 성경책을 좀 구해 달라고 했다. 다른 책은 안 돼도 성경만은 얼마든지 받거나 빌려 보는 게 허용됐다.

구약을 읽으면서 상당한 충격을 받았다. 유대인의 성서라서 그런지 이민족에게는 너무 적대적이며 불관용적인 면모를 보였기 때문이다. 암튼 책이 들어오길 기다리는 10여 일 동안 구약과 신약 성서를 어쩔 수 없이 탐독했던 기억이 난다. 그러나 성서를 읽으면서 기독교와 가까워지기는커녕 더 큰 거리감을 느꼈던 것이 사실이다.

베리 교수의 책은 소크라테스의 죽음을 시작으로 플라톤, 아리스토텔레스, 스토아 학파, 에피쿠로스 학파 등의 자유사상을 소개한다.

문명이 그리스인들에게 지고 있는 빚을 꼭 집어 말해보라는 질문을 받는다면 우리는 무엇보다 먼저 문학과 예술에서 이룬 그들의 업적을 자연스레 떠올릴 것이다. 그러나 우리가 그들에게 정말로 가장 깊이 감사해야 할 부분은 그들이 사상과 토론의 자유를 창시했다는 점이다. 33쪽

그러나 중세 시대로 들어가면 사정은 달라진다. 기독교 교리를 믿지 않으면 영원한 지옥 불을 면치 못할 것이며, 세례를

받지 않고 죽은 아이는 영원히 지옥의 바닥을 기어다닌다고
하다니, 이 얼마나 끔찍한 말인가? 기독교 교리에 반하는 사람
들에게 박해를 가하는 것이 일상화되었고 그 내용도 화형 등
극단적이고 가혹한 형태로 이루어졌다.

종교재판

1223년 교황 그레고리우스 9세는 종교재판이라고 알려진 이
단자 색출의 조직적인 체계를 창설했다. 그리고 신성로마제국
황제 프리드리히 2세는 이탈리아와 독일에 걸치는 자신의 광
대한 영토에 아래와 같은 법률을 공포했다.

> 모든 이단자들은 법률의 보호를 받지 못한다. 이단을 철회하
> 지 않은 자는 화형에 처하고, 철회한 자는 투옥하되 다시 이
> 단에 빠질 경우 사형에 처한다. 　　　　　　　　　　71쪽

기독교 교리와 이에 반하는 이들을 가혹하게 처벌하는 종
교재판은 당연히 중세 과학의 진로를 가로막았다. 이 책에 수
없이 등장하는 종교재판과 잔혹한 처벌(화형)은 너무도 끔찍
한 인상을 남겼다. 예컨대 1553년 화형당한 스페인의 신학자
이자 의사였던 세르베투스의 죄목 가운데 하나도 성서를 글자
그대로 믿지 않았다는 것이었다. 즉 성서에는 유대 지방이 분
명 젖과 꿀이 흐르는 땅으로 묘사되어 있는데, 사실은 불모지

312

였다는 그리스 지리학자의 언급을 믿었다는 것이다.

한편 1700년대 중반 활동했던 버틀러 주교의 주장을 소개한 대목을 보자.

> 만일 기독교가 진리일 가능성이 만에 하나라도 있다면 기독교도가 되는 것이 이익인데, 왜냐하면 기독교가 거짓으로 판명되더라도 그것을 믿었다는 사실이 해가 되지는 않으며, 만일 진리로 판명될 경우에는 막대한 이득이 되기 때문이라는 것이다.
>
> 174쪽

기독교 신자의 입장에서는 기독교를 믿느냐 안 믿느냐는 엄청난 결과를 초래할 수 있음을 안다. 만약 기독교가 진리라면 이를 믿음으로써 사후 천당으로 갈 수 있다. 그리고 설령 기독교가 거짓이라 하더라도 기독교를 믿었다고 특별한 벌칙이 가해진다는 말을 듣지 못했으므로, 일단은 믿는 게 이익이라는 것이다. 이런 '아니면 말고 식'의 마음으로 신앙생활을 하는 사람들이 여전히 존재하고 있음을 알고 있다.

이탈리아의 철학자이자 천문학자, 수학자였던 조르다노 브루노(Giordano Bruno, 1548~1600)는 당시 가톨릭과 프로테스탄트에서는 거부한 코페르니쿠스의 발견, 즉 지구가 태양 주위를 돈다는 견해를 받아들였다. 더 나아가 행성들도 태양처럼 제각각 눈에 보이지 않는 위성들을 가진다고 생각했다.

브루노는 이단 혐의를 받고 여러 나라를 전전하며 살다

종교재판소의 명령으로 구속됐다. 그리고 로마에서 유죄 선고를 받은 후 캄포 데 피오리 광장에서 화형에 처해졌다.

코페르니쿠스, 갈릴레오 갈릴레이, 조르다노 브루노, 로저 베이컨, 스피노자, 데카르트, 볼테르, 루소, 홉스, 칸트, 헤겔, 피에르 벨, 토머스 페인, 밀턴, 존 로크, 제임스 밀, 존 스튜어트 밀 등에 이르기까지 서양의 수많은 사상가는 대부분 직접적으로 기성의 권위와 대립하면서 사상의 자유에 크게 기여했다. 동시에 수없이 많은 사람이 삼위일체를 부인하거나, '지구가 태양 주위를 돈다'는 등의 기독교 교리에 반하는 생각을 하고 있다는 이유로 화형당했다.

과학의 발전과 합리주의

19세기 과학의 발전은 많은 이에게 기독교의 세계관이 비합리적이라는 결론에 이르게 했다.

그러나 비록 과학적으로 설명되지는 못하더라도 성서에 기재된 역사의 신빙성을 위협하는 것처럼 보이는 주목할 만한 사실들이 계속해서 쌓여갔다. 만일 노아의 방주와 대홍수 이야기가 사실이라고 한다면, 헤엄칠 줄 모르거나 날 수 없는 짐승들이 현재 아메리카나 대양의 여러 섬에 살고 있는 것은 대체 어찌된 일인가?
201쪽

314

지질학, 동물학, 물리학 등 자연과학의 발전은 성서의 이야기를 강력하게 위협했다. 특히 1859년 다윈이 출간한『종의 기원』은 과학과 신학의 투쟁사에서도 하나의 획기적인 사건이었다. 이 책이 나오자 영국, 독일, 프랑스의 신학자들은 일제히 반대하고 나섰다. 그런데 이어서 1871년에는 다윈의『인간의 유래』가 출간됐다.

『인간의 유래』는 약 600만~800만 년 전 인류가 유인원과의 공통 조상에서 진화했다고 밝힘으로써 현대 진화론의 출발점이 되었다. 현대 생물학에서는 인간이 유인원과 96퍼센트 이상의 DNA를 공유하며, 협력·학습·문화의 축적이 진화의 핵심 동력임을 강조한다. 현생 인류의 기원은 약 20만 년 전으로, 당시 여러 인류 종이 공존했으나 현재는 호모 사피엔스만 남았다는 것이다.

다윈의『종의 기원』과『인간의 유래』는 당시 주류 기독교에 엄청난 시련을 가져다주었다.『종의 기원』은 생물의 진화론을 설파해 코페르니쿠스의 지동설만큼이나 세상을 놀라게 했다. 지금은 너무도 당연한 지동설과 진화론이 당시 유럽 사회에는 큰 충격을 주면서 격렬한 찬반양론이 벌어지게 된다.

다윈은 "나는 죽음 앞에서 일말의 두려움도 갖고 있지 않다"라는 말을 남기고 1882년 4월 19일, 73세의 나이로 세상을 떠났다. 그리고 잉글랜드 성공회 성당인 웨스트민스터 사원에 묻혔다. 웨스트민스터 사원은 영국 왕실의 성당이자 국왕의 무덤이다. 또한 영국을 대표하는 위인들의 무덤이기도

하다. 아이작 뉴턴과 찰스 디킨스, 물리학자 스티븐 호킹이 이
곳에 묻혀 있다.

과학과 이성이 '신학적 권위'를 물리치고 '사상의 자유'
라는 새 물결을 가져온 것이다. 결국 이 책『사상의 자유의 역
사』는 근대 민주주의 국가에서 너무나 당연하게 여기는 '사상
의 자유'가 오랜 시간 동안 수많은 사람들의 투쟁과 희생을 딛
고 얻게 된 것이라는 점을 밝히고 있다.

톨레랑스의 나라 프랑스

홍세화는 남민전(남조선민족해방전선 준비위원회) 사건에 연루된
후 프랑스에 망명해 택시 운전을 했다. 당시 경험을 담은『나
는 빠리의 택시운전사』는 1995년 출간되어 베스트셀러가 되
기도 했다.

이 책을 읽으면서 감동받은 것은 프랑스 사회에 자리 잡
은 톨레랑스(홍세화의 책에서는 '똘레랑스')라는 말이었다. 톨레랑
스는 프랑스어로 '관용'을 뜻하며, 자기와 생각·종교·문화가
다른 사람의 입장과 권리를 너그럽게 존중하고 받아들이는 것
을 뜻한다.

톨레랑스가 프랑스에서 뿌리내린 것은 '사상의 자유의 역
사'와 깊은 관련이 있다. 16세기 종교개혁과 위그노전쟁(16세
기 후반 프랑스에서 37년에 걸쳐 진행된 대대적인 기독교 신구 세력 간의 내
전), 1598년 낭트 칙령으로 종교적 공존이 인정되며 톨레랑스

316

개념이 사회정치적으로 자리 잡았다. 오늘날 프랑스의 톨레랑스는 다원주의 사회에서의 상호 존중, 민주주의 가치 수호, 자유·평등·박애의 정신과 깊게 연결되어 있다.

나는 홍세화의 책을 읽으면서 프랑스의 톨레랑스에 깊이 감동하고 부러워했다. 중세 암흑기에 '사상의 자유'를 인정하지 않고 가혹한 탄압을 해왔던 프랑스가 톨레랑스의 나라가 된 것은 역사의 아이러니라 하지 않을 수 없다.

아직도 끝나지 않은 '사상의 자유'를 위한 투쟁

그렇다면 사상의 자유는 이제 모든 이가 누리는 권리가 된 것일까? 세계를 살펴보면 전혀 그렇지 않다는 것을 쉽게 알 수 있다. 피를 먹고 자란 민주주의가 보편적 가치로 인정받고 있는 현재에도 수많은 나라에서 민주주의가 짓밟히고 독재정치가 행해지는 것을 우리는 너무 쉽게 알 수 있다. '사상의 자유'도 마찬가지다.

당장 우리나라만 하더라도 한국전쟁과 분단국가라는 현실적 어려움이 있긴 하나 사상의 자유가 완전하게 보장되는 나라라고는 할 수 없다. 나는 어렸을 때부터 반공만이 선이고 진리라는 식의 교육을 받고 컸다. 반공을 앞세우며 독재를 했던 권력자들은 사라지고 없지만, 그 신봉자들은 아직도 여전히 그들을 미화하고 있다. 게다가 '국가보안법'과 같이 사상의 자유를 억압하는 법이 여전히 존재하고 있다.

혹시라도 베리의 『사상의 자유의 역사』를 접하게 될 독자
가 있다면 제일 뒷부분에 수록된 적지 않은 분량의 역자 해설
을 꼭 관심 갖고 읽기를 권한다. 사상의 자유를 우리 현실 속에
서 어떻게 봐야 할 것인가를 핵심적으로 정리한 글이기 때문
이다. 이 번역본은 2005년 처음 출간되었으므로 해설은 역자
인 박홍규 교수가 20여 년 전에 쓴 글이다. 그럼에도 불구하고
박 교수의 문제제기는 현재에도 여전히 공감을 불러일으킨다.
그는 해설에서 우리나라에서 아직도 해결되지 않은 '사상의
자유'와 관련하여 국가보안법, 양심적 병역거부를 다루었다.

나는 1978년 겨울 학내 시위로 구속되어 있을 때 서대문
구치소에서 양심적 병역거부로 수감되어 있던 학생을 만났다.
여호와의 증인 신도였던 그는 숭전대(당시 숭실대와 대전대가 합병
해 1972년부터 1982년까지 숭전대가 되었으나 이후 분리되어 서울 숭전대는
다시 숭실대가 되었다) 학생이었고 나와 동갑이었다. 한눈에 보기
에도 너무도 착하고 순박한 젊은이였다.

그런데 그에게서 들은 군 수사기관에서의 병역거부자에
대한 가혹행위는 상상하기 힘들 정도로 가혹한 것이었다. 밥
을 굶기거나 물고문, 잠 안 재우기 고문, 구두를 핥으라는 고문
등 문명사회에서는 있을 수 없는 야만적인 고문을 당한 것이
었다. 이미 병역거부로 당시 군복무 기간에 해당하는 징역형
을 받을 게 확실시됐던 젊은이를 그토록 고문할 필요가 있었
을까? 아니 그것은 무엇인가를 얻어내기 위한 고문이 아니라
그냥 괴롭히기 위한 것이었다. 그 이후 나는 양심적 병역거부

318

자에 대해 관심을 갖게 되었다.

우리나라 1심 법원에서는 2004년 양심적 병역거부자에 대해 최초로 무죄판결을 내렸으나 항소심과 대법원에서는 유죄판결을 내렸다. 수많은 젊은이가 양심적 병역거부로 징역을 살고 전과자가 되었다. 병역을 대체할 만한 사회봉사를 부과하는 등 합리적인 해결책을 찾아내지 않고 가혹한 징벌만으로 문제를 해결하려 했기 때문이다.

양심적 병역거부에 대해서는 2015년 이후 하급심에서 무죄판결이 이어졌고, 2017년 항소심에서도 무죄가 나왔다. 그리고 2018년에 이르러서야 대법원은 종교적 신념에 따른 병역거부를 정당한 사유로 인정해 무죄 취지의 판결을 내렸다. 평화적·종교적 신념에 따른 양심적 병역거부자들에 대해서는 교도소 등에서 일반 병사들보다 길게 복무하도록 한 대체복무 제도가 시행되고 있다.

헌법재판소는 2024년 대체복무역을 규정한 대체역의 편입 및 복무 등에 관한 법률 제18조 1항 등에 대한 헌법소원 심판 사건에서 기각 5명, 인용 4명의 의견으로 기각했다. 교정시설에서 대체복무 중인 양심적 병역거부자들이 복무하는 기간, 방식, 기관에 대해 규정한 조항들이 청구인들의 기본권을 침해한다며 지난 2021년 헌법소원 심판을 청구했는데 헌법재판소는 관련 조항들이 과잉금지 원칙을 위반하지 않으므로 청구인들의 양심의 자유를 침해한다고 볼 수 없다는 이유로 기각(합헌) 결정한 것이다.

그러나 당시 반대의견을 낸 이종석·김기영·문형배·이미선 재판관 4명은 "복무기관을 교정시설로 한정한 것은 현역병과의 형평성 내지 현역병의 상대적 박탈감만을 지나치게 고려한 것이고, 36개월 대체복무 기간 또한 현역병의 복무 기간의 최대 1.5배를 넘지 않을 것을 요구하는 국제 인권 기준에도 부합하지 않는다"고 밝혔다. 이와 함께 "병역기피자의 증가 억지와 현역병의 박탈감을 해소하는 데만 치중해 양심적 병역거부자에 대해 사실상 징벌로 기능하는 대체복무 제도를 구성함으로써 과잉금지 원칙을 위반해 청구인들의 양심의 자유를 침해한다"는 의견을 냈다.

대한민국 헌법에서 정하고 있는 기본적 인권에는 '사상의 자유'가 없다. 비슷한 규정으로 헌법 제19조에 '양심의 자유', 제20조에 '종교의 자유' 등이 규정되어 있으나 '사상의 자유'를 명시한 규정은 없다.　　　　　　　　　　290쪽(역자 후기)

국가보안법의 폐지와 함께 헌법에 새롭게 '사상의 자유'를 명시해야 한다는 박홍규의 말은 지금도 여전히 유효하다.

세상의 모든 법은
투쟁으로 생겨났다

『권리를 위한 투쟁』

루돌프 폰 예링

우윤근

1980년 전남대학교 법과대학에 복학했다.
17~19대 국회의원, 국회사무총장, 주러시아
대사를 지냈다. 법무법인 광장 고문변호사로
일하고 있다.

나는 유신의 끝자락인 1979년 7월 군대를 제대한 후 복학을 준비하던 중 10·26 사건을 맞이하게 되었다. 혼미한 상황에서 1979년을 넘기고 1980년 복학생이 되어 학교로 돌아갔다.

그리고 3월부터 다시 시작된 나의 대학 초년 시절은 5·18 광주민주화운동으로 격랑의 소용돌이 속으로 빠져들었다. 특히 내가 살던 광주는 5·18 광주민주화운동의 중심축이었다. 당시 5·18 광주민주화운동은 개인의 삶은 물론이고, 당시 광주 지역 시민들의 삶까지도, 아니 대한민국의 운명까지 좌우하는 중대한 역사적인 사건이 되고 말았다.

무조건 투쟁하는 것 외에 다른 그 어떤 것도 생각할 겨를이 없었다. 그렇게 정신없이 무장한 계엄군을 상대로 시위와 투쟁을 벌이다 계엄군이 시내를 장악한 후, 나는 힘겹게 걸어 걸어서 광주 시내를 탈출해 나와 시골 고향집으로 잠시 피할 수밖에 없었다.

광주 시내가 봉쇄되는 바람에 몇 달을 고향집에서 지내게 되었는데, 그해 여름에 읽었던 몇 권의 책 가운데 하나가 루돌프 폰 예링 Rudolf von Jhering의 『권리를 위한 투쟁 Der Kampf um's Recht』*이었다.

---

* 이 글을 쓰면서 박홍규 교수가 번역한 『법과 권리를 위한 투쟁』(문예출판사, 2022)을 다시 읽었는데, 옮긴이 해설이 큰 도움이 되었다. 이 글의 인용문도 그 책에서 따왔다. 다만 한국어 판은 『권리를 위한 투쟁』으로 먼저 알려졌기에, 이 글에서는 그 제목을 사용했다.

사실 그 책은 비교적 두께가 얇은 책이라 금방 읽을 수 있었는데 그 울림이 너무나 컸었고 당시 참혹한 우리 시대 상황과도 딱 맞아떨어져서 기억에 오래 남았다. 10·26과 5·18의 충격이 몹시 컸던 상황에서, 게다가 군 제대 복학생이라 아직 어수선한 상태였지만, 법학도를 꿈꿨던 나에게 꼭 필요한 책이었다. 법조인이 된 후 지금까지도 줄곧 나에게 큰 영향을 끼친 것 같다.

그 책은 법과 권리는 투쟁했을 때만 제대로 그 기능을 발휘할 수 있고 정의를 구현할 수 있다는 마음을 갖게 하기에 충분했다. 당시 시대 상황에서 더더욱 나에게 용기와 사명감을 주었던 것 같다. 법률가, 정치인 그리고 외교관으로서 경험을 마치고 이제 나이 칠십이 다 되어 다시 읽어보니, 젊었을 때의 그 느낌보다는 철학적으로 훨씬 더 깊이가 있는 책이라는 생각이 든다.

루돌프 폰 예링

이 책을 쓴 예링은 1818년 독일 북부 해안가에 있는 아누리히라는 지역에서 대대로 법률가와 관료를 배출한 명문가의 자제로 출생했다.

젊은 시절의 예링은 독일 하이델베르크, 괴팅겐, 뮌헨의 대학교에서 법률을 공부했다. 대학 시절 학생운동에도 적극적인 소위 운동권 학생이었다. 졸업 후 예링은 대학 시절의 학생운동 참여 경력 때문에 공무원 같은 관료가 되기 위한 시험을 볼 수가 없어 교수의 길을 택했다는 이야기도 있다.

1837년 예링이 괴팅겐 대학교에 다니던 시절 '괴팅겐 7교수 사건'이 터졌고 예링도 이와 관련된 학생운동에 참가했었다. '괴팅겐 7교수 사건'이라 함은, 1837년 하노버의 국왕 에른스트 아우구스트 1세의 헌법 개혁에 이의를 제기한 7명의 교수가 파면당하고 국외로 추방된 사건을 말한다. 이 사건은 독일과 유럽에 커다란 파장을 불러일으켰고, 1848년 독일의 3월혁명에도 영향을 주었다. 결국 독일에 자유주의 공화국이 세워지는 데 크게 기여했다.

예링은 이 사건을 계기로 1838년 다시 학교를 베를린으로 옮겼고 그곳에서 로마법상의 「상속 재산 점유에 관하여」라는 논문으로 법학박사 학위를 취득했다. 그는 27세부터 74세로 세상을 떠나기 전까지 47년을 바젤 대학, 로스토크 대학, 기센 대학, 빈 대학, 괴팅겐 대학 등에서 교수로서 학생들을 가르치며 활발한 저술 활동을 해 나갔다.

예링이 학자로서 주목을 받기 시작한 것은 기센 대학에서 1852년에 『로마법의 정신』 1권을 내고 나서 1854년(2권 1부), 1858년(2권 2부), 1865년(3권 1부)까지 4권을 낸 시점이었는데, 이 책에서 그는 역사법학파를 강하게 비판했다. 사비니Friedrich Carl von Savigny를 비롯한 역사법학파들은 법의 역사적 기원에 집중해, 법이 관습이나 민족의 역사적 의식에서 자연스럽게 발전하는 것으로 보았다.

한 가지 흥미로운 사실은, 예링이 1867년 북부독일연방의 최초 의회선거에 출마했다가 낙선한 것이다. 낙선한 이유 중 하나로 그는 자신의 종교를 '로마법학'이라고 썼기 때문이라고 말했다고 한다. 그는 헤겔의 관념론과 사비니의 역사법학을 비판하고 대신 경험주의적 방법론을 강조한 목적법학을 일관되게 주장했으며, 내내 '괴팅겐의 법학자'로 불리었다.

또한 예링은 '독일의 마크 트웨인'이라고 불리기도 한다. 마크 트웨인처럼 타고난 풍자가로서 독일 법학의 특징인 추상적이고 개념적인 부분을 멀리하고, 특유의 비유와 풍자로 역사법학을 비판했기 때문이 아닐까 싶다.

당시의 대다수 독일 법률가는, 아니 현재도 법률을 다루는 사람들은 대개 그렇지만, 보수적이고 권위적이며 법률 해석에서도 아주 어렵게 추상적이고 개념적으로 다루려는 경향이 짙었다. 이에 반해 예링은 법률가이기는 했지만, 문학, 음악, 여행 등 다양한 문화예술 방면에 재능이 많았다. 심지어 와인 감별도 할 줄 아는 사람이었다.

샤일록의 계약은 원천 무효

이 책의 내용을 가장 쉽게, 상징적으로 요약한다면 그 유명한 『베니스의 상인』에 관한 부분이 될 것이다.

예링은 법률과 증거 문서에 근거해 계약 내용대로 1파운드의 살을 요구한 고리대금업자 샤일록과 살을 베는 것은 인정하되 피를 흘려서는 안 된다고 주장한 포샤, 이 둘을 모두 신랄하게 비판한다. 애초에 인간의 살을 떼어낸다는 계약은 원천 무효라는 극히 인간적이고 현실적인 감각을 결여한 채 그저 개념적인 법 해석에만 매달렸다는 것이다.

결론적으로 예링은 그 시절을 지배하던 개념법학을 비판하고 일상의 건전한 상식으로 돌아가야 한다고 주장했다. 당시로서는 매우 진보적이고 혁신적인 주장이었다. 아니, 어쩌면 지금까지도 보수적인 개념법학에 머물러 있는 한국의 법학, 법조계도 이로부터 좀 더 자극을 받아야 하는 게 아닌가 한다.

권리를 위한 투쟁

책에서는 권리를 위한 투쟁을 3단계로 논의한다. 가장 첫 번째 투쟁은 순수한 개인의 이익에서 출발하며, 두 번째 단계인 인간의 인격과 그 생존에 대한 투쟁, 소위 이념적인 단계로 나아가고, 마지막으로 정의의 실현이라는 고차원적인 투쟁의 단계에 이르게 된다. 이 책에 나오는 주요한 문장을 중심으로 각 장의 내용을 소개한다.

서문

책의 첫 페이지에는 "모토-투쟁에서 너의 법과 권리를 찾아라"라고 적혀 있다. 예링은 서문에서 이 책의 목적은 실천적인 것이며 권리감각을 대담하게 발휘해 굴복하지 않는 태도를 함양하는 것이라고 설명한다.

이 책을 집필하고 간행하면서 내가 염두에 둔 목적은 본래 이론적이라기보다는 윤리적이고 실천적인 것이었고, 법과 권리에 대한 학문적 인식을 심화한다기보다는 법과 권리에 궁극적인 힘을 부여하는 정신적 태도를 함양하는 것, 즉 권리감각을 대담하게 발휘해 굴복하지 않는 태도를 함양하는 것이었다. 17쪽

이어서 예링은 "자신의 권리를 타인의 발밑에 던지는 것은 자신에 대한 인간의 의무에 위반하는 것"이라는 칸트의 말을 인용해 권리를 행사하고 지키는 것은 자신의 인간적 존엄성을 지키기 위한 도덕적 의무라고 강조한다. 그러니 타인이 내 권리를 침해했을 때는 침묵하거나 방관하지 말고 적극적으로 싸워서 지켜내야 한다는 것이다.

"나는 법을 갈구하오." 이는 『베니스의 상인』에서 샤일록이 하는 말이다. 예링은 이 말이 다른 사람의 입에서 나오든 샤일록의 입에서 나오든 똑같은 진리라고 말한다. 샤일록의 계약이 원천무효이지만, 만약에 재판장이 증거서류의 유효성을 인정했다면 판결을 집행할 때 이를 뒤집어서는 안 된다는 것이다. 샤일록에게 합당한 정의가 본질은 무시된 채 문자에 치중한 말꼬투리 잡기(살 1파운드를 취하면서 한 방울의 피라도 흘리면 샤일록의 전 재산을 몰수한다)로 뒤집힌 것을 비판하는 말이다.

328

법의 기원

예링은 법이나 권리의 생명은 투쟁이라고 말한다. 그는 사비니로 대표되는 역사법학파의 주장인 "법의 생성은 언어의 생성처럼 어떤 노력과 고통 없이 부지불식간에 시간이 흐르면 진리가 갖는 특유의 힘에 의해 이뤄진다"는 말을 강력히 비판한다. 그는 법이나 권리도 역사 속에서 투쟁하고, 힘겨운 노력의 결과로 생성된다고 말한다.

법과 권리의 목적은 평화이고, 평화에 이르는 수단은 투쟁이다. 법과 권리가 불법적인 침해를 예상해 이에 대항해야 하는 한─세계가 멸망할 때까지 그 필요는 없어지지 않는다─법과 권리는 이러한 투쟁을 피할 수 없다. 법과 권리의 생명은 투쟁이다. 한 국민의 투쟁, 국가권력의 투쟁, 여러 계급의 투쟁, 여러 개인의 투쟁이다.
이 세상의 모든 법은 투쟁으로 생겨났다. 모든 중요한 법명제는 무엇보다도 그것을 거부하는 자들에 맞서 투쟁함으로써 쟁취되어야 했다. 그리고 모든 법적 권리는 그것이 국민의 것이든 개인의 것이든 간에, 언제나 그것을 주장하고 수호할 준비가 되어 있다는 것을 전제로 한다. 법은 단순한 이론이 아니라, 살아 있는 힘이다.
37쪽

이어서 예링은 노예제의 폐지, 신앙의 자유 등 인류 역사의 주요 성과는 모두 여러 세기에 걸친 격렬한 투쟁으로 쟁취

된 것이라고 말한다. 그리고 법은 시대를 반영하는 법으로 계속 발전해 나가야 하며, 법이 탄생하는 데 필요한 투쟁은 축복이라고 단언한다.

법은 자신의 과거를 청산할 때에만 젊음을 되찾을 수 있다. 어떤 법이 일단 성립되었다는 이유로 무한하게, 즉 영원히 존속하기를 요구한다면, 그것은 자신을 낳아준 어머니에게 폭행을 저지르는 자식과 같은 것이다. 그러한 법이 법이념을 부르짖는 것은 법이념을 조롱하는 것이다. 45쪽

그리고 신이 어떤 국민을 선택한다고 해도 신은 국민이 필요로 하는 것을 그들에게 주지 않고 국민의 노고를 경감해 주지도 않는다. 도리어 신은 그것을 더욱 무겁게 한다. 그런 의미에서 나는 아무런 주저 없이 말한다. 법이 탄생하기 위해 필요로 하는 투쟁은 저주가 아니라 축복이라고. 50쪽

권리를 위한 개인의 투쟁과 의무

앞에서 살펴본 것처럼 권리를 위한 투쟁의 첫 단계는 돈이나 명예 등 자신의 이익을 위한 것이다. 그리고 예링은 거기서 더 나아가 인간의 존엄성을 지키기 위해 투쟁할 것을 주장한다. 이러한 저항과 투쟁은 선택이 아니라 개인의 의무라는 것이다. 다시 말해, 인간의 인격 자체를 해하는 법은 그 어떤

것도 불법으로 규정하고, 이에 대해 저항하고 투쟁하는 것은 개인의 의무이며, 이는 또한 권리를 누리려는 자기 자신에 대한 의무라는 점이 중요하다.

자신의 생존을 주장하는 것은 살아 있는 모든 생명의 최고 법칙이다. 이 법칙은 모든 생물의 자기보존 본능으로 나타난다. 그러나 인간에게는 육체적 생존만이 아니라 윤리적 존재로 생존하는 것도 중요하며, 이를 위한 조건의 하나가 권리를 주장하는 것이다. 인간은 자신의 윤리적 생존 조건을 권리라는 형태로 유지하고 지킨다. 따라서 권리를 갖지 않는 인간은 짐승 수준으로 떨어지게 된다. 63쪽

예링의 인격이론에 따르면 소유권이란 물건 위에 확대된 자기 인격의 외연이다. 즉 한 인간의 존재와 존엄성이 물리적 세계로 확장된 것이라는 의미다. 그는 "권리의 목적물이 1페니히(100분의 1마르크)든 1굴덴(금화)이든 똑같이 생각하라"는 유대 율법가의 잠언을 인용한다. 권리를 주장하는 사람에게는 비록 1원이라도 그것은 권리의 전부를 의미하는 것이므로 1원이 작다고 권리 하나를 영원히 포기하지 말라는 것이다.

내가 그 물건을 소유하고 주장하는 것은 나나 타인이 과거에 행한 노동의 일부다. 나는 그 물건을 내 것으로 삼음으로써 그 물건에 내 인격을 새기게 된다. 따라서 이 물건을 침해하

는 자는 내 인격을 침해하는 것이 되고, 그 물건에 가해진 타격은 물건의 형태를 취하고 있는 나 자신에게 가해지는 것이다. 소유권이란 물건 위에 확대된 내 인격의 외연일 뿐이다.

83쪽

나아가 그는 "권리를 위한 투쟁은 개인의 품격을 위한 노래"라고 이야기한다.

순수한 재물 세계의 권리를 무미건조한 산문에 비유한다면, 인격 세계의 권리는 인격의 주장을 목적으로 하는 권리를 위한 투쟁을 통해 고상한 시가 된다. 권리를 위한 투쟁은 품격의 노래다.

84쪽

권리 투쟁은 국가 공동체에 대한 의무

예링은, 자신의 권리를 지키려 한 적이 없는 사람이 어떻게 국민 전체를 위해 기꺼이 자신의 모든 걸 던질 수 있겠는가, 라고 묻는다. 영국인이 사소한 자신의 권리를 지키기 위해 최선을 다해 투쟁하는 것이 결국 영국의 정치적 발전의 큰 원동력이 되었다는 주장이다.

용기를 가지고 자신의 권리를 지키려 한 적이 없는 사람이 어떻게 국민 전체를 위해서 기꺼이 자신의 생명과 재산을 던지

고 싶다고 생각할 수 있겠는가? 자기의 명예와 인격이 입은
이념적 손해를 전혀 개의치 않고, 안일함과 비겁함 때문에 정
당한 권리를 포기하는 사람, 권리의 문제를 오로지 물질적 이
익의 척도로 생각하는 사람이, 국민 전체의 권리와 명예에 관
련된 경우에는 다른 척도를 사용해 다른 감정을 가지리라고
기대할 수 있겠는가? 지금까지는 보인 적이 없는 이상주의적
인 성향이 갑자기 어디에서 나오겠는가? 118쪽

예링에 따르면 독재는 언제나 사적인 권리와 사법에 개입
해 개인을 고통스럽게 하는 것으로부터 시작한다. 따라서 독
재자에 대항하기 위해서는 무엇보다도 이 단계에서 격렬하게
투쟁해야만 한다. 로마의 귀족 부인 루크레티아가 사적 권리
라 할 수 있는 정절과 명예를 잃고 자살했을 때, 로마인들이 즉
각적으로 격렬하게 저항함으로써 결국 왕정을 무너뜨리게 된
것처럼 말이다.

한 나라에서 법과 정의를 구현하기 위해서는, 재판관이 언제
나 재판관석에서 기다리거나, 경찰이 형사를 파견하는 것만
으로 충분하지 않고, 누구나 각자의 역할을 수행해야 한다.
자의와 무법이라고 하는 히드라의 머리가 그 모습을 나타낼
때, 누구나 그것을 베어야 할 사명과 의무가 있다. 권리라는
혜택을 받는 사람은 누구나 법률의 힘과 위신을 유지하기 위
해 공헌해야 한다. 요약하자면 누구나 사회의 이익을 위해 권

생생하게 살아 숨 쉬는 외침

통상 법학 분야의 고전을 들라면 플라톤의 『법률』, 몽테스키외의 『법의 정신』, 예링의 『권리를 위한 투쟁』을 꼽는다. 물론 예링의 책이 플라톤이나 몽테스키외의 명저에 비하면 그 무게가 떨어지는 것은 사실이지만, 21세기를 살고 있는 우리에게 시사하는 바는 적지 않다. 아직도 전근대적인 사고체계, 특히 소위 육법전서에만 충실하게 매달려 개념법학을 논하는 법학계와 법조 현실을 생각하면 법률에 생명력을 불어넣어야 한다는 예링의 외침이 여전히 아프게 들린다.

물론, 예링의 주장에 대한 비판이 전혀 없었던 것은 아니다. 개인의 권리를 엄청나게 강조하면서 그 권리를 보호하기 위한 개인의 도덕적 의무를 중하게 여긴 점은 탁월하지만, 이를 구현하는 명확하고 구체적인 해결책을 제시하지 못했다는 비판도 상당했다고 한다. 하지만 "개인의 법적 권리를 주장하는 것은 도덕적 자기 보호의 의무"라는 그의 주장은 개인 권리의 신성한 가치를 드높이는 데 크게 기여했다고 본다.

어느 역사학자는, 법이 종종 무미건조하고 비인격적인 존재로 인식되던 시기에 예링이 등장해 법을 인간의 도덕과 존엄성에 깊이 내재되어 살아 숨 쉬는 유기체로 묘사한 것은 너무도 획기적인 일이었다고 말하기도 했다. 그의 글 또한 예술적인 표현을 많이 담고 있어 문학적 가치 면에서도 높이 평가 받는다.

　결론적으로 『권리를 위한 투쟁』이라는 책에서 예링이 주장하는 바는, 법의 근본적인 힘과 생명력은 단순히 법률해석에 관한 연구, 분석, 적용이 아니라 우리 개개인의 권리를 지켜내려는 끊임없는 노력과 용기에서 나온다는 것이다. 앞으로도 인간들이 존엄성을 지키며 서로 공존하는 데 너무도 필요한 이야기가 아닐까 생각한다. 특히 한국 사회에서는 더더욱….

우리의 운명은 우리 스스로
개척한다

『어느 돌멩이의 외침』

유동우

이영기

1976년 서울대학교 인문계열에
입학해 영어영문학과를 졸업했다.
인천에서 노동운동을 하다가
사법시험에 합격해 변호사가 되었으며,
민주사회를위한변호사모임에서 환경위원회
위원장을 지냈고 과거사청산위원회와
교육위원회 활동을 했다. 호루라기재단 이사장,
공감연대 공동상임대표로 활동하고 있다.

1976년 대학 입학 후, 1학년 2학기 때 서울대 탈반에 가입했다. 거기에서 양반과 파계승(사이비 종교인)에 대한 민중들의 신랄한 풍자와 익살이 담긴 탈춤을 배우면서 사회적 모순을 몸으로 깨달아갔다. 그 무렵 1970년에 발표된 김지하의 해학적 담시談詩 「오적五賊」을 비밀리에 입수해(?) 읽었는데, 소름 끼칠 정도의 신랄한 풍자와 해학에 눈이 휘둥그레지면서도 신명 나는 현실 비판에 절로 흥에 겨워 어깨가 들썩였던 기억도 새삼스럽게 떠오른다. 고등학교 때까지 잠자고 있던 사회 비판 의식이 서서히 깨어나기 시작한 것이다.

1학년이 끝나갈 즈음, 지금은 금싸라기 땅으로 바뀐, 그러나 당시에는 서울 변두리의 값싼 논밭이거나 버려진 허허벌판이던 서울 영동(영등포의 동쪽이라는 뜻으로, 현재의 강남) 지역에 야학이 있었다. 친구의 권유로 그 영동 야학에 강학(講學, 대학생인 야학 강사를 뜻하는 말)으로 들어가 가난 때문에 학교를 다닐 수 없었던 구두닦이 소년들과 점원 등을 상대로 야학 활동을 시작했다. 당시는 아직 부동산 열풍이 불지 않던 때라, 강남 한복판에 오래전에 우체국으로 사용하다가 아무도 사용하지 않는 빈 건물을 점령해 몇 년간 야학교로 사용했다. 지금 생각해 보면 꿈 같은(?) 시절이었다. 몇 년을 야학 건물로 사용하다가

야학 활동의 중심이 노동 야학으로 옮겨 가자, 뒷날 후배들이 자발적으로 영동의 그 우체국 건물을 버리고 떠나게 되었다. 최근 미친 부동산 시장을 보면서 당시의 우체국 건물을 그대로 깔고 앉아 점유권을 주장했더라면 어땠을까 하는 부질없는 망상에 빠지기도 한다. 당시 인연을 맺었던 야학의 선후배들과는 지금도 가끔 만남을 가지고 있으며, 특히 야학의 일부 학생들과는 그 뒤에도 인천 지역에서 노동운동을 같이 하는 동지적 관계로 발전했다.

영동 야학을 다니던 1977년 초 지금은 고인이 된 김태경 선배가 『월간 대화』에 연재되었던 유동우의 자전적 수기인 『어느 돌멩이의 외침』을 읽어보라고 건네주었다. 이때 접하게 된 '어돌외'는 한마디로 신선한 충격이었고, 내 인생의 길에 깊은 영향을 미쳤다.*

'어돌외'를 읽고 난 후 저자를 만나 보고 싶은 충동이 강하게 일어, 어찌어찌 수소문해서 당시 안양 지역에 살고 있던 저자의 자택을 찾아갔다. 밤늦게 찾아갔지만 저자는 불청객을 반갑게 맞아주었고 자신의 경험을 생생하게 들려주었다. 내가 노동운동에 뛰어들기로 결심한 데에는 '어돌외'가 중요한 계기가 되었다고 말할 수 있다. (나는 1977년 11월 11일에 학교에서 제명당한 후 군에 끌려갔고 제대 후 복학했다. 대학 졸업 후 인천에서 공장에 들어가 노동운동을 하다 해고되었고, 그 후 우여곡절을 거쳐 2004년에 변호사로 개업했다.)

---

* 『어느 돌멩이의 외침』은 대화출판사에서 단행본으로 출판했다(1978). 이후 청년사에서 다시 출판했다가(1984) 절판되었는데, 철수와영희 출판사에서 전태일 50주기 기념으로 재발간했다(2020). 이 책의 인용문은 2020년판에서 따왔다.

전태일의 불꽃과 유동우의 '돌멩이의 외침'

1970년 11월 13일 "우리는 기계가 아니다. 근로기준법을 준수하라"고 외치며 분신 산화한 전태일 열사는 병원으로 실려간 뒤 어머니 이소선 여사에게 "어머니, 내가 못다 이룬 일을 어머니가 대신 이뤄주세요"라는 유언을 남겼다.

전태일 열사의 희생은 그 뒤 노동운동에 커다란 변화를 불러왔다. 유동우는 1973년에 부평에 있는 외국인 투자 기업인 삼원섬유에 입사해 노동조합을 결성했는데, 아마 전태일 열사의 희생이 노동 현장에 끼친 영향이 작용했을 것이다.

전태일 열사는 1948년생이고, 유동우는 1949년생이다. 전태일 열사는 평화시장의 봉제 공장에 취직해 재단사로 일했고, 유동우는 초등학교를 졸업한 뒤 부모를 도와 농사일을 거들다가 찢어지게 가난한 농촌에서 도저히 먹고살 방법이 없자 1968년에 서울로 올라왔다. 상경해서 '요꼬'(편물 기계로 스웨터 짜기) 기술을 배워 요꼬 기술자가 되었으나 하루 12시간 이상 일하고도 월 1만2천 원 정도밖에 벌지 못했다.

유동우는 한때 영양실조에 걸려 전전긍긍하다가 '차라리 죽는 게 행복이 아닐까' 하는 생각에 이르러 여러 약국에서 수면제를 모아 자살을 시도했다. 그러나 이상한 예감이 들었던 어머니가 상경하여 쓰러져 있는 아들을 발견한 덕분에 극적으로 살아나게 되었다. 밑바닥 인생의 처지에서 어찌 할 수 없었던 극단적 선택이었을 것이다. 그러나 전태일 열사와 달리 유

동우는 살아남았고, 그 후 노동운동가로 변신한다. 운명이라
고나 할까. 전태일 열사의 뜨거운 불꽃이 유동우의 '돌멩이의
외침'으로 살아나 불타오른 것이다.

바보 대통령, 바보회, 바보 아저씨… 바보들의 외침

유동우는 보수적인 기독교 신자로 한때 성직자를 꿈꿨다. 그
는 자살 시도 후 금은세공 일에 종사했지만, 허영에 들뜬 사람
들을 위한 금은세공 일은 그의 도덕적 양심에 어울리지 않았
다. 결국 그는 1973년에 다시 지긋지긋한 요꼬 공장으로 돌아
가는데, 여기서 그의 운명은 '다윗의 돌멩이'로 바뀐다.

　　처음에 그는 보수적인 입장에서 주변 노동자들에게 기독
교를 전파하려고 했다. 하지만 어느 여공이 "하나님은 가난한
사람을 더 사랑하신다고 하지만 교회는 그렇지 않잖아요. 교
회에 출석을 잘하고 헌금을 많이 하고 전도를 많이 해야 신앙
이 좋다고 해서 그것으로 신앙의 척도를 삼는 것 아닌가요. 우
리는 가난하니까 먹고살기 위해서 직장에 온종일 매달려야 하
고, 그러자니 시간이 없어 교회에 못 나가고, 결국 우리는 가
난하기 때문에 지옥으로밖에 갈 수 없는 사람들이죠."(61쪽)라
고 말하는 것을 듣고 큰 충격을 받았다. 현실에서는 구원의 대
상이어야 할 가난한 사람들에게는 오히려 지옥의 문만이 열려
있고 천국에는 도저히 갈 수 없을 것이라는 역설적인 진리를
그 여공의 말에서 깨우치게 된 것이다. 이때부터 그는 교회가

340

전도의 대상으로 삼는 노동자들의 실정을 정확하게 알아야 할 뿐더러, 그들이 부르짖는 요구가 무엇인가를 절실히 이해하지 않으면 안 된다고 생각했다. 교회와 노동자들 사이의 그 깊은 간격을 좁히지 않는 한 천번 만번 예수를 믿으라고 외쳐보았자 그게 무슨 의미가 있겠는가 하는 생각이 들면서 인생이 바뀌기 시작했다.

작은 키에 빼빼 마른 유동우는 작업복이 크고 헐렁해 '바보 아저씨'라는 별명으로 불리었다. 사람 사는 세상을 꿈꾸었던 '바보 대통령' 노무현, 그리고 그동안 바보같이 살았으니 앞으로는 바보같이 살지 말자는 의미로 '바보회'를 결성한 전태일을 떠올리게 된다. 어쩌면 '바보'란 순수하고 소박한 열정을 가진 사람을 일컫는 애칭이리라. 바보가 아니면 세상을 향해 올곧은 목소리를 내기 힘든 탓일 것이다. '바보 아저씨'는 노동 현장에서 벌어지는 참혹한 모습을 보면서 절규했다.

만약에 정말 지옥이 있다면 돈에 눈이 어두워 이들을 혹사하고 착취하고 폭행으로 인권을 유린하는 작자들이나, 선택받은 자라고 자처하면서 성전 행사에나 급급할 뿐 신음하는 사람들을 보고도 못 본 척 지나쳐버리는 거룩한 제사장이나 레위인과 같은 오늘날의 교회 지도자들, 불법을 보면서도 그들의 편에 서 있는 행정 당국자들, 바로 이들이 회개해야 할 장본인이며 지옥으로 가야 마땅한 사람들이 아니겠는가. 72쪽

유동우는 공장에서 참혹한 노동 현실을 보면서 노동자들의 의식이 깨어나야 한다고 생각했다. 이에 근로기준법과 노동관계법을 공부하면서 직장 동료들과 모임을 만들기 시작했다. 이렇게 뭉친 힘을 바탕으로 그는 근로기준법을 위반한 회사의 근로계약서 철회 투쟁을 벌여 처음으로 승리를 쟁취했다. 이 투쟁을 통해 '우리의 권익은 남이 찾아주는 것이 아니라 바로 우리 자신의 노력에 의해서만 찾을 수 있다'는 자각을 하게 되었다.

그러나 상황은 그렇게 호락호락하지 않았다. 경찰은 일방적으로 회사 편을 들었고, 국가보안법 위반이라며 노동자들을 압박했다. 국가 권력이 자본가 편이 아니라 노동자 편이었던 적이 한 번이라도 있었던가? 1972년 10월 유신을 통해 영구 집권을 꾀하며 민주주의를 말살하려 한 박정희 정권하에서였으니 무슨 말이 더 필요하겠는가? 1979년 8월 가발 수출업체인 와이에이치YH무역의 여성 노동자 187명이 당시 야당이던 신민당(총재 김영삼) 당사에 들어가 농성 시위를 벌였다. 업주의 자금 유용과 무리한 기업 확장 등으로 심각한 경영난에 빠지자 회사 측에서 일방적으로 폐업을 발표했기 때문이었다. 노동자들은 회사의 폐업 조치에 항의해 야당에 도움을 청하며 농성 시위를 벌였지만 3일 만에 경찰에 의해 무자비하게 해산되고 그 과정에서 한 명이 추락사하고 만다. '와이에이치 사건'을 떠올리면 잔인한 국가 권력의 실체를 적나라하게 느끼지 않을 수 없다.

그보다 앞선 시기에 유동우 역시 회사 측의 억지와 거짓에 분노하면서 동료들과 함께 단결된 힘으로 맞섰고 조금씩 승리를 쟁취하기 시작했다. 그 결과 노동자들은 항상 자신들을 비극으로 몰아가는 현실을 한탄하기만 하던 상황에서 벗어나, 자기 운명을 스스로의 힘으로 함께 타개해 나가겠다는 뜨거운 형제애를 느끼기 시작했다. 실로 놀라운 변화였다. 한 사람의 순수한 열정이 사람들을 변화시키는 것을 보면 뭉클한 감정이 솟는 것을 피할 수 없다.

노동조합 결성과 끝나지 않은 투쟁

유동우는 1973년 12월 부평공단 최초로 섬유노조 경기지부 삼원섬유분회를 결성했다. 당시 노동조합에 대해 부정적인 여론이 높던 엄혹한 상황에서 90퍼센트 이상의 노동자들이 노동조합에 가입한 배경에는 그의 열정적인 활동과 진실성, 그리고 동료들과의 소통 능력이 결정적인 역할을 했음을 능히 짐작할 수 있다. 1980년대 초중반에 노동 현장에 들어가 노동운동을 한 동지들은 노동조합 결성이 얼마나 어려운 일인지 잘 알 것이다. 80년대에도 노동조합 활동을 빨갱이로 몰아가는 분위기가 만연해 있었는데, 1973년의 시대적 상황은 더 암울하기 짝이 없었으리라. 그런 암흑 속에서 노조를 결성하고 스스로 권리를 쟁취하기 위한 투쟁을 벌여 나간 그의 행동은 당시 많은 사람에게 신선한 충격이었고, 깊은 감동이었다.

삼원섬유는 외국인 투자 기업이었다. 일본인이 운영하는 외국인 회사에서 울려 퍼진 그의 기개에 찬 외침은 깊은 반향을 일으켰다.

가진 것 있는 기업주들이 권위와 독선을 내세우는 것을 우리가 묵인한다면 가진 것 없는 우리들은 언제까지나 인간으로서의 기본 권리마저 빼앗기고 맙니다. 더구나 일본 놈들이 그런 생각을 한다면 더더군다나 용납할 수 없는 일입니다. 그놈들의 종노릇을 계속해야 한다면 차라리 굶어 죽는 한이 있더라도 그자들을 쫓아내야 마땅합니다. 126쪽

그러나 다른 한편 '가지지 못한 자가 일단 가진 자의 편에 서면 그들에 대한 충성이 상상을 넘어서는' 경우도 빈번하다. 과거에 '마름'이 그러했듯이, 노조 파괴 활동을 하면서 회사에 충성을 바치고 온갖 특권을 누리는 배신자들이 나오는 것도 엄연한 현실이다. 삼원섬유에서도 회사의 방해 공작으로 핵심 조합원들 일부가 노조를 탈퇴하고 분회장 교체를 주장하면서 노조 해산 서명운동을 벌였다. 여기에 회사 측은 일시적으로 일을 줄여 임금 삭감 상황을 만들고 노조에 책임을 돌리는 분열 작전을 시도했다. 시련이 닥친 것이다. 당시 유동우는 "회사가 도리어 일을 하지 말자는 이들을 비호하고 협조해 주고 있었으니 기업을 경영하는 목적이 오로지 노조 파괴에만 있단 말인가"(167쪽)라고 분노했다. 그렇기에 현실을 변혁하려는 투

344

쟁은 대내외적으로 동시에 이루어질 수밖에 없다. 그는 이렇게 외친다.

> 현실에서 가장 고통을 받고 괴로움을 당하는 우리 노동자들이야말로 세상의 비정과 횡포를 가장 잘 느낄 수 있다. 바로 다른 사람이 아닌 우리가 항상 그러한 비리를 직접 몸으로 체험하면서 가장 많은 고통을 받고 있지 않은가. 그런 만큼 우리야말로 그러한 비리를 깨뜨리고 정의로운 사회를 만들 참된 능력이 있고 또 책임이 있다. 그러기 위해선 우리는 깨어나야 하고 현실이 아무리 어렵고 힘들다 하더라도 용기를 가지고 떳떳하게 행동해야 한다. 195쪽

노동자들은 종교적으로 평신도, 정치적으로 피통치자, 경제적으로 빈자, 사회적으로 소외된 약자, 문화적으로 버려진 소외인들이었다. 한마디로 '작은 이들'이었다. 그러나 유동우는 '작은 이들의 모임'을 조직하면서, 비록 무지하고 가난하고 힘없는 노동자들이지만 사회와 세계의 주인으로서 능동적으로 참여하려는 그들의 뜨거운 숨결과 고동치는 맥박을 온몸으로 느꼈다.

한편, 여성 노동자가 압도적으로 많은데도 분회 간부 중 대다수가 남성이고 여성은 소수에 지나지 않는 현실은 '모든 사람이 평등하다는 기본적인 원리가 남녀 관계에는 적용될 수 없는 것인가?' 하는 심각한 의문을 품게 했다. 이에 그는 여성

소모임을 조직해서 공부와 토론을 활발히 진행했고, 그 결과 여성들의 참여가 두드러지게 높아졌다. 노동자의 의식을 변화시키고 불평등한 노동문제를 해결하고자 한 그의 실천 과정은 성평등의 실현에도 큰 변화를 일으켰다.

그러나 섬유노조 경기지부 간부들의 권위주의적이고 보수적인 태도는 참담한 현실을 적나라하게 보여주었다. 노동자들의 편에 서서 같이 싸워야 할 지부 간부들이 유동우의 투쟁에 도움을 주기는커녕 그의 주장을 귀찮아하고 방해했으며 심지어 그를 분회장에서 제명하기까지 했다. 그 결과 회사에서도 해고당하게 되자 그는 답답함과 참담한 분노를 느끼지 않을 수 없었다. 하지만 유동우는 이런 현실에 맞서 '인간다운 삶과 정의를 갈망하며 진실과 참된 해방의 자유를 얻기 위해 싸운' 조합원들을 굳게 믿었다. 그는 "개인이 아니라 서로 뭉쳐서 함께 운명에 대처해 나가는 길만이 개인의 문제뿐 아니라 우리 모두의 문제를 해결하는 바른길이라는 사실을 깨달아야 한다"고 외쳤다.

유동우는 해고를 당한 뒤 출근 투쟁을 벌였고, 회사는 그런 그를 업무방해와 폭행 혐의로 고발했다. 그는 경찰에 연행되어 심한 폭행과 고문을 당했다. 어두운 흑역사의 시대였다. 당시 취조 경찰의 말은 그야말로 억장을 무너뜨릴 정도였다. "이 망할 놈아, 하루 12시간 일을 시키든 24시간을 시키든 회사에서 너희에게 공짜로 일 시키냐, 임마! 옛날에는 남의 집에서 사는 종들은 돈도 못 받고 일해 줬어. 요즘은 그래도 돈을

346

받잖아. 오히려 고맙게 생각해야 돼, 이 자식아!"(283쪽) '고문 기술자' 이근안이 떠오르는 것은 왜일까?

그런데 그가 유치장에 갇혀 참담함 속에서 괴로워하고 있을 때, 경찰서를 찾아온 목사가 유치장에 갇힌 사람들 앞에서 '돌아온 탕자' 이야기를 꺼낸다. "여러분도 범죄를 저질렀지만 형기를 마치고 사회에 나와 회개하고 하나님을 믿으면 하나님은 여러분을 사랑하실 것입니다"(285쪽)라고 설교하자, 그는 "적어도 정의와 진리를 믿는 기독교인이라면 정말 이 사회가 하나님이 바라는 사회일까, 억울하게 인권을 탄압받고 진리와 정의가 왜곡되고 억압당하고 있는 것은 아닐까를 먼저 생각해 보아야 한다고 생각합니다. 예를 들어 오늘 목사님이 하신 설교를 정말 진리와 자유를 위해 일하다가 옥에 갇힌 분들 앞에서 했다고 생각해 봅시다. 그분들이라면 과연 어떤 것을 느꼈을까요? 하나님의 복음을 전한다고 설교하는 당신을 오히려 그 죄악의 공범자라고 생각하지는 않을까요?"(287쪽)라고 담담히 말한다. 쉽게 잊을 수 없는 참으로 씁쓸한 장면이다. 그러나 유동우를 격려하고 도와준 사람들 역시 산업선교회의 '목사들'이었다. 이런 것을 보면서 세상은 그래도 한 걸음 한 걸음 앞으로 나아간다고 믿고 싶다.

그는 구속 32일 만에 병보석으로 출감했다. 법원은 3만 원의 벌금과 3개월 선고유예를 선고했다. 한마디로, 노동조합을 결성하고 노동자들의 권익을 위해 정의로운 투쟁을 했다는 이유로 범죄자가 된 것이다. 그러나 삼원섬유의 노동자 170여 명

은 회사 정문 앞 길거리에서 임시총회를 열고 유동우에 대한
신임투표를 실시해 153표라는 압도적 다수의 찬성으로 그의
신임을 확인했다. 회사와 법원은 가진 자의 편에 서서 그를 길
거리로 내몰았지만, 동료들은 그와 함께 길거리에서 이슬과
서리를 맞기로 다짐한 것이다. 서슬 퍼런 독재의 시대에 실로
감동적인 장면이 아닐 수 없다.

그 후 1975년 4월 17일, 삼원섬유 분회는 200여 명의 노동
자가 참여해 연차총회를 열고 신임 분회장을 선출했다. 신임
분회장으로 회사 측이 미는 남성 조합원이 아니라 분회장 직
무대리를 맡았던 여성 조합원 권 아무개가 선출되었다. 회사
측의 집요한 방해 공작에도 불구하고 노동자들은 흔들림 없이
유동우와 동지들을 믿고 지지한 것이다. 그는 이렇게 마무리
한다.

> 그들은 빛나는 승리를 쟁취한 것이다. 옛날의 그 모든 피동성
> 을 떨쳐버리고 노동자로서 자신의 권리에 대한 자각이 고립
> 무원의 외로운 투쟁을 승리로 장식한 것이다.   303쪽

> '우리는 운명을 스스로 개척하는 주체'라는 위대한 인간 선
> 언을 행한 현장이었던 것이다… 그들에 의해 이 땅에 봄이 올
> 것이다. 봄이 오면 온 들판을 덮는 저 무수한 꽃들, 꽃들…   304쪽

'어돌외'가 던지는 외침

사회가 건강해지려면 양극화와 계급 갈등의 간격이 좁혀져야
한다. 그러나 우리의 현실은 냉혹하기만 하다. 간격이 좁혀지
기는커녕 가면 갈수록 더 벌어지는 것은 아닌지 우려스럽다.
한국 사회의 노동운동사를 돌이켜보면 눈부신 발전을 거듭해
온 것은 사실이지만, 다른 한편으로 대기업과 중소기업, 정규
직과 비정규직 간의 격차는 갈수록 커지는 듯하다. 그럴수록
대기업·정규직 노동자들과 중소기업·비정규직 노동자들 사
이에 연대를 강화해 나가는 것이 중요하다. 대기업이든 중소
기업이든, 정규직이든 비정규직이든 진정한 노동해방을 이루
기 위해서는 노동자들의 대동단결이 필수적이다.

유동우는 70년대의 엄혹한 노동 현장에서 세상을 향해
'작은 돌멩이'를 던지고 외쳤다. "우리의 운명은 우리 스스
로 개척한다." 비록 작은 돌멩이지만 그 외침은 많은 사람의
마음을 울리고 감동을 주기에 충분했다. 이제 우리가 답할 차
례다.

『어느 돌멩이의 외침』은 중소기업 노동자들이 스스로 운명의
주체로 거듭나는 과정을 저자의 생생한 체험을 통해 감동적으
로 그리고 있다. 사회 개혁은 외부의 힘, 또는 상층의 떡고물에
의해 이루어지는 것이 아니다. 민중이 밑으로부터 스스로 변
화의 주체로 나설 때 진정한 사회 대개혁이 이루어질 수 있는

것이다. 저자의 외침은 이러한 점을 분명히 선언한다. 1970년 대나 현재나 노동자와 민중이 가야할 길은 똑같다. 스스로 운명의 주체가 되어 단결하는 것이다. 'Workers of the world, unite!'

(이 책의 저자 유동우는 그 후 계속해서 노동운동에 헌신하다가 1981년 8월경 이른바 '학림 사건'으로 남영동 치안본부 대공분실에 끌려가 심한 고문을 당한다. 한 달간 세 차례나 병원에 실려갈 정도로 심각한 피해를 입었으며, 그 뒤에도 고문 후유증 때문에 심각한 악몽과 불면증에 시달렸다. 그럼에도 꿋꿋하게 국민운동본부 상임공동대표 등을 역임했고, 현재는 의왕시 민주화운동기념사업회에서 민주인권교육에 힘쓰고 있다. 아무쪼록 저자의 여생에 평화와 행복이 깃들기를 바란다.)

촛불들 사이로 별이 보인다

『농무農舞』

신경림

성종대

1976년 성균관대학교 경제학과에 입학했다.
청주방송(CJB) 경영이사와 국회의원
이철, 노무현의 보좌관으로 일했으며,
경기도교육청과 교육부의 시민감사관으로
활동했다.

떠나온 곳

징이 울린다 막이 내렸다
오동나무에 전등이 매어달린 가설무대
구경꾼이 돌아가고 난 텅 빈 운동장
우리는 분이 얼룩진 얼굴로
학교 앞 소줏집에 몰려 술을 마신다
(…)
보름달은 밝아 어떤 녀석은
꺽정이처럼 울부짖고 또 어떤 녀석은
서림이처럼 해해대지만 이까짓
산구석에 처박혀 발버둥친들 무엇하랴
(…)

이 시는 우리 현대 시사에서 최고 시집 중 하나라고 할 수 있는 신경림 시인의 시집 『農舞』*의 표제작인 「농무農舞」(본 시 시집 제목은 한자 '農舞'라 표기되어 있고, 표제작은 앞서 기재한 바와 같이 한글과 한자가 병기되어 있는데, 이하 이 글에서는 시집 제목도 한글로 기재하기로 한다)의 일부분이다.

그나마 철이 좀 들 무렵이던 초등학교(그때는 국민학교라 했

---

* 신경림, 『농무』, 창비, 1975. 이 글에서의 시 인용은 2001년 판을 따랐다.

다) 시절 내가 살던 면 단위 시골 마을과 학교 운동장에 가끔씩 찾아와 온 동네를 들썩이게 했던 악극단의 가설무대 공연, 그리고 공연이 파한 뒤의 정경이 겹쳐 떠오르는 구절이다.

나는 부산에서 태어났지만, 다섯 살 무렵부터는 깡촌에서 살게 되었다. 초등학교 교사셨던 아버지께서 4·19 혁명 직후 분출하던 사회 개혁의 일환으로 결성된 '교원노조' 일원으로 활동하시다가 5·16 군사쿠데타 이후 '용공 분자', 이른바 빨갱이로 몰려 수많은 동료 교사가 해직당하던 와중에 멀리 경상남도 함안군의 면 단위 초등학교로 강제 유배 혹은 보복 전출된 탓이었다. 아버지의 근무지를 따라 생활할 수밖에 없던 터라 태를 묻지도 않았고 피를 나눈 일가붙이조차 하나 없는 곳에서 그때는 영문도 모른 채 어린 시절을 보내게 된 것이다.

연유야 어찌 되었건 어린아이에게는 그저 멱 감으며 쏘다니고 구슬치기에 오디 따먹으며 놀 수만 있다면 어디든 충분했다. 학년이 올라가며 배우게 된 동시와 시조에 등장하는 '노고지리 우지짖고' '백화가 만발하는' 곳이 주변에 널렸고, '한가로이 풀 뜯는 소와 염소'가 가까이 있었으며, 비록 진수성찬은 아니더라도 제삿날 맞은 이웃집에서 가끔씩 밤늦게 나눠주는 '제삿밥과 나물' 내음이 당연한 일상이던 곳이었다.

그러나 언젠가부터 소년의 마음에는 허기가 지기 시작했다. 좁디좁은 동네, 다람쥐 쳇바퀴 도는 듯한 하루하루, 그리고 무엇보다도 찢어지게 가난한 이웃들의 고달픈 삶, 어딜 가든 진동하는 거름 냄새 등 뭐라 콕 집어 말할 수는 없었지만 가슴

한쪽을 짓누르고 있음을 어렴풋이 느끼게 되었다. 그런 감정은 한 살씩 더 나이가 들고 학년이 하나씩 오르면서 '시골에서 벗어나 도회로!'라는 동경 혹은 희망으로 굳어졌다.

비록 훗날에 읽고 느끼게 된 동병상련이긴 하지만 『농무』의 시인이 시 「파장罷場」에서 "못난 놈들은 서로 얼굴만 봐도 흥겹다/ 이발소 앞에 서서 참외를 깎고/ 목로에 앉아 막걸리를 들이켜면/ 모두들 한결같이 친구 같은 얼굴들/ 호남의 가뭄 얘기 조합빛 얘기/ 약장수 기타소리에 발장단을 치다 보면/ 왜 이렇게 자꾸만 서울이 그리워지나"라고 한 것처럼 가족이나 친구 같은 다정한 이웃들 틈에 있으면서도 팍팍한 시골살이와 출구가 보이지 않는 고달픈 삶에서 벗어나 '풍족해 보이고 훨씬 화려하며 웃음 넘쳐 나는 듯한 도회'로 가고 싶었던 마음이었으리라. 시 「농무」에서 또한 "답답하고 고달프게 사는 것이 원통하다/ … / 산구석에 처박혀 발버둥친들 무엇하랴"고 했던 것처럼 말이다.

소년의 '시골 탈출이라는 막연한 동경'은 어느새 '목표'가 되고, 도회로의 상급학교 진학에 매달리게 된다. 비록 박봉에 시달리긴 했지만 초등교사라는 전문직에 종사하는 아버지와 시골에서는 보기 드문 고녀 출신의 어머니를 부모로 둔 집안 분위기 덕에 열심히만 하면 도회 중학교 진학은 이루기 어렵지 않은, 그리고 아마도 당연한 '목표'였다. 그건 그 시절 촌구석 시골에 사는 누구나가 갈망하는 '출세와 성공'에의 첫걸음이자 '신분 상승'의 출발선이기도 했다.

하지만 가방도 없이 보자기에 책을 싸 허리에 매고 10리 길을 걸어서 등교하고 도시락이라고는 보리밥에 짠지가 전부였던 동무들은 보릿고개를 넘기기 힘든 집안 형편으로 언감생심 도회 중학교 진학은 꿈도 꾸지 못했고, 어린 나이에 이미 시골에 처박혀 가난한 농민들인 부모들의 삶을 반복하는, 눈에 뻔히 보이는 미래를 순순히 받아들이는 '포기와 순응'을 택할 수밖에 없었다. 『농무』의 시인은 그런 형편을 "결식 아동 삼십 프로/ 연필도 공책도 없는 이/ 소외된 교실// 잊어버리자 우리의 통곡/ 귀로에 깔리던/ 벽지의 절망"(「벽지僻地」 중에서)이라고 너무도 절절하고 적확하게 표현했다.

그럼에도 나는 친구들의 '벽지의 절망'에 안타까워하고 슬퍼할 겨를은 없었을뿐더러 너무도 태연하게, 아니면 응당 그러려니 하며 '그들의 통곡'을 전혀 모른 채 혹은 쉽게 '잊어버린 채' 상급 학교에 진학했다. 중학교는 경남의 가장 큰 도회이자 살던 곳에서 멀지 않은 마산으로, 고등학교는 더 크고 넓은 이 나라 제2의 도시 부산으로 진학했고, 소년을 건강하게 키워주고 마음 풍성하게 만들었던 '농촌'은 떠나온 곳이자 잊히기 시작한 곳이 되어버렸다. 위를 향해, 더 높은 곳을 바라보며 나아가는 게 당연하고, 새로운 세계로 넘어가는 것이 생존의 승리이며, 가능성과 기회를 찾는 것이야말로 능력이라는 자부심마저 가졌던 것이었으리라.

버려진 곳

오직 서울의 유수한 대학 합격만이 목표였던 고교 3년과 언필칭 '광화문통 아이들'이라 불렸던 재수 생활을 거쳐 1976년 성균관대학교 경제학과에 입학했다. 이른바 '유신 정권'이라 칭해지던 박정희 장기 독재 집권기의 폭압이 최고조로 발현되던 시기였다.

여기서 잠시, 대학 때 이야기로 들어가기 전에 재수생 시절의 일화 하나를 소개해 보자. 1975년 첫 대학입시에서 서울대를 낙방하고 지금의 세종문화회관이 있는 지역인 종로구 당주동 학원가의 명문(?) 'OO재수학원'에서 이 책의 필진 중 한 명인 김부겸 전 국무총리를 '재수생 학우'로 만났다. 100여 명이 가득 찬 대형 강의실이었는데 '김부겸 학형'은 대구 출신으로 부산 출신인 나와 갓 스무 살 청년으로 조우했다. 그와 나는 재수학원에서 같은 반 반장, 부반장 역할을 나누어 맡게 되었고, 재수 생활 내내 하루 10시간 가까이 붙어 지냈다.

굳이 이름을 밝힐 필요 없는 다른 급우 서넛과 함께 대여섯 명이 마치 '동아리'인 듯 늘상 어울렸다. 점심 도시락도 나누고 학원 인근 분식점에서 저녁 매식도 같이 하며 지냈던 '재수생 일당'은 대학 진학에의 간절함이라는 본분(?)을 잠시 잊은 채 겁 없는 '일탈'을 감행했다. 1975년 그 당시만 하더라도 『동아일보』와 『조선일보』가 박정희 정권의 억압에 맞서 최소한이나마 '언론 저항' 기치를 내세웠는데, 이를 그냥 두고보지

않았던 박정희 정권은 기업들을 압박해 두 신문사의 광고 일
체를 막아버렸다. 즉 언론사의 수입을 원천 봉쇄한 것이다. 이
른바 '동아·조선 광고 탄압 사건'이었다. 그러자 유신 정권의
폭력적 통치에 숨죽이고 있던 많은 이들이 나서서, 많든 적든
성의껏 갹출하여 빈 신문 광고란에 투쟁하는 언론인들에 대
한 몇 마디 응원 격려 문구를 담은 광고를 냈다. 크고 작은 '백
지 광고'를 게재하는 '소리 없는 저항'이 물결처럼 번졌고, 우
리 '재수생 일당'도 십시일반 용돈을 보태『동아일보』광고란
한 귀퉁이에 엄지손가락 한 마디 크기로 "○○학원 문과 ○반"
이라는 출처를 밝히고 백지 광고를 냈다. 서슬 퍼런 독재 정권
치하에서 재수생들이 호기를 부린 셈인데, 만용이라고 치부해
버릴 수만은 없는 우리 나름의 '피 끓는 내심'이 있었던 듯하
다. '학생도 아니고 사회인도 아닌' 어정쩡한 신분의 재수생,
열아홉 혹은 갓 스무 살 청년들의 사회의식이 막 깨어나는 아
련하고도 한편으로는 생생한 장면이었다면 너무 거창한 자평
일까?

　　쓸쓸히 죽어간 사람들이여.
　　산정에 불던 바람이여.
　　달빛이여.
　　지금은 모두 저 종 뒤에서
　　종을 따라 울고 있는 것들이여.

358

이름도 모습도 없는 것이 되어

내 가슴 속에 쌓여오고 있는 것들이여.

(…)

『농무』 속의 시 「심야深夜」의 한 대목이다. 신경림 시인의 말처럼 1976년 한국 사회는 걸핏하면 사람들이 쥐도 새도 모르게 수사기관에 끌려가고, 심지어는 아무도 모르게 어디선가 죽어가며 '바람'도 '달빛'도 좀 뒤에 숨어야 하는 살벌한 상황이었다. 시 제목처럼 나라 전체가 '심야'였던 것이다. 감미로운 낭만과 풋풋한 젊음의 기운이 넘치고 치열하고도 자유로운 토론이 만발하며 새로운 내일을 향한 창의와 개성이 넘실대야 하는 대학 교정은, 사복경찰과 기관에 고용된 정보원의 감시의 눈초리가 곳곳에서 번득이는 먹구름 잔뜩 낀 암울한 늪이었다.

비슷한 경험과 과정을 거쳐온 이 책의 다른 필자들처럼 나도 이심전심으로 의기투합한 몇몇 동급생과 또 몇몇 선배와 함께 '책 읽고 토론하는 모임'의 일원이 되었고, 어렵사리 구한 국내외 인문사회과학 서적을 접하면서 '새로운 세계'를 엿보는 경이로운 경험을 하던 중 시집 『농무』를 만났다.

시집 『농무』는 창작과비평사(현재 창비)에서 1975년부터 펴내기 시작해 어언 520권이 넘는 '창비시선'의 제1호 시집이다. 언제부터인가 고교 국어 교과서에 「농무」, 「가난한 사랑 노래」, 「목계장터」 등의 시가 실리고, 모의고사에 시인의 다른 시 여러 편이 출제되면서 이제 '시인 신경림'을 모르는 이가 거의 없지만, 거의 예순에 이르기까지 곤궁한 삶을 이어왔던 시인은 1973년 자비로『농무』500권을 발간했다고 한다. 그런데 이듬해 창작과비평사가 제정한 만해문학상을 처음으로 수상하는 영예를 안았고, '창비시선 1'이 되었다.

　『농무』를 펼치면 첫 쪽에 "… 눈은/ 펑펑 쏟아지는데/ 쌀값 비료값 얘기가 나오고/ 선생이 된 면장 딸 얘기가 나오고/ 서울로 식모살이 간 분이는/ 아기를 뱄다더라. 어떡할거나./ …/ 우리의 슬픔을 아는 것은 우리뿐./ 올해에는 닭이라도 쳐볼거나./ … 우리의/ 괴로움을 아는 것은 우리뿐./ 올해에는 돼지라도 먹여볼거나."라는 시「겨울밤」이 나온다. 충격을 받았다. 당시 입시 제도에 따라 중학교부터 개별 학교에 지원해 학교마다 다른 시험을 통과해야 했던 탓에 대학 입학에 이르기까지 무수한 시험을 치렀고, 국어 과목에 등장하는 시와 시조를 읽고 외우고 문제를 풀면서 농촌을 소재로 삼거나 배경으로 하는 작품을 꽤나 많이 접했다. 대개는 '목가적', '소박함', '아름다운 풍광'으로 치장되어 있었고, 농민이 등장하면 '근면함', '여유로움' 등등이 주된 기조였다. 그러나 현실은 그렇지 않음을 나는 오래전 이미 소년 시절부터 잘 알고 있었는데 교과서와 교실에서 배우는 건 전혀 달랐기에 어떤 작품을 읽어도 늘 가슴에 와닿지 않았고 영혼을 흔드는 감흥을 느낄 수는 없었다. 그러던 차에 우리 농촌의 피폐한 현실, 우리 농민의 척박한 삶을 적나라하게 드러내면서도 단순한 울분이나 격한 토로에 그치지 않고 실생활을 그대로 녹여내면서 적절한 운율까지 더해 표현하는 시편들에 쾌감 그 이상의 감동을 받을 수밖에 없었다.

60편의 시를 단숨에 읽고 나서 "나 자신이나 남을 속이지 말자, 분수를 알자, 이것이 이를테면 내가 시에 대해서 가진 소박한 소신이었다"라고 말하는 맨 뒤쪽에 있는 시인 신경림 선생의 자기 고백까지 내처 읽었다. 만해문학상 수상작 심사를 맡은 김광섭 시인은 "시집 『농무』에 실린 40여 편(창비 개정판에서 60여 편으로 늘었다)은 모두 농촌의 상황 시다. 어느 한 편에도 오랜 역사에서 빚어진 오늘의 애사가 도사리고 있다. (…) 오늘의 농촌을 반세기 후에 시에서 보려면 시집 『농무』에 그것이 있다 하겠다."고 평했는데, 그로부터 반세기가 지나 2025년에 시집을 다시 펼쳐 들고 시를 음미하다 보니 김광섭 선생의 예언이 한 글자도 틀림없이 적확했음을 절감한다.

그렇다. 시집 『농무』의 시편들은 1970년대 '열악한 농촌 현실', '척박한 농민의 삶'을 한 치 오차도 없이 여실하게 그려냈다. 당시는 산업화와 경제성장의 미명 아래 무수한 젊은 이들을 농촌을 떠나도록 부추겨 구로동, 가리봉동, 마산수출자유지역, 울산, 포항, 광양 등 전국 곳곳에 산재한 공단으로 불러 모았고, 그들을 저임금 노동력으로 부리느라 농촌은 값싼 쌀을 대주는 후방 기지로 수탈당할 수밖에 없었다. 이 시집은 '버려진 곳'에 보내는 시인의 처절하고도 감동적인 애정이었다.

백낙청 선생은 시집 발문에서 "신경림 씨는 어디까지나 현대인다운 냉철한 눈으로 농촌 현실을 보며 억눌려 사는 그들의 고난과 분노와 맹세를 바로 자기 것으로 삼고 있는 것이다"라고 했는데, 전적으로 공감하지 않을 수 없다. 국가와 정권이 저버린 농촌, 농민을 하나씩 짚어내 읽는 이의 마음속에 새겨놓는 『농무』를 두고 대학생과 지식인들이 '민중시의 압권'이라며 찬사를 보낸 것은 참으로 당연한 평가라 할 것이다.

적막한 곳

2학년에 접어들면서 이러저러한 학습과 깨달음의 과정을 거쳐 나도 각성한 인간으로 조금씩 거듭나고 있었다. 그러나 박정희 유신 독재 정권은 이미 1975년에 베트남전쟁에서 미국이 패하고 베트남에 통일된 사회주의 정권이 들어서자 이를 빌미 삼아 '긴급조치 9호'라는 전대미문의 폭압적 정치법률을 시행했다. '긴조 9호'는 장기 집권을 위한 규범으로 구실하던 유신 헌법에 대한 찬반 논의 자체를 원천 차단하고 이를 비방하거나 반대하면 무차별 연행, 구속, 수감하기 위한 장치였다. 심지어 긴급조치 9호 위반 사건과 관련한 보도마저 일절 봉쇄하면서 누가 언제 어디서 무엇 때문에 연행되었고 어떤 고문과 조작에 의해 구속 수감되었는지조차 알 길이 없는 암흑천지로 만들었다.

그렇듯 혹독한 상황임에도 불구하고 제도권 야당 세력과

재야인사는 물론 언론, 종교, 문화예술 등 사회 각 분야와 전
국의 대학가에서는 항거의 목소리와 저항의 몸짓이 분출했다.
시인도 그런 사회 변화와 현실 변혁의 낌새를 일찌감치 꿰뚫
고 있었다는 듯 이렇게 절규한다.

그들의 함성을 듣는다
울부짖음을 듣는다
피맺힌 손톱으로
벽을 긁는 소리를 듣는다
누가 가난하고
억울한 자의 편인가
그것을 말해주는 사람은
아무도 없다 달려가는 그
발자국소리를 듣는다
쓰러지고 엎어지는 소리를
듣는다 그 죽음을 덮는
무력한 사내들의 한숨
그 위에 쏟아지는 성난
채찍소리를 듣는다
노랫소리를 듣는다
「전야(前夜)」 전문

하여 시인은 힘들고 아픈 상황, 억눌리고 짓눌린 아픔을
벗어나려면 어찌해야 하는지도 힘찬 목소리로 들려준다. 시

「갈 길」에서 "녹슨 삽과 괭이를 들고 모였다/ 달빛이 환한 가마니 창고 뒷수풀/ 뉘우치고 그리고 다시 맹세하다가/ 어깨를 끼어보고 비로소 갈 길을 안다/ 녹슨 삽과 괭이도 버렸다/ 읍내로 가는 자갈 깔린 샛길/ 빈주먹과 뜨거운 숨결만 가지고 모였다/ 아우성과 노랫소리만 가지고 모였다"며 마치 동학농민군의 진격가 같은 각오를 다지며 굳건한 다짐을 드러낸다. 이런 시구를 대하면서 어찌 가슴 뛰지 않을 수 있었으리요.

이처럼 시집『농무』에는 1960년대 후반에서 70년대 중반에 이르는 농촌·농민 현실태를 가감 없이 보여주는 시편들뿐 아니라 시대의 아픔, 역사의 질곡, 정치적 파란, 도시 변두리 사람들의 고된 삶, 탄광을 비롯한 농촌 언저리의 파멸적 현상을 보여주는 시도 여럿 포함되어 있다.

그즈음 시인 신경림은 차마 모른 척할 수 없던 속내를 '시'로 표현했을 뿐임에도 걸핏하면 수사기관에 불려 다니고 자신을 변호해야 했던 참담한 마음을 "느티나무 밑을 도는/ 상여에 쫓기다가 꿈을 깬다/ 문득 새소리를 들었다// 억울한 자여 눈을 뜨라/ 짓눌린 자여 입을 열라// 원귀로 한치 틈도 없는/ 낮은 하늘을 조심스럽게 날며// 저 밤새는 슬프게 운다/ 상여 뒤에 애처롭게 매달려/ 그 소년도 슬프게 운다"(「밤새」 전문)라며 낮은 목청으로 처절하고도 아름다운 '마음글'로 담아낸다.

나는 2학년 1학기도 마치지 못하고 1977년 6월 '민족의 번영과 국가 발전을 위한 구국의 영단인 유신 체제를 부정하고 반정부 세력의 준동에 부화뇌동하여 불온 유인물을 살포하며 학내 소요를 선동하였다'며 '긴급조치 9호 위반'으로 구속되어 징역 1년 6개월 형을 선고받았다. 서울구치소와 전주교도소를 전전하다 곡절 끝에 1978년 8월, 형기 만료를 4개월 앞두고 형집행정지라는 형식으로 석방되었다.

어렵사리 서울의 대학에 보냈고 '성공(?)'한 인물이라는 자랑거리로 여기고 싶어 했는데, 빨갱이라 낙인찍혀 감옥살이까지 한 '돌아온 탕아(?)'인 내게 어머니는 "하루 정도 쉬고, 수곡(지금은 진주시로 통합되었지만 당시는 진양군 수곡면이었는데, 진주시에서 털털거리는 시외버스를 타고 거의 1시간여를 가야 하는 오지였다) 가서 큰아버지께 인사드려라!"고 하셨다. 집안의 큰어른께 그간의 정황을 보고하라는 뜻이었다. 명절이나 아주 가까운 혈족의 길흉사 때만 부모님 손에 이끌려 찾아보곤 했던 큰댁에 평생 처음으로 혼자 가게 된 셈이다.

사촌 형제들은 이미 장성하여 다 도회로 떠난 큰댁에는 예순 가까운 큰아버지 내외만 계셨는데, 별로 크지도 않은 논밭을 터전 삼아 평생 곤궁한 시골살이를 하고 계셨던 터다. 한여름 긴 해가 아직 쨍쨍한 열기를 뿜어내던 오후 너덧 시쯤 쓰러져가는 집 마당에 들어섰는데 인기척 하나 없었다. 큰집만 그런 게 아니라 30여 호 옹기종기 모여 있는 시골 촌동네 전체가 '적막' 그 자체였다. 쇠락하는 농촌, 젊은이는 다 객지로 떠나고 쉰 살 후반부터 일흔 남짓한 장노년만 논농사 밭농사를 이어가며 겨우 버티는 전형적인 농촌 부락의 모습이었다.

삐걱거리는 마루에 걸터앉아 멍하니 하늘만 바라보며 두

어 시간 죽치고 있었더니 큰아버지 내외분이 땀에 전 행색으로 나타나셨다. 한 해 두어 번이나 볼까 말까 한 서울서 대학 다니는 조카를 보고는 반가움에 앞서 얼핏 놀라는 표정이셨다. 간단한 안부만 물으시고는 삽과 괭이, 호미 등 농기구를 정돈하시는 큰아버지 뒤를 쫓으며 어줍잖은 말로나마 대화를 이어 가 보려 했는데, 우물가에서 땀과 먼지로 얼룩진 얼굴만 겨우 씻어내신 큰아버지께서 큰어머니 계신 부엌을 향해 "이 아이 밥 맥이기 전에 술이나 한잔하게 김치라도 좀 내오소" 하셨다. 그렇게 난생처음 큰아버지와 단둘이 조촐한 술상을 놓고 마주 앉았다. 서먹한 분위기에 눌려 그저 건네주시는 술잔만 두어 번 홀짝이는데, 큰아버지께서 나지막한 목소리로 입을 여셨다. 가타부타 말도 없이 "고생했다" 한마디였다. '잘했다'는 말은 아예 기대조차 하지 않았고 '왜 감옥살이할 정도로 그런 짓을 했냐?'며 나무라는 말씀이 먼저일 거라 짐작했는데, 꾸중의 기색이라고는 전혀 없는 투였다. 니들 젊은 대학생들이 그렇게 할 수밖에 없는 사연을 다 짐작한다는 게 아니라 '평생 촌동네에 박혀 농투성이로 살고 있기는 하지만 세상 돌아가는 이치 정도는 어림짐작하고 있다'라는 막연하지만 강렬한 한마디였다. 나도 모르게 울컥하며 뜨거운 감정이 북받쳐 올랐다. 붉어지는 눈시울을 감추려 고개를 외로 꼬며 술잔에 입을 갖다 대는데, 한 말씀 더 보태셨다. "큰애비랍시고 해준 것도 보태준 것도 없기에 뭐라 이러쿵저러쿵할 수는 없지만 그런 일까지 겪었으니 더 깊게 생각하고 차분하게 마음 가지며 듬직

366

한 사람이 되거라!" 그냥 나도 모르게 눈물 줄기가 터져버렸다. 막소주 서너 잔의 취기마저 더해져 집안 큰어른 앞에서, 뙤약볕 무더위 열기가 고스란히 남은 시골집 좁은 툇마루의 야릇한 편안함 앞에서, 누구도 구해 줄 수 없을 것 같은 우리네 농촌의 가난 앞에서, 대처를 꿈꾸기보다는 '평생 이것이 내 몫의 삶이거니' 여기며 살아오신 분 앞에서, 시집 『농무』를 읽으며 대단한 발견이라도 한 양 한껏 부풀었던 치기 어린 내 자신의 허위의식 앞에서, 나는 막무가내로 무너지고 있었다.

스물 갓 넘은, 채 다듬어지지 않은 용기와 자신감, 설익은 논리와 열정으로 충만한, 걸핏하면 시대와 역사를 읊조리면서도 그 물결의 도도한 흐름에는 아직 눈뜨지 못한, 민중이니 농민 운운하며 핏대 세우던 보잘것없는 연약한 한 청년은 자신의 근원적 감성을 키워주고 자기 삶의 나침반이 됐지만 스스로 버리고 떠난 곳이 온전히 거기 있는 것을 발견했다. 그곳에서 '땅과 논일 밭일, 뜨거운 햇볕과 장대비와 살 에는 추위'도 나와 일체이거니 하며 살고 계신 분, 큰아버님의 짧은 말씀을 들으며 비로소 『농무』의 시편들이 '글자'가 아니라 '마음'으로 다가왔다.

아마도 「달빛」이라는 이 시가 그날 그 순간 불현듯 떠올랐던가도 싶다. "밤늦도록 우리는 지난 얘기만 한다/ 산골 여인숙은 돌광산이 가까운데/ 마당에는 대낮처럼 달빛이 환해/ 달빛에도 부끄러워 얼굴들을 돌리고/ 밤 깊도록 우리는 옛날 얘기만 한다/ 누가 속고 누가 속였는가 따지지 않는다/ 산비탈

엔 달빛 아래 산국화가 하얗고/ 비겁하게 사느라고 야윈 어깨
로/ 밤새도록 우리는 빈 얘기만 한다"

그리운 곳

이즈음 나이와 세대를 불문하고 '촌캉스'란 게 국내 여행의 트
렌드란다. 혹해서 검색해 보고 우선 놀란 건 하루 숙박비가 예
상보다 엄청 높다는 사실이었다. 그런데 젊은이들은 '여기는
내가 몰랐던 즐거움이 가득해!'라며 조금은 부담스러운 비용
을 흔쾌히 내놓을 뿐만 아니라 '예스러운 맛과 멋(그게 뭔지 모르
겠지만)이 좋아'라며 몰려든다고 한다. 시골집 마당 한구석에
서 고기 구워 먹고 논둑길을 걷거나 개천에 손발 담그는 경험
이 신기하고 여유로우며 기분 전환에 그만이라는 평가다. 옛
시골 아낙네가 입던 구닥다리 바지로 갈아입고 함박웃음을 짓
는 젊은이들의 즐거운 표정을 보고 있노라니 참으로 격세지감
을 갖지 않을 수 없다.

그렇다. 우리 농촌은 50년 전과는 완전히 다른 모습으로
변했다. 쌀농사와 단순한 채소 재배만 하던 때와는 달리 기초
적인 식량 생산은 물론 축산, 과수, 화훼, 특수작물 재배 등으
로 수익을 창출하고 있으며, 정부에서도 농촌과 농민을 외면
하지 않고 각종 보호 지원 정책을 연달아 내놓는다. 버려두고
방관하던 반세기 전과는 참으로 모든 게 달라졌다. 충분하다
고 할 수는 없지만 하여튼 관심과 보살핌이 엄청나게 커진 건

368

부인할 수 없다. 도회에 사는 사람들도 이를 당연하게 여기며 고루 잘사는 게 마땅하다고 생각한다.

시인 신경림도 이런 마땅한 변화를 예감하고 있었던가? 아니면 응당 그래야 한다고 결의한 것일까? 시집『농무』의 마지막에 실린 시「우리는 다시 만나고 있다」4연에서 "한밤중에 일어나 손을 펴본다/ 우리의 핏속을 흐르는 것을/ 본다 숫구쳐 오는 아우성소리/ 어둠 속에서 엉겨드는 그것들을 본다/ 제주도 강원도 경기도에서/ 비와 바람과 먼지 속에서/ 향수와 아쉬움과 보람 속에서"라며 떳떳하게 가져도 되는 '보람'과 마음 졸이거나 안타까워하지 않고 편하게 '향수'를 느껴도 되는 우리네 농촌을 말한다. 소설가 이호철 선생은『농무』뒤표지에 쓴 짧은 추천사에서 "이 시인의 시를 대하면 아득하게 잊어버렸던 고향을 생생하게 되살아나게 하고 고향 사람들의 얼굴이 가까이 보이곤 한다"고 했다. 이렇듯 농촌은 떠나거나 버려져 적막한 곳이 아니라 언제든 달려가 품에 안기고픈 곳, 그리운 곳이어야 할 테다.

시인 신경림의 본명은 신응식 申應植이고 1935년(또는 1936년) 충북 충주군(지금의 충주시) 노은면에서 태어났다. 꽤 유복한 집안에서 자랐지만 부친께서 이런저런 사업을 한다며 가산을 탕진해, 선생은 대학 시절부터 예순 나이에 이르기까지 서울 변두리를 떠돌며 빈한한 삶을 살았다. 시인은 곤궁하고 고달픈 자신의 삶을 두고 "여름 들어 나는 찾아갈 친구도 없게 되었다/ 사글세로 든 시장 뒤 반찬가게 문간방은/ 아침부터 찌는 것처럼 무덥고 종일/ 아내가 뜨개질을 하러 나가 비운 방을 지키며/ 나는 내가 미치지 않는 것이 희한했다"(「처서기處暑記」중에서)고 토로했다. 고달픈 삶을 견뎌내면서도 시인은 절망하거나 포기하지 않았고 스스로는 물론 이웃과 친구와 주변을 속이지 않는 정직하고 바른 삶을 살았다. 빈부귀천을 따지지 않았고 남녀노소 불문하고 언제나 진정 어린 마음으로 대했다. 그런 올바른 삶에서 우러나온 시편들이 결국 그를 '국민 시인'으로 만들지 않았을까?

나는 시인 생전에 예닐곱 차례 공개된 모임에서 시인을 직접 뵙고 짧게 몇 마디씩 나눌 수 있었다. 여든 나이를 넘기신 무렵 어느 술자리에서 시인은 "난 이 나이에도 나만 옳다는 생각은 안 해. 늙어가면서 오히려 내 주장이 줄어들더라고. 내 말을 사람들에게 들려주고 나는 또 사람들의 말을 듣고. 그것이 결국 인생이지. 시도 마찬가지야. 쓰면 쓸수록 시도 결국 소통이라는 생각이 들어…"라고 말씀하셨다.

2016년 겨울과 2017년 봄에 이르는, 이른바 박근혜 탄핵 국면에서 시인은 거의 매주 토요일마다 노구를 이끌고 광화문광장에 나오셨다. 한 걸음이라도 보태는 게 당연한 일이라며. 그로부터 7년이 지난 2024년 5월 세상을 떠나셨는데, 2016~17년 촛불집회를 두고 「별이 보인다」라는 제목의 시를 남기셨다. 비록 2024년 겨울과 2025년 봄 사이에 벌어진 '빛의 혁명'은 보지 못하셨지만, 7년 전 선생의 시와 조금도 다르지 않음을 알 수 있다. 아니, 선생은 이미 7년 전에 빛의 혁명을

미리 보셨나 보다. 이제는 시인이 저 하늘 어디에선가 '별'이
되어 계시리라.

광화문광장을 가득 메운 사람들 사이에
사막과 초원까지 가서 찾던 별이 보인다
종로 을지로 그리고 서울을 온통 뒤덮은
뜨거운 숨결 속에 별이 보인다

술집을 메운 내 옛 친구들의 야윈 얼굴에
죽은 친구들 멀리 간 친구들이 어른대는 술잔에
그리움과 눈물로 주고받는 술잔에
이것이 나라냐는 탄식 속에 별이 보인다

새로운 세상을 꿈꾸는 어린 눈망울에
엄마와 아빠 딸과 아들이 함께 부르는 노래 속에
서로 잡은 손과 손 어깨와 어깨 사이에
인도와 소백산까지 가서 찾던 별이 보인다

너무 어두워 서울 하늘에서는 사라진
반짝반짝 빛나는 별이 보인다
눈비도 아랑곳없이 늦도록 흩어지지 않고
앞으로 나아가는 촛불들 사이에 별이 보인다

「별이 보인다」 전문

모든 사람은 사랑의
깊이만큼 변했습니다

사랑의 표현은 분노여야 했던 시절이 있었습니다.
작게 분노한 사람은
작게 사랑한 사람이었고
크게 분노한 사람은
크게 사랑한 사람이었습니다.

모두에게 분노한 사람은
모두를 사랑한 사람이었고
아무에게도 분노하지 않은 사람은
아무도 사랑하지 않은 사람이었습니다.

분노가 하늘에 닿은 사람은
사랑이 하늘에 닿은 사람이었고
분노가 호수의 물결로 일었다 사라진 사람은
사랑도 사라진 사람이었습니다.

각자 그 깊이만큼 흔적이 남았습니다.
말로써 사랑을 나타낼 수 없었던 사람은 말을 잊었고
글로써 사랑을 나타낼 수 없었던 사람은 펜을 놓았습니다.

불꽃보다 더 뜨거운 사랑에
육신을 벗어버린 사람도 있었고
감당할 수 없는 사랑에
미쳐버린 사람도 있었습니다.
모든 사람은
사랑의 깊이만큼 변했습니다.

76학번인 우리가 대학에 입학한 지 50년이 됩니다. "참으로 격동의 한 시기를 보냈구나" 하는 감회에 젖습니다. 10년이면 강산도 변한다는데 다섯 번이나 변한 세월입니다. 『스무 살의 독서 노트』는 일종의 옴니버스 같은 성장 다큐이고, 청년기의 독서록이기도 합니다.

서품성구를 선택하는 심정으로 책을 골랐습니다. '서품성구'는 사제가 서품식에서 선택하는 성서 구절로, 사제들이 자신의 신앙과 사명, 그리고 앞으로의 삶을 다짐하는 중요한 의미를 담고 있습니다. 이러한 성구聖句는 사제들이 신자들을 돌보고 자신의 삶을 통해 사랑을 전하는 데 중요한 역할을 합니다.

이렇게 고른 책을 가지고 미래의 삶을 다짐하기 위해서가

아니라 과거와 대화하면서, 그 책을 통해 무엇을 느끼고 배웠
는지, 또 어떤 영향을 받았고, 우리의 삶은 어떻게 변했는지를
정리해 보았습니다.

　아쉬움도 있습니다. 아르놀트 하우저의 『문학과 예술의
사회사』, 『제2차 바티칸공의회 문헌』, 구스타보 구티에레즈
의 『해방신학』, 잉게 숄의 『아무도 미워하지 않는 자의 죽음』,
박현채의 『민족경제론』 등이 빠진 것입니다. 아쉬움조차 책의
한 부분으로 남기겠습니다.

2026년 1월

스무 명의 필자를 대표하여

노영민 씀

스무 살의 독서 노트

초판 1쇄 발행 2026년 2월 10일

지은이   노영민 등 20인
편집   조남주
디자인   이기준

펴낸이   윤지환
펴낸곳   윤출판
          등록 2013. 2. 26. 번호 제 2013-000023호
          주소 경기도 성남시 분당구 불곡남로21번길 3, 1층
          전화 070-7722-4341 팩스 0303-3440-4341
          전자우편 weekend8282@hanmail.net

© 노영민 외 2026
ISBN 979-11-87392-10-1 03010

– 이 책 내용의 전부 또는 일부를 재사용하려면
  반드시 저작권자와 윤출판 양측의 동의를 받아야 합니다.
– 값은 뒤표지에 있습니다.